高等职业教育汽车类专业活页式新形态创新教材

汽车电器设备故障诊断与维修

主　编	董　光	李　波	谷献晖	
副主编	王　蕾	彭　浩	高　洁	尹力卉
参　编	沈志平	孔春花	刘　鑫	徐　行
	赵　河	冯守明	郑瑞丽	赵玉霞
	杨　静	张雪颜	张　静	蔡燕超
	李洪友	王勤军	郭浩然	郭建文
	浦显斌			

本书以国家职业教育改革为契机，以课程改革为突破口，紧密结合当前行业的发展以及职业岗位群、企业需求变化，学习任务来源于企业真实的岗位和真实的工作任务，融合"有效教学"理念，主要内容包括汽车电器设备的组成与特点，以及电源系统、起动系统、照明系统、仪表系统、辅助电器设备、空调系统的故障诊断与维修。

本书图文并茂，通俗易懂，实用性强，可作为高等职业院校汽车类专业教材，还可供汽车电器维修工参考。

图书在版编目（CIP）数据

汽车电器设备故障诊断与维修/董光，李波，谷献晖主编. — 北京：机械工业出版社，2023.9

高等职业教育汽车类专业活页式新形态创新教材

ISBN 978-7-111-73637-0

Ⅰ.①汽⋯ Ⅱ.①董⋯ ②李⋯ ③谷⋯ Ⅲ.①汽车－电气设备－故障诊断－高等职业教育－教材 ②汽车－电气设备－维修－高等职业教育－教材 Ⅳ.①U436.6

中国国家版本馆CIP数据核字（2023）第146961号

机械工业出版社（北京市百万庄大街22号　邮政编码100037）
策划编辑：谢　元　　　　　责任编辑：谢　元
责任校对：丁梦卓　陈　越　封面设计：张　静
责任印制：单爱军
北京虎彩文化传播有限公司印刷
2023年11月第1版第1次印刷
184mm×260mm・18.5印张・446千字
标准书号：ISBN 978-7-111-73637-0
定价：75.00元

电话服务　　　　　　　　　网络服务
客服电话：010-88361066　　机　工　官　网：www.cmpbook.com
　　　　　010-88379833　　机　工　官　博：weibo.com/cmp1952
　　　　　010-68326294　　金　书　网：www.golden-book.com
封底无防伪标均为盗版　　　机工教育服务网：www.cmpedu.com

前 言

随着电气、电子元器件及其系统的迅猛发展，在最近几年，汽车电器设备成本在整个汽车的装备中所占的份额大为提高。1980年每辆汽车的电器设备的成本仅占整车总成本的0.5%，1990年占7%，2000年占17%，2025年可能达到46%。

本书内容适应现代职业教育发展、满足教育教学改革要求，与职业道德、行为规范、生活教育等相融合，与职业素质、企业文化等内容相衔接，与人才培养模式契合配套，与行业企业及职业岗位相结合，课程开发与编写符合生产实际、反映行业发展新趋势和实际岗位新技术、新工艺、新流程、新规范，满足工学结合、项目教学改革要求，是"教学训做评"一体化的活页式、工作手册式教材。

本书将汽车电器设备故障诊断与维修的理论内容与实训内容结合为一体，融合"有效教学"理念，内容来源于企业真实岗位和真实工作任务，既能让学生真正掌握汽车电器设备故障诊断技术，还能按照正确且科学的步骤完成汽车电器设备维修项目，也能用于企业员工维修技能提升培训。

本书以国内外中高档轿车为例，系统地讲述了现代汽车电器设备的基本结构、工作原理、使用特性、常见故障诊断及排除方法，主要内容包括汽车电器设备的组成与特点，以及电源系统、起动系统、照明系统、仪表系统、辅助电器设备、空调系统的故障诊断与维修。本书图文并茂，通俗易懂，实用性较强，可作为高等职业院校汽车专业教材，还可供汽车电器维修工参考。

我们在编写过程中与行业一线人员、企业维护专家深入接触，并结合职教专家、一线教师的经验，然后经过专业教学设计人员的指导，使本书具有工作手册和教材的共同特征，是一种以"做中学，学中做"为特征的职业院校教材。工作手册、活页式教材内容满足学生在工作现场学习的需要，提供简明易懂的"应知""应会"等现场指导信息，同时，又按照技术技能人才成长特点和教学规律，对学习任务进行有序排列。工作手册、活页式教材丰富了工作过程中需要的指导性信息，剔除了工作中不需要的陈旧知识，拉近了产教之间的距离，可随着工作过程的变化及时修订教材内容。

本书采用以"教中学、学中练"为基础的"理实一体"的教学模式，打破了理论教学与实践教学的界限，推动了教、学、练的统一，使理论教学与实践教学融为一体，实现了学生的全面发展。本书配有完整的课程辅助资源，包括与教材内容相对应的配套课件、动画、视频,并实现了课程资源多种介质的立体化融合。

本书由河南机电职业学院董光、李波、谷献晖任主编;王蕾、彭浩、高洁、尹力卉任副主编,沈志平、孔春花、刘鑫、徐行、赵河、冯守明、郑瑞丽、赵玉霞、杨静、张雪颜、张静、蔡燕超、李洪友、王勤军、郭浩然、郭建文、浦显斌参与编写。具体分工如下:

拓展阅读由谷献晖编写;尹力卉、王蕾、董光、李波编写项目一;谷献晖、彭浩、孔春花、杨静编写项目二;刘鑫、徐行、赵河、郑瑞丽编写项目三;赵玉霞、张雪颜、蔡燕超编写项目四;李洪友、王勤军、郭浩然编写项目五;郭建文、浦显斌、张静编写项目六;高洁、沈志平、冯守明编写项目七。

本书在编写的过程中得到了吉林交通职业技术学院、鲁北技师学院、中鑫之宝汽车服务有限公司、河北益飞特化工有限公司等单位的大力支持,倾注了各位职业教育专家、一线教师的心血和汗水,在此深表感谢!

由于编者水平有限,书中难免存在疏漏之处,敬请读者不吝指正。

编 者

目 录

前 言

项目一
汽车电器设备的组成与特点　/001

项目描述　/001

项目分析　/001

学习目标　/001

知识引导　/002

相关知识　/002

任务一　汽车电器设备的组成与发展　/002

一、汽车电器设备组成　/002

二、汽车电器设备的发展　/004

任务二　汽车电器设备的特点与使用　/004

一、汽车电器设备的特点　/004

二、汽车电器设备的使用　/006

拓展阅读　/007

任务评价　/007

项目二
电源系统　/009

项目描述　/009

项目分析　/009

学习目标　/010

知识引导　/012

相关知识　/012

任务一　蓄电池　/013

一、蓄电池的功能　/014

二、起动型铅酸蓄电池的结构　/014

三、蓄电池工作原理　/018

四、蓄电池的类型　/019

五、蓄电池的容量、影响因素及其充电　/020

任务二　发电机　/022

一、发电机的功能　/023

二、发电机构造　/023

三、发电机工作原理 /027

四、SC 型发电机 /033

五、带真空泵的发电机 /035

任务三　蓄电池故障诊断 /036

一、蓄电池故障诊断流程 /036

二、蓄电池故障诊断 /037

任务四　电源系统故障诊断 /038

一、充电系统检查 /038

二、发电机的检修 /039

任务实施 /041

一、拆卸蓄电池 /041

二、安装蓄电池 /041

三、拆卸发电机 /042

四、发电机的检查和修理 /043

拓展阅读 /045

维修车辆交付 /045

任务评价 /047

项目三
起动系统　/049

项目描述　/049

项目分析　/049

学习目标　/050

知识引导　/053

相关知识　/054

任务一　起动系统 /054

一、起动系统主要零部件构造　/054

二、起动机工作原理和类型　/059

三、减速型起动机组成与构造　/062

任务二　起动系统故障诊断 /065

一、故障诊断　/065

二、检测蓄电池电压　/067

三、起动机检测　/068

任务实施 /070

一、起动机的拆卸　/070

二、起动机的安装　/071

三、分解起动机　/071

四、起动机部件检查 /073
五、组装起动机 /078
拓展阅读 /081
维修车辆交付 /081
任务评价 /083

项目四
照明系统 /085

项目描述 /085
项目分析 /085
学习目标 /086
知识引导 /087
相关知识 /087
任务一 外部照明系统 /088
一、前照灯组成 /088
二、前照灯工作原理 /092
三、矩阵式LED前照灯 /102
四、灯光辅助系统 /109
五、自适应照明系统 /117
六、日间行车灯 /119
任务二 内部照明系统 /122
一、顶篷灯 /122
二、行李舱灯 /124
任务三 信号灯 /125
一、转向灯（危险警告灯及防盗报警灯） /125
二、制动灯 /129
任务实施 /131
一、拆装前照灯 /131
二、灯光检查 /132
拓展阅读 /134
维修车辆交付 /135
任务评价 /137

项目五
仪表系统 /139

项目描述 /139

项目分析 /139
学习目标 /141
知识引导 /142
相关知识 /142
任务一 仪表 /142
一、汽车仪表的类型 /144
二、汽车仪表的组成 /146
三、汽车仪表的结构和原理 /147
任务二 驾驶人信息和仪表指示灯 /150
一、驾驶人信息显示 /150
二、警告灯 /151
任务三 虚拟驾驶舱 /154
任务实施 /163
一、拆装仪表 /163
二、检查仪表的工作状态 /165
拓展阅读 /165
维修车辆交付 /166
任务评价 /167

项目六
辅助电器设备 /169

项目描述 /169
项目分析 /170
学习目标 /170
知识引导 /171
相关知识 /171
任务一 辅助电器设备 /172
一、刮水器/洗涤器系统 /172
二、电动车窗系统 /181
三、电动座椅系统 /191
任务二 自适应巡航控制系统 /196
一、自适应巡航控制系统 /196
二、雷达技术 /197
三、ACC 系统参数 /201
四、系统部件组成 /202
五、系统功能 /203

六、自适应巡航控制工作原理 /207

七、ACC 附加功能 /209

八、网络连接 / CAN 数据交换 /217

九、车距调节传感器的调节 /217

任务三 智能车道保持系统 /221

一、车道保持辅助系统功能 /221

二、主动车道保持辅助系统 /229

任务实施 /236

一、拆装刮水器总成 /236

二、拆装洗涤液泵 /237

三、电动车窗的拆装 /238

拓展阅读 /240

维修车辆交付 /242

任务评价 /244

项目七
空调系统 /245

项目描述 /245

项目分析 /245

学习目标 /246

知识引导 /247

相关知识 /247

任务一 空调系统空气分配 /247

一、空调制冷系统部件 /248

二、通风方式 /250

三、暖风 / 空调空气分配 /254

任务二 典型豪华轿车空调系统空气分配 /256

一、空气分配总成 /257

二、传感器和执行机构 /263

任务三 二氧化碳制冷剂 R744 /270

一、采用 R744 的空调结构 /271

二、空调制冷系统维修 /282

拓展阅读 /283

维修车辆交付 /283

任务评价 /285

项目一

汽车电器设备的组成与特点

项目描述

小蔡是一名职业学院汽车营销专业的学生,即将进入汽车 4S 店实习。五一小长假快到了,根据经验,假期这几天来展厅看车的顾客量会明显增加,公司要确保长假期间每一位来店的顾客都能得到最优质的接待服务。

作为一名服务顾问,应该了解如何接待客户,如何把握客户需求心理,依据需求心理的变化跟进服务,从而能主动超前地提供恰当的服务,令客户产生惊喜的消费体验,给客户留下良好的印象。

项目分析

从客户踏入展厅开始,汽车销售人员就要认真地观察和分析对方的一举一动、一言一行。汽车销售人员应熟练而自信地向客户讲解汽车电器设备的各项指标,并能准确地说出电器设备的功能;要洞悉客户心理,必须练就"火眼金睛",从客户的言行举止中发现有用的信息。

根据对该项目的描述分析,按照实际项目的要求,结合职业院校学生实际的学习特点,要想完成任务必须学习好专业知识。按照专业知识的特点必须由简单到复杂的知识结构学习、层层递进的知识走向,最终将该项目划分成以下两个任务来完成:

任务一　汽车电器设备的组成与发展
任务二　汽车电器设备的特点与使用

学习目标

知识目标

- 能掌握汽车电器设备的组成。
- 能掌握汽车电器设备的特点。
- 能掌握和理解电器设备主要性能技术指标。

技能目标

- 能正确指认电器设备各部件名称。

- 能正确分析电器设备各部件工作过程。

素养目标

- 养成主动思考、自主学习的习惯。
- 在工作中做到及时发现问题、分析问题、解决问题。
- 培养知识总结、综合运用、语言表达的能力。

  大家都知道现在的汽车性能很先进，从报纸、杂志、电视、网络等新闻媒体都会有所了解，在平时的生活中也看到了很多种品牌、不同型号的汽车，那么这些车有哪些不同呢？我们从外观可以看到汽车有很多灯，汽车玻璃可以自动升降，从车内可以享受空调、听音乐、看视频，还可以感受到汽车的座椅可以电动调节等。
  本次任务将帮助你解答这些疑惑，让你认识汽车的电器设备总体构造及其工作原理，为学习汽车专业知识打下基础。

知识引导

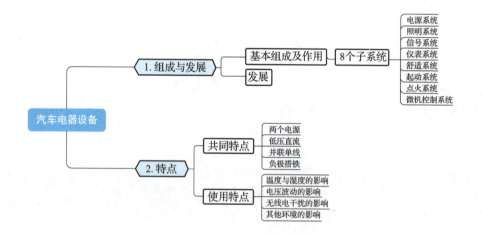

相关知识

任务一　汽车电器设备的组成与发展

  如图 1-1 所示，电器设备由电源系统、起动系统、点火系统、照明系统、信号系统、仪表系统、舒适系统和微机控制系统等组成，现在的汽车上越来越多地安装了电器设备，如微处理器、中央计算机系统及人工智能装置等，显著地提高了汽车的性能。

图 1-1　电器设备

一、汽车电器设备组成

  汽车电器设备种类和数量繁多，按照各电器设备的作用归纳，主要有以下 8 个子系统：

项目一 汽车电器设备的组成与特点

1. 电源系统

电源系统也称为充电系统,包括蓄电池、发电机、调节器及充电指示装置。其主要作用是给汽车各用电设备提供低压直流电能,如图 1-2 所示。

图 1-2 电源系统

2. 照明系统

照明系统包括汽车内外各种照明灯及其控制装置,用来保证夜间行车安全,如图 1-3 所示。

3. 信号系统

信号系统包括声、光信号及各种行车信号标识灯,用来保证车辆运行时的人车安全,如图 1-4 所示。

4. 仪表系统

仪表系统包括各种电器仪表(冷却液温度表、燃油表、车速及里程表、发动机转速表等),用来显示汽车的运行参数,如图 1-5 所示。

图 1-3 照明系统　　　　图 1-4 信号系统

5. 舒适系统

舒适系统也称为辅助电气系统,包括电动刮水器、空调、低温起动预热装置、收录机、点烟器、玻璃升降器等。其作用是给驾乘人员提供舒适的工作和乘坐环境。其中,空调如图 1-6 所示。

6. 起动系统

起动系统包括起动机及其控制装置,其作用是用于起动发动机,如图 1-7 所示。

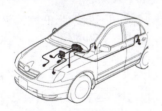  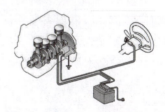

图 1-5 仪表系统　　　　图 1-6 空调　　　　图 1-7 起动系统

7. 点火系统

点火系统用于汽油发动机上,其任务是产生高压电火花,点燃汽油发动机气缸内的可燃混合气,如图 1-8 所示。

8. 微机控制系统

微机控制系统包括汽车的动力传动控制、底盘行驶控制、车身控制和信息与通信控制等，随着现代汽车技术的发展，各控制系统由单独控制变成了相互联系，构成了汽车局域网络，如图1-9所示。其作用主要是解决目前汽车使用所面临的安全、环保、节能问题，同时提高行驶汽车的动力性、舒适性。

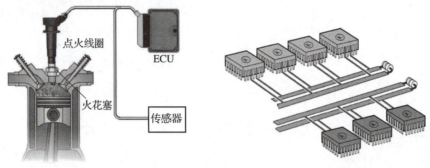

图 1-8　点火系统　　　　　　　　图 1-9　微机控制系统

二、汽车电器设备的发展

汽车电气技术的发展主要是汽车电子技术的发展。电子技术在现代汽车上的应用则是以微机对各种工作过程的控制为主要特点。微处理机实质上是一种比较简单、便宜的单片计算机，它把中央处理单元（CPU）、一定容量的存储器和输入输出接口电路集成在一块芯片上。微机工作时，通过各种传感器接受输入信息，经过分析、计算后再向执行机构发出指令，控制执行机构动作。

人们从20世纪60年代开始研究汽车电子技术，其发展大致可分为三个阶段（表1-1）。

表 1-1　汽车电子技术的发展阶段

年代	发展阶段
1965~1974 年	单独控制阶段，汽车电子产品是由分立元件和集成电路组成的
1975~1989 年	集中控制阶段，主要开发可完成各种功能的综合系统及各种车辆整体系统的集中控制，这个时代称为汽车的电子时代，汽车采用数字电路和大规模集成电路，大量使用 ECU
1990 年至今	网络控制阶段，主要包括 CAN 总线、LIN 总线、MOST 总线、Flex Ray 总线等

将来，汽车电器设备发展的主要方向是不断地提高排放的标准，不断地降低燃油消耗，不断地提高安全性和舒适性，把汽车和外部交通环境结合起来考虑，优化汽车的行驶环境，强化交通运输高水平的监控，达到进一步节能，降低排放，减小环保压力。

任务二　汽车电器设备的特点与使用

电器设备在现代汽车上的应用是以微机对各种工作过程的控制为主要特点，如图1-10所示。

一、汽车电器设备的特点

汽车电器设备众多，但具有以下四个共同特点：

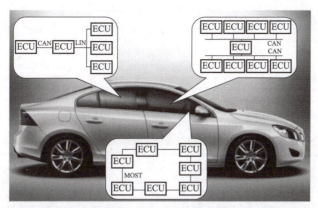

图 1-10 微机控制

1. 两个电源

蓄电池和发电机，汽车所有设备均与蓄电池、发电机并联。发电机为主电源，主要给汽车运行时的各用电设备供电；蓄电池为辅助电源，主要供起动机用电，如图 1-11 所示。

2. 低压直流

现代汽油机用电源为 12V，柴油机用电源为 24V，由于汽车用电设备增多，42V 电源也有应用。

3. 并联单线

汽车用电设备均采用并联电路，从电源到用电设备只用一根导线，车身作为一根共用导线，如图 1-12 所示。安装在钣金件、挂车或非金属车厢板上的电器设备一般采用双线制。

蓄电池

发电机

图 1-11 两个电源

图 1-12 并联单线

4. 负极搭铁

为减少蓄电池电缆铜端子在车架、车身连接处的电化学腐蚀，提高搭铁可靠性并统一标准，便于汽车电器设备的生产、使用和维修，规定汽车电器设备采用单线制时必须统一为电源负极搭铁，如图 1-13 所示。

图 1-13 负极搭铁

二、汽车电器设备的使用

汽车电器设备在使用的过程中，环境对其影响是很大的，具体有以下几个方面：

1. 温度与湿度的影响

温度的变化包括：外界环境温度和条件使用温度。我国外界环境温度变化范围是 -40~50℃；条件使用温度与汽车工作时间的长短、电路布置的位置及其自身的发热、散热条件等有密切关联。就一般情况而言，发动机的温度可达 100℃，仪表板内壁温度可达 60℃，而排气管内温度可达 600℃（排气含氧传感器即置于此处）。这样高的使用温度往往是造成电子元件过热损坏的主要原因之一。另外，在寒冷地区工作的汽车，温度变化较大，如汽车在寒冷地区起动后立即行驶时，各部分温度发生急剧变化，冷却液温度从室外的 -30℃到起动 10min 后升到 80℃左右；机油温度在起动 30min 后升到 80℃左右。所以，电器设备特别是电子元器件的安装要考虑到所安装位置的温度环境，如图 1-14 所示。

湿度的增加则会增加水分子对电子元器件的浸润作用，使电子元器件的绝缘性能减弱，加速其老化。

图 1-14 温度的变化

2. 电压波动的影响

正常情况下，汽车电源是波动的。在发动机未起动前或转速低于某值时，由蓄电池供电；在发动机转速超过一定转速时，发电机对外供电，给用电设备供电和给蓄电池充电。

由于蓄电池放电程度不同，其输出电压变化较大，同时发电机调节器是用通、断的方式来控制发电机励磁电流的，输出电压在标准电压附近上下波动，这个波动范围应是在蓄电池端电压到调节器起作用的电压之间，如图 1-15 所示。

图 1-15 调节器控制发电机励磁电流

使用 12V 电源的汽车低温起动时，蓄电池端电压低至 6~8V，而发电机高速运转时，则可达 14.5V。

汽车电器设备在使用过程中的开关过程、触点断合、点火脉冲等动作会由于电磁感应而在短时间内产生较高电压，称为脉冲电压，也称为瞬时过电压。瞬时过电压的峰值很高，但持续时间很短，对强电设备（如起动机、电喇叭等）危害不大，但对微电子设备及其元器件危害较大。因此，在使用有电子控制装置的汽车时，需特别注意瞬时过电压的产生及其预防。

3. 无线电干扰的影响

现代汽车上的各个电器工作方式不同，它们之间会以不同的方式彼此侵扰。点火、开关等工作产生的脉冲，即是一种干扰。通常所有汽车电器能在车上共同工作而不干扰其他电器的正常工作，也能抵抗其他电器干扰的能力称为汽车电器的相容性。

由于汽车电器间的相互干扰不可避免，因此对汽车电子电路来说，重要的是电磁兼容性。任何因素激发出的电路中的振荡都会通过导线等以电磁波的形式发射出去，不仅干扰收音机、通信设备，而且对车上具有高频响应特点的电子系统也会产生电磁干扰。此外，由车外收发两用机之类的无线电设备、雷达、广播电台等发射的无线电波，也会干扰汽车上的仪器，使电子控制装置失控。因此，汽车上应用的计算机（控制器）、传感器、执行器等，应具有良好的电磁屏蔽措施，确保电器设备正常工作。

4. 其他环境的影响

振动和冲击是汽车行驶过程中不可避免的，对电子设备的破坏是机械性的，会造成脱线、脱焊、触点抖动、搭铁不良等故障。除此之外，还会受到水、盐、油及其他化学物质的危害。所以，电子元器件应具备对水浸、冰冻的承受能力；对盐的耐腐蚀性；对沙尘的耐脏性；对机油、机油添加剂、汽油和防冻液的耐腐蚀性。

拓展阅读

工匠

工匠是指有工艺专长的匠人，现代被称为大师傅、技术员。

如果一个人专注于某一领域、针对这一领域的产品研发或加工过程全身心投入，精益求精、一丝不苟地完成整个工序的每一个环节，可称其为工匠。

任务评价

试着完成下面的练习题，而后将自己的答案与课本对照，将错误答案改正过来并仔细复习相关内容，直到能够正确完成所有练习为止。

一、填空题

1. 汽车电器设备的组成包括：电源系统、起动系统、_____、_____、_____、_____、_____和微机控制系统等。
2. 电源系统也称为充电系统，包括蓄电池、_____、调节器及_____。
3. 随着汽车技术的发展，汽车已经不再是单纯的运输工具，它正向着高速、安全、_____、_____、智能化、人性化发展。
4. 微机控制系统包括汽车的_____、底盘行驶控制、_____和信息与通信控制等，随着现代汽车技术的发展，各控制系统由单独控制变成了相互联系，构成了汽车局域网络。
5. 汽车电器设备的一般特点为：两个电源、_____、并联单线、_____。

6. 汽车电器设备在使用的过程中，环境对其影响的因素主要有：_____、电压波动的影响、_____及其他环境的影响。

二、判断题

1. 电源系统的主要作用是给汽车各用电设备提供低压交流电能。（   ）
2. 汽车电子技术发展的主攻方向是不断地提高排放的标准，不断地降低燃油消耗。（   ）
3. 现代汽车电器设备普遍使用正极搭铁。（   ）
4. 现代汽油机的电源电压为 12V，柴油机为 24V。（   ）
5. 电器设备特别是电子元器件的安装要考虑安装位置的温度环境。（   ）
6. 振动和冲击在汽车行驶过程中是可以避免的。（   ）

项目二

电源系统

汽车售后服务顾问和维修技师是汽车4S店的门面,会给车主留下深刻的第一印象和难忘的最后印象。车主在车辆维修预约、进店保养和维修、离开汽车4S店阶段,对汽车4S店需求心理预期各不相同。汽车4S店的工作人员只有把握了车主需求心理,依据需求心理的变化跟进服务,才能主动超前地提供恰当的服务,令车主产生惊喜的消费体验,从而留下良好的印象。

项目描述

杨先生的一辆奥迪轿车,行驶里程101288km。有一天,杨先生早晨起动车时发现起动机出现"哒哒哒"的响声,发动机转动无力。该车最近一段时间在较冷的早上以及载荷较大时不能起动,经常不得不另外并联一块蓄电池跨接起动。今天在路上发生抛锚,进行跨接起动后,一路不熄火开到了维修站。只要早晨能起动着发动机以后,让发动机工作一会再起动,车辆一切就都正常了,杨先生把车开到河南机电职业学院奥迪4S店进行检查维修。

小李:"杨先生,您好,欢迎光临××4S店。我是服务顾问小李,这是我的名片,很高兴为您服务。"小李按要求对车辆进行了环车检查。

小李:"杨先生,您的车出现了起动机有"哒哒哒"的声音,发动机转动无力故障,我让专业技师为您的车辆做仔细的检查"。

根据杨先生的反映,专业技师对该车进行了检查。该车在热车起动时没有异响,可以正常起动发动机,技师根据杨先生的描述对蓄电池进行检测,如图2-1所示。

图2-1 蓄电池检测

项目分析

此车已行驶101288km,早晨起动时起动机出现"哒哒哒"的响声,发动机转动无力。只要早晨能起动,让发动机工作一会再起动,车辆一切就都正常了。

蓄电池使用寿命一般为2年左右,如果合理地使用并经常保持其良好的技术状况,就可延长其使用寿命。蓄电池技术状况检测的目的是确定蓄电池健康状态和充电状态,前者是为了确定蓄电池是否需要更换,后者是为了确定蓄电池是否需要充电。

要全面检测一个完全放电或只是亏电的蓄电池是否需要更换,可以通过以下两个检测方法来确定和处理，如图2-2所示。

（1）目测液面高度指示线

检查蓄电池液面，液面正常，如图2-3所示，该车在早晨冷车起动时起动机有异响，需要检查电路是否有放电的地方，通过检查证实该车没有放电的地方。

（2）使用高率放电计检测

图2-2　使用检测仪对蓄电池进行评估

高率放电计是模拟起动机工作状态，通过观察大电流放电条件下蓄电池所能保持的端电压，以此来判定蓄电池的存放电情况，如图2-4所示。

图2-3　检查蓄电池液面

图2-4　使用高率放电计检测

若电压保持在9.6V以上，说明该蓄电池性能良好，但电量不足，需要充电；若稳定在9.6~11.6V，说明蓄电池电量充足；若电压迅速下降，则说明蓄电池严重亏电，应立即充电或更换蓄电池，才能使用；当开路电压达到12V，但负载时电压迅速下降到6V以下时，说明蓄电池已经损坏。

维修技师初步检查起动系正常，蓄电池正负极桩接触良好，蓄电池开路电压为12.3V，但起动机起动时蓄电池电压仅为7.5V，技师初步怀疑是蓄电池的问题。接待人员填写了报修单转交到维修车间，以便进一步完成其技术状态检测，确定对蓄电池是进行维修还是更换。

根据对电源系统进行的检查和分析，按照实际维修项目的要求，结合职业院校学生实际的学习特点，按照由简单到复杂、层层递进的知识走向，最终将该项目划分成以下四个任务来完成：

任务一　蓄电池

任务二　发电机

任务三　蓄电池故障诊断

任务四　电源系统故障诊断

学习目标

知识目标

- 能掌握电源系统的分类。
- 能掌握电源系统构造。
- 能掌握电源系统工作原理。
- 能掌握电源系统故障诊断的基本方法。
- 能掌握电源系统故障诊断的基本流程。

技能目标

- 能对电源系统进行分类。
- 能独立进行发电机的分解和组装。
- 能区分电源系统的人为故障和自然故障。
- 掌握电源系统故障诊断的基本测量技能。
- 掌握汽车不同类型电源系统的故障诊断流程方法和技巧。

素养目标

- 严格执行汽车电源系统故障诊断规范,养成严谨科学的工作态度。
- 养成团队协作精神。
- 能够接受新的知识。
- 愿意探索新事物,有学习愿望,有求知欲。
- 阅读资料划出关键技术点,归纳整理出故障诊断方法。
- 树立目标并制订实现目标的计划。
- 能够养成自觉遵守技术标准和要求规定、规范操作、安全、环保、"6S"作业的好习惯。
- 能够养成劳动光荣、创造伟大的思维和创新意识。

目前,汽车电器设备已不断扩大到发动机的电子管理系统、由各种驱动电机操纵的舒适性系统和安全性系统。

汽车必须自备有效且高度可靠的能源,为需要用电的起动机、点火和燃油喷射系统、电子设备等提供电能,当发动机停止工作时,供电由蓄电池负责,当发动机运行时,发电机就成为车上的"发电厂",其任务是为车上所有的用电设备和系统供电并为蓄电池充电,如图 2-5 所示。

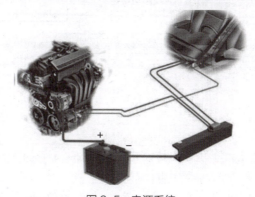

图 2-5 电源系统

在汽车上,蓄电池的主要作用是在起动发动机时向起动机供电。蓄电池必须要有足够的电流和电压才能保证起动机的正常运转和用电设备的稳定工作。其在起动时消耗的电能将由发电机在随后对其充电慢慢补充回来。本工作任务的目的是学习和掌握蓄电池结构、工作原理、充电以及常规检测方面的基本知识,从而能够快速有效地完成蓄电池的检测和修理工作。

知识引导

★：难点　🔧：实训操作

相关知识

为了能安全舒适地驾驶，车辆装有许多电器设备。车辆不但在行驶时用电，停车时也要用电。

因此车辆有蓄电池作为电源，并有充电系统，通过发动机运行来发电。充电系统向所有的电器设备供电并对蓄电池充电，如图2-6所示。

充电系统主要包括以下设备，如：

1. 发电机

发动机运转时，发电机发出相当于车辆所有电器设备和对蓄电池充电的用电量，如

图2-6　充电系统向所有的电器设备供电

图 2-7 所示。

2. 调节器（装在发电机内）

这是一种调节发电机电压的装置，使电压即使在发动机转速改变时或流到电器装置的电流量发生波动时也能保持稳定，如图 2-8 所示。

3. 蓄电池

当发动机停机或发电机不发电时，它是电源，向电气装置供电来起动发动机。一旦发动机开始运行，发电机即对蓄电池充电，如图 2-9 所示。

4. 充电警告灯

此灯亮起表示充电系统有故障，如图 2-10 所示。

5. 点火开关

它控制起动发动机，使发电机发电的电路，如图 2-11 所示。

图 2-7 发电机

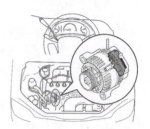

图 2-8 调节器

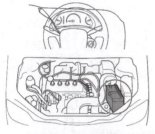 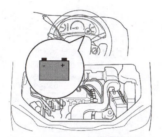 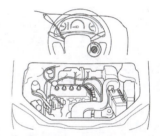

图 2-9 蓄电池　　　　图 2-10 充电警告灯　　　　图 2-11 点火开关

任务一　蓄电池

将化学能转换成电能的装置叫化学电池，一般简称为电池。放电后，能够用充电的方式使内部活性物质再生——把电能储存为化学能；需要放电时再次把化学能转换为电能。将可以充放电的这类电池称为蓄电池，也称二次电池。即是一种储存化学能量，于必要时放出电能的一种电气化学设备。

蓄电池是将化学能直接转换成电能的一种装置，是按可再充电设计的电池，通过可逆的化学反应实现再充电，通常是指铅酸蓄电池，它是电池中的一种，属于二次电池。它的工作原理：充电时利用外部的电能使内部活性物质再生，把电能储存为化学能，需要放电时再次把化学能转换为电能输出，比如生活中常用的手机电池、汽车蓄电池等。

蓄电池用填满海绵状铅的铅基板栅（又称格子体）作负极，填满二氧化铅的铅基板栅作正极，并用密度为 1.26~1.33g/mL 的稀硫酸作电解质。电池在放电时，铅是负极，发生氧化反应，生成硫酸铅；二氧化铅是正极，发生还原反应，生成硫酸铅。电池在用直流电充电时，两极分别生成铅和二氧化铅。移去电源后，它又恢复到放电前的状态，组成化学电池。铅酸蓄电池是能反复充电、放电，单体电压是 2V，由一个或多个单体构成的电池组，简称蓄电池，最常见的是 6V、12V 蓄电池，其他还有 2V、4V、8V、24V 蓄电池。

汽车蓄电池（俗称电瓶）是由 6 个铅酸蓄电池串联成 12V 的电池组，如图 2-12 所示。

一、蓄电池的功能

蓄电池是汽车用电设备的基础电源，是汽车上重要的组成零件。我们将从蓄电池的功能、分类、结构等方面进行介绍。汽车蓄电池是一个电化学装置，其原理是将电能转化为化学能储存在蓄电池中；当有外部电路接通时，则将化学能转化为电能，如图 2-13 所示。

图 2-12　汽车蓄电池

1. 供电

发动机起动时，向起动机和点火系统供电；发电机不发电或电压较低时，向用电设备供电；当发电机超载时，可以协助发电机向用电设备供电，如图 2-14 所示。

2. 储电

当发电机的发电电压高于蓄电池的电压时，蓄电池会将一部分电能转化为化学能储存起来，也就是充电，如图 2-15 所示。

图 2-13　蓄电池外观

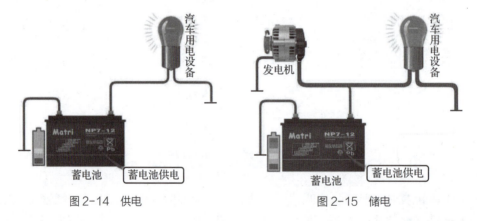

图 2-14　供电　　　　　　　　图 2-15　储电

3. 稳压

蓄电池相当于一个较大的电容，具有稳定系统电压的作用。如图 2-16 所示，当发电机发电电压过高，或者前照灯等用电设备出现过高的感应电压时，蓄电池可以吸收这些电压波动，起到稳压的作用。

注意：蓄电池的稳压作用有限，过大的电压也会造成电器元件的损坏。

二、起动型铅酸蓄电池的结构

从构造上看，蓄电池由正极板、负极板、电解液、单格电池、通气孔、观察窗等组成。从结构上

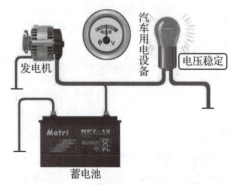

图 2-16　稳压

看，蓄电池由两个或多个串联连接的单格电池组成，这取决于所需要的电压，通常汽车蓄电池由 6 个单格电池串联组成，一块充足电的蓄电池极柱电压为 12.72V，换句话说，就是每个单格电池电压为 2.12V，如图 2-17 所示。

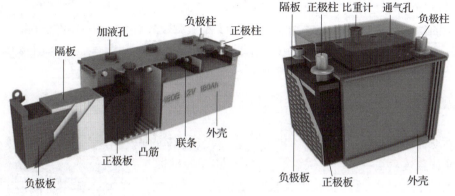

图 2-17　起动型铅酸蓄电池

1. 极板

极板是蓄电池的核心部分，由栅架和活性物质组成。栅架由铅锑合金浇铸而成。加锑的目的是为了加强栅架的结构强度。在栅格中填入糊状的活性物质（能参加电化学反应的物质），就构成了正、负极板。

正极板用铅或铅锑合金加涂活性物质制成，极板上的活性填充物由暗红棕色的二氧化铅组成，充电后的正极板含有二氧化铅（PbO_2），为红棕色。

负极板用铅或铅锑合金加涂活性物质制成，极板上的填充材料由浅灰色海绵状的纯铅组成，充电后的负极板含有铅（Pb），为灰色，如图 2-18 所示。

一片正极板和一片负极板浸入电解液中，活性物质与电解液中的硫酸发生化学反应，可得到 2V 左右的电动势，如图 2-19 所示。

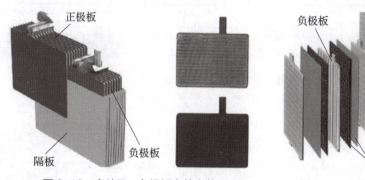

图 2-18　多片正、负极板交替安装　　　图 2-19　正极板和负极板

为增大蓄电池容量，常将多片正、负极板交替安装。正、负极板应尽量靠近但彼此又不能接触而短路，所以在相邻正负极板间加有绝缘隔板，如图 2-18 所示。隔板应具有多孔性，以便电解液渗透，而且应耐酸和抗碱。蓄电池的底部有支撑极板的支架，可提供沉淀沉积物的空间，防止已消耗的活性物质在蓄电池底部的极板之间产生短路。免维护蓄电池将极板放入袋形的隔板中，就不需要支架而节省了空间，如图 2-17 所示。

注意：因为接受同样的电量所占用正极板的活性物质比负极板多一些，所以正极板做得比负极板要厚一些。为了充分利用正极板面积，负极板要比正极板多一片。两组极板插好后，最外面的两片都是负极板。

2. 隔板

隔板由绝缘的吸附式玻璃纤维棉（AGM）制成，它围住电池中的每一块正极板，其作用是分开正极板和负极板，并捕捉从正极板分离的微粒以防短路，如图2-20所示。

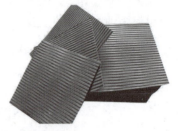

图2-20 隔板

3. 极板连接片

极板同极板连接片既有功能上的作用，又有结构上的作用。

- 在功能上，极板同极板连接片把蓄电池单元中各单独的极板连接在一起，并从各单独极板中收集电流。
- 在结构上，铸造的极板同极板连接片置于极板的中间，以帮助减少道路振动和摇动的影响，有助于改善蓄电池的耐用性，如图2-21所示。

极板连接片将所有正极和所有负极分别连接，组成正、负极板组。如此组装起来，便构成了单格蓄电池。

蓄电池由6个单格电池串联在一起，最后留出一组正负极作为蓄电池的正负极柱。每个单格电池电压约为2V，这样把6个单格电池串联起来后，就构成了可以给汽车电气系统提供12V电压的汽车蓄电池。

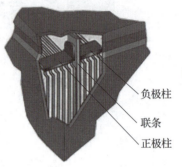

图2-21 极板连接片

注意：不管单格蓄电池含有几块正极板和负极板，每个单格蓄电池均只提供2V电压，极板数量越多，蓄电池能提供2V电压的时间就越长。

4. 极柱

如图2-22所示，蓄电池的极柱，正负极标有"+"和"-"进行区别。另外，为避免接错连接线，正极柱要比负极柱粗。

5. 蓄电池外壳

蓄电池外壳是用来盛装电解液和极板的容器，用硬质橡胶或合成树脂制成，蓄电池工作时的化学反应就在其内部发生，如图2-23所示。

图2-22 极柱

6. 通气孔

当电解液中的水分子分裂成氢气和氧气时，蓄电池内部就会产生气泡。如果蓄电池内部的气体不能排出，混合气在高温下容易引起爆炸。所以，在蓄电池外壳两端各配置一个通气孔，以将这些气体排出，如图2-24所示。

7. 电解液

通常蓄电池内部的电解液是稀释的硫酸（H_2SO_4），这是用浓硫酸和蒸馏水或去离子水混合而成的。对于免维护蓄电池，出厂前要进行活化处理，

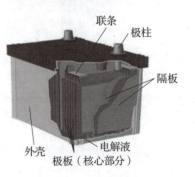

图2-23 蓄电池外壳

这样可以消除进入蓄电池的杂质，使蓄电池的电量达到使用要求，如图2-25所示。

活化处理就是把数量精确、密度适当的电解液注入各蓄电池单元，然后把蓄电池充电至最大容量，并检查电解液的液面高度是否正确。这个过程需要很长时间。

（1）电解液的成分

如图2-25所示，电解液含有64%的水和36%的硫酸，在27℃时密度为1.27g/mL。由于硫酸的比例不同，电解液密度就不同，一般为1.24~1.30g/mL，如图2-26所示。

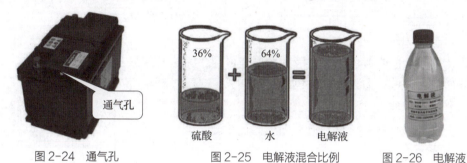

图2-24 通气孔　　　　图2-25 电解液混合比例　　　　图2-26 电解液

（2）密度对蓄电池工作的影响

电解液密度对蓄电池的工作有重要影响，密度大，可减少结冰的危险并提高蓄电池的容量，但密度过大，则黏度增加，隔板将被硫酸加速腐蚀，极板也易于硫化，反而降低蓄电池的容量，缩短使用寿命。在冬季或寒冷地区，应该采用密度较高的电解液，在夏季或炎热地区则应采用密度较低的电解液，防止隔板和极板的早期损坏。另外，含杂质会引起自放电和极板溃烂，从而影响蓄电池寿命，所以，电解液的纯度也是影响蓄电池性能和使用寿命的重要因素之一。

警告：电解液是腐蚀性很强的酸液，溅到眼睛或皮肤上会引起严重的伤害事故。如果皮肤接触了蓄电池酸液，要立刻用苏打水冲洗（苏打水可以起到中和酸的作用）。如果酸液溅到眼睛里，要立刻用大量凉水或医用清洗器冲洗，然后请医生处置。

8. 内置式液体比重计

液体比重计是用来测量液体密度的仪器。通常，蓄电池在其顶盖安装了内置式的液体比重计。

内置式液体比重计结构如图2-27所示，其通过三种颜色来显示蓄电池的状态。

- 绿色。
- 淡绿色。
- 无色或黄色。

（1）绿色

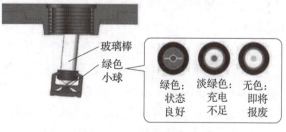

图2-27 内置式液体比重计

当蓄电池充电达到其起动电力的65%时，电解液密度升高，浮力增大，比重计中的绿色小球在增大的浮力作用下浮起，此时从比重计中就会看到一个绿色圆点。这说明蓄电池已充分充电，可进行负载测试或进行正常的使用。

在下列情况中要确认可以看到绿色圆点：

- 新车辆交货时。
- 安装新的蓄电池时。
- 诊断测试时。

（2）淡绿色

当蓄电池充电未达到其起动电力的65%时，就会看到淡绿色圆点，如图2-27所示，实际上浮子未升起来，但是这并不一定说明蓄电池已损坏。因此，给蓄电池充电后需要进行必要的诊断测试。如果蓄电池不能通过这些测试，则需要报废。

（3）无色或黄色

比重计呈现无色或黄色是因为液面低而造成浮子无法升起来。

在下列情况中将看到无色或黄色的圆点：

- 电解液液面低。
- 蓄电池外壳破裂，造成电解液泄漏。
- 气泡堵塞了比重计。
- 蓄电池倾斜超过45°。
- 蓄电池充电过量。
- 如果电解液液面低或外壳破裂，则将蓄电池报废。
- 如果蓄电池有气泡，则轻轻敲打比重计并再次检查读数。
- 如果蓄电池倾斜，将其放在水平表面上并再次检查读数。
- 如果蓄电池被过量充电，将其搁置一会儿并再次检查读数。

三、蓄电池工作原理

蓄电池的放电过程和充电过程是一种可逆的化学反应。

1. 放电过程

当铅蓄电池的正、负极板浸入电解液中时，在正、负极板间就会产生约2.1V的静止电动势。当正、负极板间电路形成后，蓄电池将开始放电产生电流。此时若接入负载，在电动势的作用下，电流就会从蓄电池的正极经外电路流向蓄电池的负极，这一过程称为放电，蓄电池的放电过程是化学能转变为电能的过程。

正极板上，二氧化铅（PbO_2）结合电解液中的硫酸发生化学反应，生成硫酸铅（$PbSO_4$）和水；负极板上，铅（Pb）和硫酸反应生成硫酸铅（$PbSO_4$），放电使正极板和负极板都变成硫酸铅（$PbSO_4$），由于放电生成水的稀释作用以及硫酸被消耗而减少，造成酸的浓度降低，电解液大部分是水，冬天会有结冰的危险，如图2-28所示。

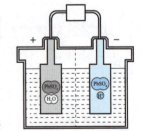

图2-28 放电过程

2. 充电过程

充电时，蓄电池的正、负极分别与直流电源的正、负相连，当充电电源的端电压高于蓄电池的电动势时，在电场的作用下，电流从蓄电池正极流入，从负极流出，这一过程称为充电。蓄电池充电过程是电能转换为化学能的过程。

当充电后，硫酸会离开正、负极板，返回电解液，正极板上还原成PbO_2，负极板上是海绵状的纯铅，硫酸增加，水减少，电解液相对密度可恢复到放电前比较理想的状态，如图 2-29 所示。

四、蓄电池的类型

根据加工工艺的不同，汽车用蓄电池分类如下。

1. 干荷电式铅酸蓄电池

干荷电式铅酸蓄电池极板组在干燥状态下能够长期保存在制造过程中所得到的电荷，在规定的保存期（两年）内如需使用，只要灌入符合规定相对密度的电解液，搁置 30min，调整液面高度至规范值，不需要充电，即可使用。因此，它使用方便，是应急的理想电源，如图 2-30 所示。

图 2-29 充电过程

2. 湿荷电蓄电池

在存放期，极板呈湿润状态而保持其荷电性的蓄电池称之为湿荷电蓄电池。湿荷电蓄电池存放保持荷电的时间要短一些。使用前对其进行补充充电，即可达到额定容量。湿荷电蓄电池适宜于无需长期存放的场合，如图 2-31 所示。

3. 免维护蓄电池

免维护蓄电池也是铅酸蓄电池。现在越来越多的汽车使用这种蓄电池，由于它在结构、材质以及加工工艺等方面的改进，克服了普通蓄电池的缺点而得到了迅速发展和广泛应用。

免维护蓄电池的表面无加液孔，可以防止水分散失和灰尘落入；它在出厂时储备了足够量的电解液，在整个使用时间内不需加蒸馏水，因此无须维护；它设有安全通气孔防止蓄电池内部压力过高，同时阻止酸气排放，减少对极桩和机体的腐蚀作用；自放电少，内阻小，起动性能好，寿命长，是普通蓄电池的 2~4 倍，如图 2-32 所示。

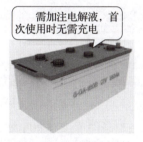

图 2-30 干荷电式铅酸蓄电池　　图 2-31 湿荷电蓄电池　　图 2-32 免维护蓄电池

4. 铅钙蓄电池

这种铅钙蓄电池与传统蓄电池的区别在于，使用钙替代锑作为合金添加物。由于电解液储量增大，因此无需再像往常那样检查电解液储量和添加软化水，如图 2-33 所示。

铅钙蓄电池不得过度放电（电量过低），因为即使过度放电几次也会损坏蓄电池，此后蓄电池将无法吸收充电电流。这种现象也称为"无锑效应"。

使用充电蓄电池时，充电后液体比重计（电眼）的颜色可能保

图 2-33 铅钙蓄电池

持黑色，即使蓄电池的开路电压至少为 12.7 V。这是由于蓄电池内形成了酸液层。这样的蓄电池充电充足且功能正常。只需将蓄电池慢慢翻转一次即可消除酸液层。

5. AGM 蓄电池

由于现代车载网络的能量消耗越来越大，因此对蓄电池容量的要求也越来越高。AGM 蓄电池是所谓的阀门调节式铅酸（VRLA）蓄电池，即吸收式玻璃纤维网垫（AGM）蓄电池，如图 2-34 所示。

AGM 蓄电池与传统蓄电池的不同之处在于其充电时的环保性和物质稳定性。车辆蓄电池充电时通过电解释放出氧气和氢气两种气体。

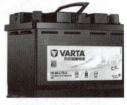

图 2-34　AGM 蓄电池

说明： 使用传统湿式铅钙蓄电池时，会将氧气和氢气这两种气体释放到大气中去。

使用 AGM 蓄电池时，这两种气体会重新转化为水。充电时正极处产生的氧气通过渗透性玻璃纤维网到达负极处，并在此与电解液中的氢离子发生反应而形成水。因此不会释放出任何气体。电解液也不会流失。

AGM 蓄电池充电时不得进行快速充电。通过蓄电池跨接起动接线柱为蓄电池充电时，最大充电电压不得超过 14.8V。即使充电电压短时间内超过 14.8V，也会对 AGM 蓄电池造成前期损坏。

五、蓄电池的容量、影响因素及其充电

1. 蓄电池容量的定义与类型

蓄电池的容量 C 是指在规定的放电条件下（一定的放电电流、一定的终止电压和一定的电解液温度下），完全充足电的蓄电池所能够输出的电量。它是标注蓄电池对外放电能力、衡量蓄电池质量优劣以及选用蓄电池的重要指标。

蓄电池的容量根据其使用条件不同可以进行如下划分：

（1）理论容量

假定活性物质全部参加放电反应，由活性物质质量按法拉第电化当量定律计算所得容量。

（2）实际容量

实际容量是指蓄电池实际放出的电量。恒流放电时，$C=I_t t_f$。实际容量总小于理论容量。

（3）额定容量

额定容量是指完全充足电的蓄电池在电解液温度为 25℃±2℃条件下，以 20h 放电率的放电电流连续放电至蓄电池（12V）的端电压降到 10.5V±0.05V 时输出的电量。额定容量是检验蓄电池质量的重要指标，在蓄电池型号中体现。如 6—QA—105 即表示额定容量为 105A·h。

（4）储备容量

完全充足电的蓄电池在电解液温度为 25℃±2℃条件下，以 25A 电流连续放电至蓄电池（12V）电压降到 10.5V±0.05V 时，放电所持续的时间，计量单位为 min。储备容量表达了在汽车电源系统出现故障时，蓄电池尚能向外电路提供 25A 电流的能力。

（5）起动容量

起动容量表示蓄电池在发动机起动时的供电能力，分为低温起动容量和常温起动容量：低温起动容量是指电解液在 −18℃时，以 3 倍额定容量的电流持续放电至单格电压下降至 1V

所放出的电量，持续时间应在 2.5 min 以上；常温起动容量是指电解液在 30℃时，以 3 倍额定容量的电流持续放电至单格电压下降至 1.5 V 所放出的电量。持续时间应在 5 min 以上。

2. 影响蓄电池容量的因素

蓄电池的容量不是一个定值，它与多种因素有关，具体体现在产品的结构因素和使用条件两方面。

（1）产品结构因素对容量的影响

极板上活性物质的数量、极板厚度、极板面积、极板中心距、活性物质的孔率等对容量均有一定的影响。

理论上说，一般活性物质的数量越多，容量越大。但是，实际上活性物质的利用率只有 60% 左右，一旦活性物质的数量确定后，则可通过增大极板面积来提高其利用率，从而增大容量。国产蓄电池极板面积已基本统一，每对极板面的容量为 7.5A·h，故通过极板数量 n 计算极板的容量 $C_{20} = 7.5(n-1)$。

极板越薄，活性物质的利用率就越高，容量就越高，反之亦然；极板面积越大，同时参与化学反应的活性物质就越多，容量就越大；极板中心距越小，蓄电池内阻越小，容量越大；一般来说，活性物质的孔率越大，电解液扩散渗透更容易，容量越大，但孔率的过分增大会导致活性物质的减少，从而导致容量减少。

（2）使用因素对容量的影响

蓄电池的放电电流、电解液温度、电解液密度等使用因素对容量的影响如下：

随着放电电流 I_f 的增大，蓄电池的电化学极化、浓差极化、内阻极化变强，使蓄电池的端电压下降变快，而使放电时间缩短。随着 I_f 的增大，单位时间内生成硫酸铅增多，从而导致孔隙堵塞，使活性物质利用率低，从而导致 C 降低；此外随着 I_f 的增大，单位时间消耗硫酸量增多，使电解液密度下降快，容量 C 减小。故在起动发动机的时候，应该要保证每次起动发动机的时间不得超过 5s，再次起动时间间隔 15s 以上。

当蓄电池温度降低时，电解液的黏度随之增大，从而导致离子渗入极板困难，使活性物质利用率低而导致蓄电池容量 C 降低；与此同时，随着电解液黏度的增大，蓄电池内阻增大，从而导致内压降增高，端电压值减少，使 C 进一步减小。所以，冬季的时候要对蓄电池保暖，以保证其有足够的容量。

随着电解液密度 ρ 的增大，蓄电池的电动势 E 增大，电解液渗透能力增强，使参加反应的活性物质量增多，而使蓄电池的容量 C 增大。但是，当密度 ρ 过高时，会使电解液黏度增大，使其内阻增大，而加剧极板硫化，导致蓄电池容量降低。实践证明，电解液密度偏低有利于提高放电电流和容量。所以，冬季使用的电解液，在不使其结冰的前提下，应尽可能采用稍低的电解液密度。此外，应考虑车辆在用地区的温度，因为温度的高低会影响电解液的密度。

3. 蓄电池的充电

充电是蓄电池使用过程中延长使用寿命的一个重要环节，放电后的蓄电池必须通过充电才能重新投入使用。新蓄电池和修复后的蓄电池在首次使用前必须进行初充电；在蓄电池的正常使用过程中，为了延长蓄电池的使用寿命，还要进行一些必要的补充充电、均衡充电等。

蓄电池必须根据不同的情况选择恰当的充电方法，并且正确地使用充电设备，以提高工作效率，并延长充电设备和蓄电池的使用寿命。通常蓄电池的充电方法有以下 3 种：

（1）恒流充电

恒流充电是指在充电过程中，充电电流保持不变（通过调整电压，保证电流不变）的充电方法。它广泛用于初充电、补充充电和去硫化充电等。恒流充电的适应性强，可任意选择和调整充电电流的大小，有利于保持蓄电池的技术性能和延长使用寿命，其缺点是充电时间长，要经常调节充电电流。

（2）恒压充电

恒压充电是指在充电过程中，充电电压保持恒定不变的充电方法。它是蓄电池在汽车上由发电机对其充电的方法。在恒压充电初期，充电电流较大，充电 4~5h 后即可达到额定容量的 90%~95%，因而充电时间较短，充电电流 IC 会随着电动势 E 的上升而逐渐减小到零，使充电自动停止，不必人工调整和照管。但是，在充电过程中，充电电流大小不能调整，所以不能保证蓄电池彻底充足电，也不能用于初充电和去硫化充电。

（3）脉冲快速充电

脉冲快速充电必须用脉冲快速充电机进行。脉冲快速充电的过程是：先用 80%~100% 额定容量的大电流进行恒流充电，使蓄电池在短时间内充至额定容量的 50%~60%，当单格电池电压升至 2.4V，开始冒气泡时，由充电机的控制电路自动控制，开始脉冲快速充电，首先停止充电 25ms（称为前停充），然后再放电或反向充电，使蓄电池反向通过一个较大的脉冲电流（脉冲深度一般为充电电流的 1.5~3 倍，脉冲宽度为 150~1000μs），然后再停止充电 40ms（称为后停充），而后按着正脉冲充电→前停充→负脉冲瞬间放电→后停充→正脉冲充电……循环进行，直至充足电为止。

脉冲快速充电的优点是充电时间可大大缩短（新蓄电池充电仅需 5h，充电需 1h）。但对蓄电池的使用寿命有一定的影响，并且脉冲快速充电机结构复杂，价格昂贵，故适用于电池集中、充电频繁、要求应急的场合。

4. 蓄电池电压

额定电压：一个电解槽的额定电压为 2V。起动蓄电池的额定电压为 12V。

空载电压：空载电压是在无负载蓄电池上测得的电压。该电压约为 12.6V。

充电电压：如果充电时一个电解槽的电压达到 2.4V，就会开始产生气体。此电解液槽已充电 80%。

充电结束电压：充电结束电压是在满负荷充电结束时的电压。此电压为 2.75V，电解液密度为 1.28g/cm³。

放电结束电压：放电结束电压是已放完电的蓄电池电压。该电压为 1.75V，电解液密度为 1.12g/cm³。

任务二 发电机

汽车上的电源除蓄电池外，还有交流发电机，如图 2-35 所示。在发动机未达到正常运转之前，车上的用电由蓄电池提供，在发动机正常工作后，车上的用电由发电机负责。发电机不只负责车上所有用电，同时还负责给蓄电池充电，补充蓄电池用电后

图 2-35 交流发电机

的存电不足。在汽车上，充电系统由交流发电机、电压调节器、充电指示灯、点火开关和蓄电池组成。电压调节器负责自动调节发电机输出的电压，使其保持稳定。

一、发电机的功能

在充电系统中，发电机起主要作用。发电机有三个功能：发电、整流和调节电压。

1. 发电

用多槽带把发动机的旋转传输到带轮，转动电磁化的转子，在定子绕组中产生交流电流，如图 2-36 所示。

2. 整流

因为定子绕组中产生的电是交流电，它不能用于车辆上安装的直流电器装置，为了利用交流电，用整流器将交流电变为直流电，如图 2-37 所示。

3. 调节电压

集成电流调节器调节发电机所生成的电压，使之即使在发电机转速或流到各电设备的电流发生变化时也能保持电压稳定，如图 2-38 所示。

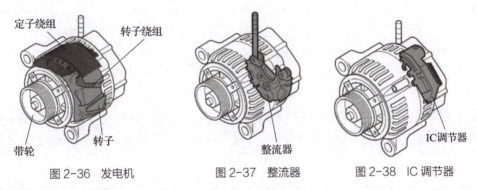

图 2-36　发电机　　　　图 2-37　整流器　　　　图 2-38　IC 调节器

二、发电机构造

发电机由定子、转子、电刷和集电环、整流器、IC 调节器等组成，如图 2-39 所示。

1. 定子

定子也叫电枢，它的作用是产生感应电动势，主要由定子铁心和定子绕组组成。定子是发电机产生电流的主要载体，固定在发电机的壳体上，如图 2-40 所示。

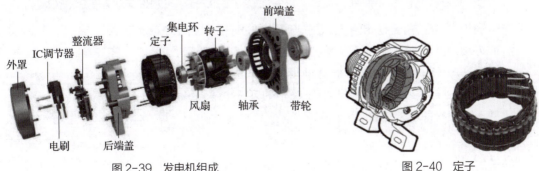

图 2-39　发电机组成　　　　　　　　　　图 2-40　定子

由于转子的旋转，磁通量发生变化，定子产生三相交流电。定子由定子铁心和定子绕组组成，并装在驱动端架内成为一体。定子绕组由三对绕组组成。三个端头相交的点称为中性点。因为在发电机中，定子产生的热比其他元器件多得多，对绕组的电线使用耐热屏蔽，如图2-41所示。

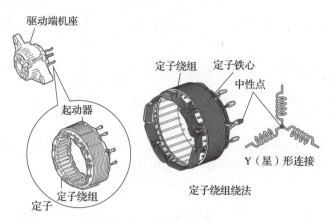

图2-41 定子绕组

定子绕组内部三组绕组以120°呈三角形连接或星形（Y形）连接，交流发电机是利用电磁感应原理产生交流电的。电磁感应是产生电的基础，其原理为：当一个导体（导线或线圈）切割磁场的磁力线时，导体内就感应出电流；当磁场静止而导体运动，或者磁场旋转而导体转动时也会感应出电流。通过电磁感应产生的电流方向可用右手定则判断，如图2-42所示。

若将线圈的两端连接到电压表上，则可在电压表上反映出线圈和磁极不断变化的关系，经实验可得出：如果线圈均匀转动，线圈内感应出的电动势是呈正弦规律变化的，如图2-43所示。

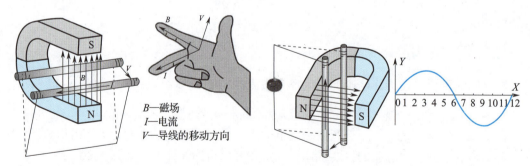

图2-42 右手定则判断　　图2-43 线圈内感应出的电动势呈正弦规律变化

定子绕组分为三角接法和星形（Y形）接法两种，如图2-44所示。
- 三角接法是指三个绕组头接尾，尾接头。
- 星形（Y形）接法是指三个绕组共用一个接头，三个接头相交的点称为中性点。大部分轿车的发电机采用的是双三角形绕组。

图2-44 三角接法和星形（Y形）接法

2. 转子
转子的两端在发电机内部由两个轴承支撑，在定子内部进行旋转，在通电的情况下产生励磁电流，利用电磁现象产生交流电压，如图 2-45 所示。

转子由一个励磁绕组和两个相互锁的半件（爪极）组成，如图 2-46 所示。转子的前端装有发电机带轮。

图 2-45 转子　　　　　　图 2-46 转子

转子是在定子绕组内部的一个转动磁体，它在定子绕组内形成产生电动势的磁场。绕组是绕六对（12 极）极心（磁极）缠绕成的，当电流通过时，它具有磁性。随着流入转子的电流越来越大，电磁力变得更强，如图 2-47 所示。

在转子的两端装有风扇来冷却励磁绕组、定子绕组和整流器，通过转子的旋转，使它们低于极限温度，方法是靠转子转动将空气从端架吸风口吸入。

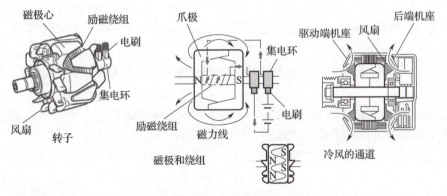

图 2-47 转子结构

转子用来在发电机工作时建立磁场，它由压装在转子轴上的两块爪形磁极、两块磁极之间的励磁绕组和压装在转子轴上的两个集电环组成。两个集电环彼此绝缘并与轴绝缘。励磁绕组的两端分别焊接在两个集电环上。

励磁绕组通电之后，在定子绕组内部形成一个电磁铁。当发动机起动时，曲轴通过传动带驱动转子旋转，这样转子形成的磁极就会旋转，磁极磁力线切割定子绕组，使其产生交变电压，如图 2-48 所示。

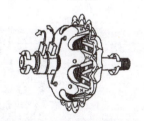

图 2-48 形成会旋转的磁极

由于定子绕组会经过大量的电流，电流会产生热效应。为了防止定子过热，转子轴上配备有两个整合式冷却风扇，对发电机进行散热，以防止温度过高，如图 2-49 所示。

3. 电刷和集电环

电刷和集电环使电流流入励磁绕组产生磁场，它们安装在转子的后端。

图 2-49 冷却风扇

通常，使用金属石墨电刷以降低电阻和接触阻力并且此电刷也有良好的耐磨性，如图 2-50 所示。

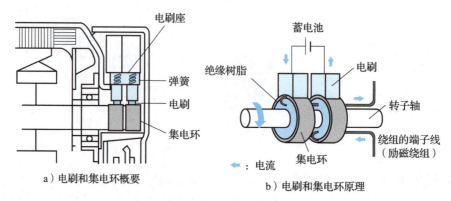

图 2-50　电刷和集电环

4. 整流器

发电机定子绕组产生的是交流电（AC）。它必须被转换为直流电（DC）才能用于汽车的电路系统。发电机就是通过整流器来实现这个目的的，如图 2-51 所示。

如图 2-52 所示整流器位于发电机底壳，由端子（输出端子）底座板（散热片）和二极管组成。

整流器用六个二极管（使用带中性点二极管时为八个）将定子绕阻发出的三相交流电全波整流成直流。

整流器由端子（输出端子）、座板（散热片）和二极管组成，座板（散热片）的双层结构改善了热辐射并使定子的尺寸减小，如图 2-53 所示。

当电流流过时，整流用的二极管产生热。但由于二极管元件本身（半导体）抗热性很差，发热使得整流功能不足。因此要求座板（散热片）面积越大越好，以利于散热。

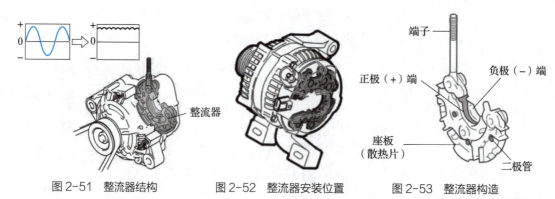

图 2-51　整流器结构　　图 2-52　整流器安装位置　　图 2-53　整流器构造

5. IC 调节器

车辆使用的发电机与发动机一起转动。因此，由于驾驶期间发电机转速频繁改变，使得发电机的转速不恒定。如果没有调节器，充电系统不能向电器设备提供恒定的电流。

因此，即使发电机转速发生改变，也要保持提供给电器设备的电压，并且按照电量的变化调节电量。在发电机中，使用 IC 调节器来完成，如图 2-54 所示。

一般来说，所发电的量可以用下述方法来改变。

- 增加或降低磁力（转子）。
- 加速或降低磁体的转速。

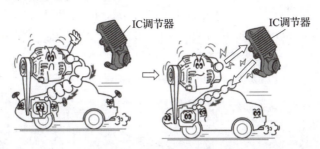

图 2-54 IC 调节器作用

当此方法应用到车辆的发电机时，转子的运行转速不能控制，因为它是随发动机旋转的。换言之，车辆用的发电机可以自由改变的条件是磁（转子）力。实际上，流到励磁绕组的电流（场电流）改变，便改变了磁力。IC 调节器通过控制场电流来调节发电机的发电量，这样使得所发的电压按照转子的转速和用电量的变化（电负荷的增、减）保持恒定，如图 2-55 所示。

电刷端盖上装有电刷架和两个彼此绝缘的电刷，并通过电刷弹簧，使电刷与转子轴上的两个集电环保持接触，电刷的引线分别与电刷端盖上的两个磁场接线柱相连（外搭铁式交流发电机），或一个与磁场接线柱相连，另一个在发电机内部搭铁（内搭铁式交流发电机），如图 2-56 所示。

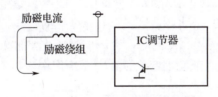

图 2-55 IC 调节器工作原理　　　图 2-56 IC 调节器实物图

IC 调节器主要由混合集成电路、散热片和连接器组成，使用混合集成电路可以获得较小的尺寸。

IC 调节器的类型如图 2-57 所示。

（1）蓄电池感应型

这一类型的 IC 调节器通过端子 S（蓄电池检测端子）来检测蓄电池的电压，并把输出电压调节到规定的值。

（2）发电机感应型

这一类型的 IC 调节器通过检测发电机的内部电压来把输出电压调节到规定的值。

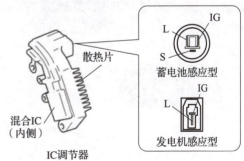

图 2-57 IC 调节器的类型

三、发电机工作原理

在汽车未起动时，需要靠蓄电池为汽车的电器设备提供电能。当车辆起动后，在发动机正常运转（怠速以上）时，由发动机带动发电机，产生电能，向所有用电设备（起动机除外）供电，同时向蓄电池充电。交流发电机的运行状况直接影响汽车电气部件的性能。发电机是汽车的主要电源之一，作用是将发动机的部分机械能变成电能，如图2-58所示。

发电机通常安装在汽车发动机侧面，通过传动带与发动机曲轴相连，如图2-59所示。

图2-58　发电机　　　　图2-59　发电机安装位置

1. 感应电流的产生

交流发电机是利用电磁感应原理产生交流电的。电磁感应是产生电的基础，其原理为：当一个导体（导线或线圈）切割磁场的磁感线时，导体内就感应出电流；当磁场静止而导体运动，或者磁场旋转而导体转动时也会感应出电流。通过电磁感应产生的电流方向可用右手定则判断。

若将线圈的两端连接到电压表上，则可在电压表上反映出线圈和磁极不断变化的关系，如果线圈均匀转动，线圈内感应出的电动势是呈正弦规律变化的。

根据电磁感应原理，当励磁绕组中通入直流电时，会产生磁场，如图2-60所示。

随着转子转动，穿过定子绕组的磁通量发生变化，在定子绕组中产生不断变化的感应电流，如图2-61所示。

 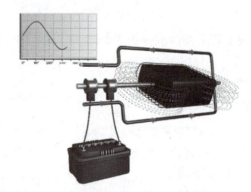

图2-60　通入直流电时产生磁场　　　　图2-61　定子绕组中产生不断变化的感应电流

交流发电机在转子外部采用三相对称绕组，当转子旋转时，旋转的磁场和三相绕组之间产生相对运动，在三相绕组中分别产生交流电流，如图2-62所示。

2. 整流器

整流器是由6个（8个、9个或11个）硅二极管组成的三相桥式全波整流电路，在发动机工作时将三相定子绕组中产生的交流电转变为直流电。在负极搭铁的发电机中，3个

（或4个）二极管的壳体为负极，压装在与发电机机体绝缘的元件板上，并与发电机的输出端（正极）相连，其引线为二极管的正极，称为正极二极管；另外3个（或4个）二极管的壳体为正极，压装在不与机体绝缘的元件板上，或直接压装在电刷端盖上，作为发电机的负极，其引线为负极，称为负极二极管，如图2-63所示。

（1）二极管的工作原理

二极管是一种简单的半导体元件，一般由经过特殊处理的硅制成，在二极管两端施加正确极性的电压后，二极管导通，如图2-64所示。

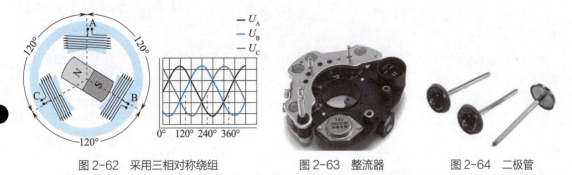

图2-62　采用三相对称绕组　　　　图2-63　整流器　　　　图2-64　二极管

二极管具有单向导通的特性，当加有正确方向（极性）的电压时，二极管变为导体，电流通过电路。如果外加反向电压或电流方向相反，二极管仍为绝缘体，阻断电流，如图2-65所示。

当蓄电池的正极接在P一侧，负极接在N一侧时，P型半导体的正空穴和蓄电池的正极相互排斥。N型半导体的自由电子和蓄电池的负极相互排斥，排斥力把它们推到P-N结合区。结果自由电子和空穴相互吸引，使得电流流过P-N结合区。

当蓄电池的接法相反，那么P型半导体的正空穴和蓄电池的负极相互吸引，N型半导体的自由电子和蓄电池的正极相互吸引，因此，空穴与自由电子远离P-N结合区。结果在P-N结接面上，没有自由电子，也没有正空穴，这样就阻止了电流通过，如图2-66所示。

图2-67所示为发电机整流器上的二极管。

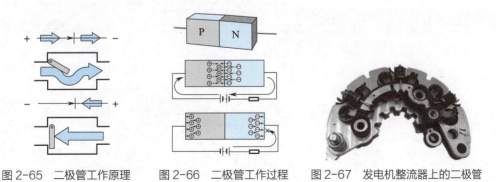

图2-65　二极管工作原理　　　图2-66　二极管工作过程　　　图2-67　发电机整流器上的二极管

（2）发动机整流器工作原理

发电机输出电压为正弦交流电，如图2-68所示。

交流发电机利用二极管的单向导电性，以硅二极管为整流器，将交流电变成直流电，如图2-69所示。

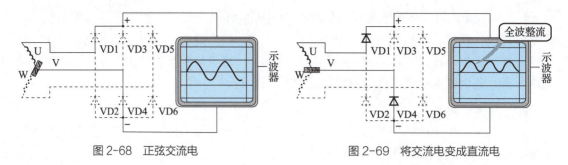

图 2-68 正弦交流电　　　　图 2-69 将交流电变成直流电

其中,三个二极管正极端相连,另三个二极管负极端相连,形成三相全波整流电路,如图 2-70 所示。

交流发电机通过整流电路,将定子绕组产生的三相交流电转变成脉动的直流电,如图 2-71 所示。

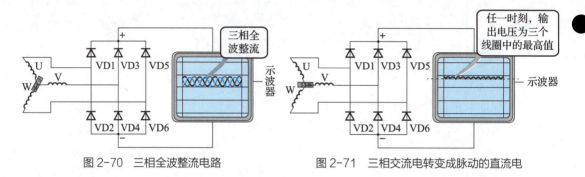

图 2-70 三相全波整流电路　　　　图 2-71 三相交流电转变成脉动的直流电

3. 电压调节

(1) 当点火开关为 ON 发动机停机时

当点火开关为 ON,发动机停机时,当点火开关开到 ON 时,蓄电池电压施加在 IG 端子上。作为结果,M-IC 线路被触发,Tr1 开到 ON,使励磁绕组允许电场电流通过。在这种情况下发电机并没有发电,因此调节器通过将 Tr1 开到 ON 和 OFF,尽可能减少电池的放电。此时,端子 P 处的电压为 0V,并且 M-IC 检测到这一情况,并将信号发送到 Tr2,点亮充电警告灯,如图 2-72 所示。

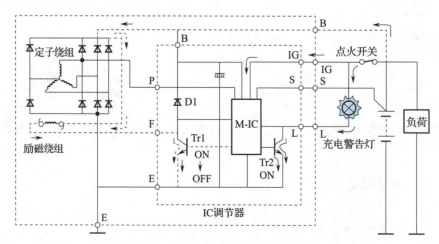

图 2-72 点火开关为 ON 时

（2）当发电机发电时（当低于规定电压时）

发动机起动，并且发电机转速增加，M-IC 打开 Tr1，以允许足够的电场电流流过，并且发电电压突然升高。此时，如果端子 B 处的电压超过蓄电池电压，电流流到蓄电池进行充电并且给电器设备供电。结果，端子 P 处的电压增加。因此，M-IC 确定正在发电，并将 OFF 信号发送到 Tr2，将充电警告灯关掉，如图 2-73 所示。

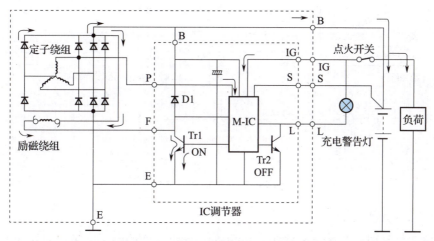

图 2-73　当低于规定电压时

（3）当发电机发电时（当高于规定电压时）

如果 Tr1 继续导通，端子 B 处的电压增加。然后，端子 S 处的电压超过规定电压，M-IC 检测到此情况并关掉 Tr1。结果励磁绕组的磁场电流经逆电动势吸收二极管被衰减，并且端子 B（所发电压）处的电压降低。然后，如果端子 S 处的电压降低到低于要求电压，M-IC 检测到这一情况并将 Tr1 打开到 ON。从而，励磁绕组的磁场电流增加，端子 B 处的电压（所发电压）也增加。IC 调节器通过重复上述的操作将端子 S 处的电压（蓄电池端子电压）调节为恒定电压（调节好的电压），如图 2-74 所示。

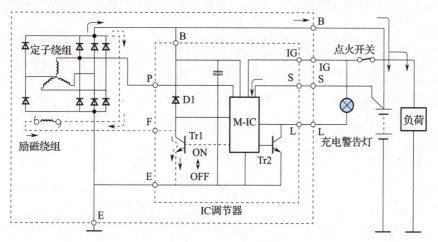

图 2-74　当高于规定电压时

（4）当励磁绕组开路时

当发电机转动时，如果励磁绕组开路，发电机便停止发电，端子 P 处的输出电压变为

0V。当 M-IC 检测到这一情况时,它打开 Tr2 并打开充电警告灯,以便指示这一异常,如图 2-75 所示。

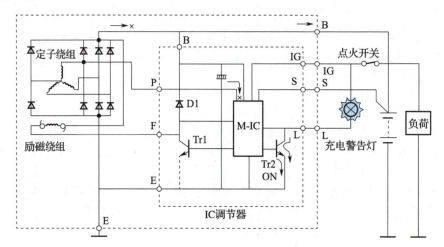

图 2-75 励磁绕组开路时

(5)当励磁绕组短路时

当发电机转动时,如果励磁绕组发生短路,终端 B 处的电压直接施加到端子 F,并有大电流。当 M-IC 检测到此情况时,关掉 Tr1 进行保护,同时打 Tr2 以便打开充电警告灯指示异常发生,如图 2-76 所示。

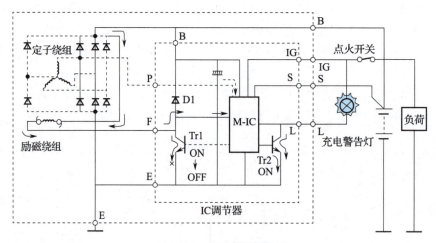

图 2-76 励磁绕组短路时

(6)当端子 S 脱开时

当发电机旋转时,端子 S 发生开路情况,M-IC 检测到端子 S 无输入信号,便打开 Tr2 以便打开充电警告灯。与此同时,在 M-IC 中,端子 B 取代 S 端子的工作来调节 Tr1,因此端子 B 处的电压变为规定电压(大约 14V),以防止端子 B 处电压的异常增加,如图 2-77 所示。

(7)当端子 B 脱开时

当发电机旋转时,端子 B 处发生开路情况,那么不再对蓄电池充电,蓄电池电压(端子 S 处）逐步下降。当端子 S 处的电压下降时，IC 调节器增加磁场电流，以便进一步发电。结果端子 B 处电压增加得越来越高。然而，M-IC 调节磁场电流，使端子 B 处的电压不超过 20V，以便保护发电机和 IC 调节器。

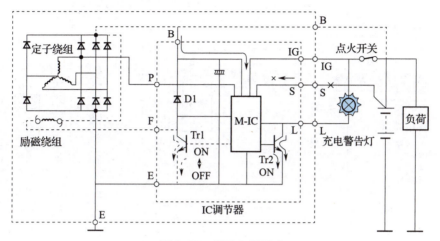

图 2-77　端子 S 脱开时

当端子 S 处的电压变低时（11~13V），M-IC 判断蓄电池不再充电。然后它打开 Tr2 并打开充电警告灯，并且调整磁场电流。这样，端子 B 处的电压同时下降电流。这样，端子 B 处的电压同时下降以便保护发电机和 IC 调节器，如图 2-78 所示。

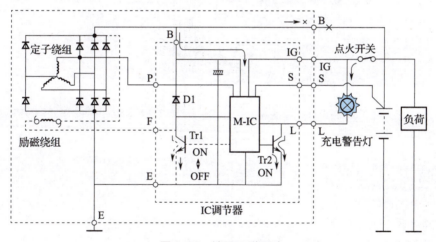

图 2-78　端子 B 脱开时

（8）当端子 F 和 E 之间短路时

发电机运转期间，如果端子 F 和 E 之间发生短路，端子 B 处的电压从端子 E 经励磁绕组搭铁，而不经过 Tr1。因为磁场电流不能被 Tr1 来调节，即使端子 S 处的电压超过了规定电压，发电机的输出电压也会变得高于规定值。如果 M-IC 检测到这种情况，它打开 Tr2，使充电警告灯点亮并指示异常情况，如图 2-79 所示。

四、SC 型发电机

SC 型发电机采用联合区段导体系统而不用定子绕组（塞入并焊接）连接到定子绕组。

这种类型的发电机与传统类型相比,可以减少一半电阻。这样可以减小尺寸,高功率和高效率,如图2-80所示。

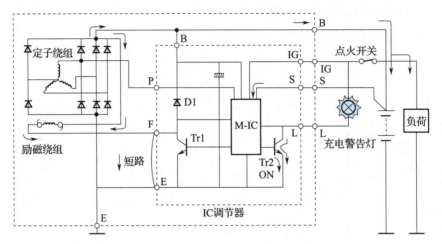

图2-79 端子F和E之间短路时

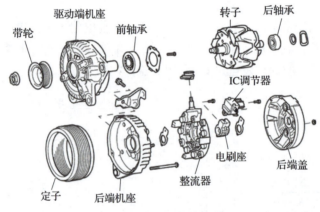

图2-80 SC型发电机构造

1. 组成

(1)定子
- 区段导体。
- 区段导体+焊接+涂层。
- 双绕组。

(2)整流器

结合双绕组,用12支二极管。

(3)IC调节器

与传统型在陶瓷IC板上组成电路不同,IC调节器将线路集成在一块芯片中,使尺寸减小。

2. 构造和工作原理

(1)区段导体系统

此发电机采用一种联合区段导体系统。此系统将多个区段导体一起焊到定子上。与传统绕组系统相比较，由于区段导体的形状，电阻降低，并且它们的布置有助于使发电机更加紧凑。

（2）双绕组系统

此系统由两组三相绕组拼成，它们的相位差为 30°。因为从相应绕组中发出的波相互抵消，磁性干扰被减少，如图 2-81 所示。

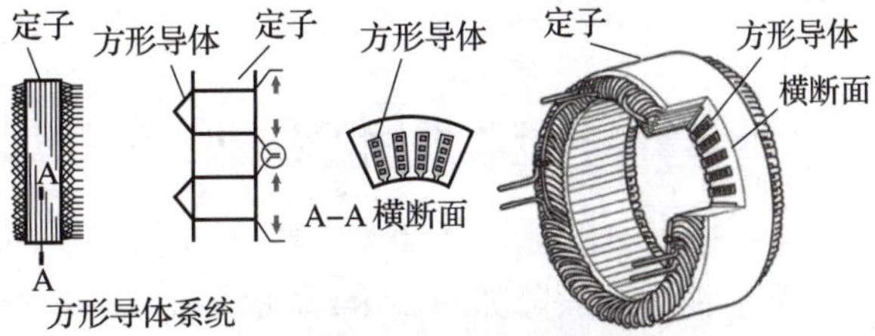

（3）Hi 侧三极管

SC 型发电机采用的 IC 调节器中，调节励磁绕组电流的晶体管 Tr1 安装在高的一侧，如图 2-82 所示。

图 2-81 定子构造

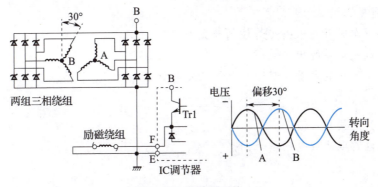

图 2-82 双绕组系统

开关元件（晶体管）在电路正（+）极［相对于负载（励磁绕组）］电路称为高侧，设备在负（-）极侧的电路称为低侧。

五、带真空泵的发电机

- 它装有真空泵并为制动助力器提供负压。
- 真空泵和发电机轴合在一起，并且与轴一起转动。

发电机的类型大体分成两类：一种发电机真空泵在带轮一侧，另一种则在带轮相反一侧，如图 2-83 所示。

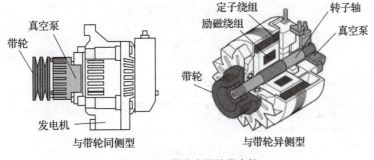

图 2-83 带真空泵的发电机

任务三　蓄电池故障诊断

一、蓄电池故障诊断流程

1. 与蓄电池放电有关的故障

蓄电池放电故障如图 2-84 所示。

- 蓄电池放电。
- 起动机不转，使发动机无法起动。
- 尽管蓄电池明显放电但发动机仍然能够起动。客户认为应该检查检查蓄电池是不是出了问题。

图 2-84　蓄电池放电故障

2. 造成蓄电池放电的主要原因

- 驾驶人下车时开关未关（灯控制开关等）。
- 蓄电池或充电系统出了故障。
- 客户日常使用的电量和交流发电机的发电量不一样多。

3. 解决蓄电池放电时需要了解以下信息

- 了解客户的使用习惯。
- 有关放电蓄电池放电的技术知识。

4. 故障诊断流程

遇到蓄电池放电问题时，要按以下 3 个步骤处理，如图 2-85 所示。

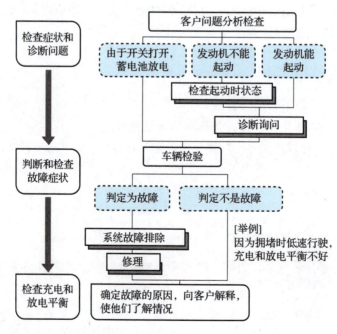

图 2-85　故障诊断流程

（1）检查症状和诊断问题

- 向客户提出询问，对该车的情况进行确认核实。

- 了解客户车辆使用习惯。

（2）判断和检查故障症状

检查蓄电池和充电系统等，判断这种故障是由车辆本身问题还是客户的使用习惯造成的。

（3）检查充电和放电平衡

向客户提供恰当的建议，根据充放电平衡检查结果确定造成故障的原因，尽量避免这种故障再次发生。

5. 故障诊断要点

诊断蓄电池放电时，要牢记以下要点：

1）蓄电池即使没有使用，性能也会变差。蓄电池性能变差的程度视车辆的使用条件不同而有很大差异，如图2-86所示。

2）发动机运转时，如果发电机产生的电量输出大于消耗量，蓄电池就会充电。

3）相反，如果电能消耗大于发电机的发电量，而蓄电池就要供电，会造成蓄电池放电，如图2-87所示。

图2-86 车辆使用条件的不同而有很大差异

图2-87 充放电平衡

> **提示** 蓄电池的充电量和放电量称为充放电平衡。如果这种平衡明显恶化就会造成蓄电池放电。

二、蓄电池故障诊断

诊断蓄电池放电故障时，要了解以下一些情况。

1. 蓄电池以往保养史和保养情况

除了向客户询问之外，还要验看客户的检查和保养手册。

- 蓄电池更换情况。
- 添加蓄电池液的频率。
- 蓄电池更换史、比重变化等情况，如图2-88所示。

2. 如何使用电器装置保证充放电平衡

不仅仅当蓄电池放电时，而且客户每天电负载的使用情况也要核实，如图2-89所示。

- 前照灯和雾灯（当车停在十字路口时这些灯也要关闭）。

- 空调（自动位置、ECON模式等）。
- 是否有后装零件，他们是如何安装的。
- 其他电器装置的使用情况。

3. 客户下车时

- 客户下车时要检查一下开关是否还开着。（当客户驾车来时要检查一下这种情况）
- 客户下车时要检查一下点火开关，如图2-90所示。

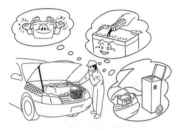

图2-88　了解保养史和保养情况

图2-89　了解电负载的使用情况

图2-90　下车时检查情况

任务四　电源系统故障诊断

汽车必须自备有效而且高度可靠的能源，为需要用电的起动机、点火和燃油喷射系统、电子设备等提供电能，当发动机停止工作时，这些由蓄电池负责，当发动机运行时，发电机就成为车上的"发电厂"，其任务是为车上所有的用电设备和系统供电并为蓄电池充电。

发电机在发动机运转时为用电器提供电流，并保持向蓄电池充电。发电机（GEN）在发动机的前方，由曲轴通过传动带驱动。由一个自动传动带张紧轮来调整传动带张力，如图2-91所示。

图2-91　发电机（GEN）在发动机的前方

一、充电系统检查

1. 无负载测试（不带负载检查充电线路）

在无负载测试中，检查发电电压是否保持在恒定的水平（调节好的电压），即使发动机转速发生变化，负载很小时也是如此（最大10A）。无负载测试要求在输出电流最大10A的条件下进行。如果输出电流超过10A，即使IC调节器有问题，结果可能会符合规定的值从而不能正确检查所调节的电压。

在IC调节器类型的发电机中，调节好的电压其特定值在大约13.5V与15.1V之间（当发电机转速为2000r/min时），如图2-92所示。

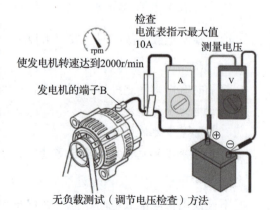

图2-92　无负载测试

如果测得结果超出特定值，发电机可能有问题。如果此值高于上限，问题应该在 IC 调节器中。相反，如果此值低于下限，问题应该出在除 IC 调节器之外的发电机元器件。

2. 带负载测试（带负载检查充电线路）

在带负载测试时，当施加有电负载时，通过检查输出电流来检查发电机负载输出。

如果发电机正常，电负载不足，电流不会超过 30A（当发动机转速为 2000r/min 时）。

因此，如果输出电流最大为 30A，必须增加电负载并重新检查测量结果。小于规定值可以判断发电机有故障。故障可能在发电和整流部分，如图 2-93 所示。

即使当测量结果超过 30A 时，输出的不是最大额定功率。可以通过电压能保持稳定的情况下，增加电负载测量发出的极大电流来检查最大额定功率，此时发动机转速约为 2000r/min，如图 2-94 所示。

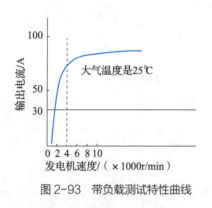

图 2-93　带负载测试特性曲线

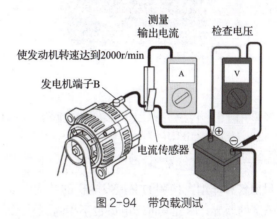

图 2-94　带负载测试

二、发电机的检修

发电机经确认有故障后，要对发电机进行拆卸和检修。

1. 解体前的检查

交流发电机在解体前，可通过目测外观及必要的检测，初步判断出故障的可能部位，这样可"有的放矢"地进行检修。解体前的检查主要有以下几方面：

（1）检查间隙

手持带轮前后左右摆动，以判断前轴承轴向及径向的间隙是否变大。

（2）检查阻力

转动转子，检查轴承阻力、噪声以及转子与定子之间有无摩擦噪声及异常响声。当发现阻力较大时，可拆除电刷再试，以确定阻力是来自电刷还是来自轴承。

（3）检查转子轴是否弯曲

转动转子轴，目测检查带轮的摆差（摆头）大小，以判断转子轴是否弯曲。

（4）检查外观

检查外壳、挂脚等处有无裂纹及损伤等。

（5）检查整流电路

将万用表（数字式）置于"二极管"档，如图 2-95 所示，正表笔接发电机"E"端，负表笔接"B+"或"D+"，读数应小于 1。如果为 0 或 ∞，说明整流器损坏；交换表笔，读数应为 ∞，否则表明整流器损坏。

（6）检查磁场电路

将万用表置于 R×1 档，红表笔测发电机"F"端，如图 2-96 所示，黑表笔测"E"端（对换表笔也一样），其正常电阻应为 3~5Ω。如果阻值为 0，说明励磁绕组短路或搭铁；如果阻值为 ∞，则说明励磁绕组断路、电刷与集电环间接触不良。

图 2-95 检查整流电路

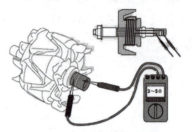

图 2-96 检查磁场电路

经采用上述方法检查后，如果是整流器、电刷、电刷架损坏，可在不解体的情况下更换整流器、电刷或电刷架。

2. 发电机的拆卸和分解

目前各种车型上使用的交流发电机的结构都有一定的差异，因此其拆卸顺序也不相同。

分解要点如下：

1）清除发电机外部的灰尘和油污，并在前后端盖和铁心上做出装配记号。

2）如图 2-97 所示，将转子加紧在台虎钳上，拆下传动带轮紧固螺母后，可依次取下传动带轮。

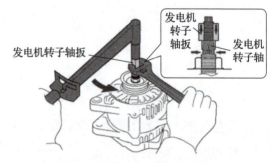

图 2-97 拆下传动带轮紧固螺母

3）拆下连接前后端盖的拉紧螺钉，将前端盖与转子分离，若该部装配过紧，可用拉力器拉开，也可用锤子轻轻敲击使之分离并拆下前端盖，如图 2-98 所示。

4）通过用锤子敲打，从端盖一端拆卸转子，如图 2-99 所示。

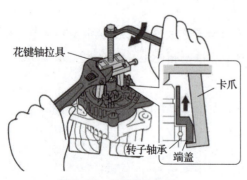

图 2-98 前端盖的分解

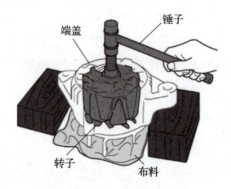

图 2-99 用锤子敲打

任务实施

对技术员要求:
- 接收/检查修理单。
- 接收用于修理的订购零件。
- 在允许的时间内进行工作。
- 向技师领队确认工作完成。

技师领队:
- 对技术难度高的工作向技术员提供指导和帮助。

一、拆卸蓄电池

1）拆下蓄电池的正、负极（图2-100）和蓄电池熔丝盒（图2-101）。
2）拆下蓄电池（图2-102），拔下蓄电池电流传感器（图2-103）。
3）将发动机控制模块托架从蓄电池托架上松开（图2-104），拆下3个蓄电池托架螺栓（图2-105），取下蓄电池托架。

图2-100　拆下蓄电池的正、负极

图2-101　拆下蓄电池熔丝盒

图2-102　拆下蓄电池

图2-103　拔下蓄电池电流传感器

图2-104　将发动机控制模块托架从蓄电池托架上松开

图2-105　拆下3个蓄电池托架螺栓

二、安装蓄电池

1）安装蓄电池托架（图2-106），紧固至15N·m，安装发动机控制模块（图2-107）。
2）安装蓄电池电流传感器（图2-108），安装蓄电池，安装蓄电池固定架（图2-109）。

图2-106　安装蓄电池托架

图2-107　安装发动机控制模块

3）安装蓄电池正极电缆盖（图 2-110），安装蓄电池正极电缆，紧固至 9N·m，连接蓄电池负极，安装蓄电池压板紧固件，紧固至 9N·m。

图 2-108　安装蓄电池电流传感器

图 2-109　安装蓄电池固定架

图 2-110　安装蓄电池正极电缆盖

三、拆卸发电机

1. 发电机的拆卸步骤

1）打开发动机舱盖，断开蓄电池负极电缆。

2）顶起车辆，拆下 2 个前舱防溅罩固定件和 3 个前舱防溅罩螺栓，如图 2-111 所示，取下前舱防溅罩。

3）逆时针旋转发电机传动带张紧器（图 2-112），释放传动带张紧器的张紧力，并用 EN-6349 锁销锁止，拆下发电机传动带。

4）放下车辆，拆卸发电机上螺栓，如图 2-113 所示。

图 2-111　拆卸前舱防溅罩固定件

图 2-112　逆时针旋转发电机传动带张紧器

5）举升车辆，拆下发电机线束螺母（图 2-114），拆下发电机正极电缆螺母（图 2-115）。

6）拔下发电机线束（图 2-116），拆卸发电机下螺栓（图 2-117），从下面拆下发电机，如图 2-118 所示。

图 2-113　拆卸发电机上螺栓

图 2-114　拆下发电机线束螺母

图 2-115　拆下发电机正极电缆螺母

图 2-116　拔下发电机线束

图 2-117　拆卸发电机下螺栓

图 2-118　拆下发电机

2. 发电机的安装步骤

1）安装发电机下螺栓，放下车辆，安装发电机上螺栓，紧固发电机上螺栓至35N·m。举升车辆，紧固发电机下螺栓至35N·m。

2）连接发电机线束，安装发电机正极电缆螺母，紧固至20N·m，连接发电机线束螺母。

3）安装发电机传动带，通过逆时针旋转发电机传动带张紧器释放张紧器上的张紧力，拆下EN-6349锁销。

4）安装2个前舱防溅罩固定件和3个前舱防溅罩螺栓，紧固至3N·m。

5）降下车辆，连接蓄电池负极电缆。

四、发电机的检查和修理

发电机解体后，应先检查转子、定子的外观。转子的爪极表面、定子铁心的内表面均不应有由碰擦而形成的刮痕，否则应更换轴承。

1. 转子总成的检查

（1）检查转子表面

目视集电环不得有刮痕，否则应更换前后轴承。集电环表面应光洁平整，两集电环之间的槽内不得有油污和异物，可用布料和毛刷清洁集电环和转子。如果脏污和烧蚀明显，更换转子总成，如图2-119所示。

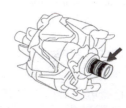

图2-119 检查发电机转子总成

（2）检查励磁绕组是否搭铁

用万用表检查集电环与转子之间的电阻，电阻值应为∞，如果导通，应更换转子，如图2-120所示。

（3）检查励磁绕组是否断路及短路

转子是一个旋转的电磁体，内部有一个绕组，绕组的两端都连接到集电环上。用万用表检查两集电环之间是否导通，其数值应符合规定值，如果电阻值小于规定值，表明励磁绕组短路；如果电阻值为无穷大，表明励磁绕组断路，如图2-121所示。励磁绕组出现断路与短路时应予修理或更换转子总成。

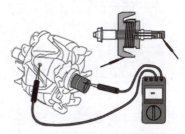

图2-120 检查励磁绕组是否搭铁

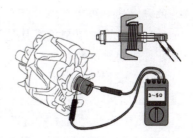

图2-121 检查集电环之间是否导通

> **提示** 旋转时集电环和电刷接触，使电流产生流动。当集电环的外径小于规定值时，集电环和电刷之间的接触不足，有可能影响电流环流的平稳，从而降低发电机的发电能力。

（4）测量集电环

用游标卡尺测量集电环的外径，如图2-122所示。

> **提示** 如果测量值超过规定的磨损极限，更换转子；旋转时集电环和电刷接触，使电流产生流动。

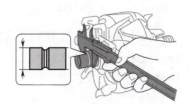

图2-122 用游标卡尺测量集电环外径

因此，当集电环的外径小于规定值时，集电环和电刷之间接触不足，有可能影响电流环流的平稳。结果，可能降低发电机的发电能力。

2. 定子的检查

1）检查定子表面不得有刮痕，导线表面不得有碰伤、绝缘漆剥落现象。看定子铁心有无碰损或擦伤。如果定子铁心损坏严重，应更换定子总成。

2）检查定子绕组是否有断路或短路。可先通过外观检查，仔细察看导线是否有断路，各线头连接是否脱焊和烧焦，外部检查无问题时，再用万用表进行检查。

将万用表置于 R×1 档，将万用表的一表笔接定子绕组中性点，另一表笔分别接在每相绕组的头端，电阻一般不大于 1Ω，且三相绕组值相等。若测得的电阻为 0Ω，则为绕组短路；若测得的电阻为 ∞，则为绕组断路，如图 2-123 所示。

3）检查定子绕组是否搭铁，用欧姆表 R×1 档检查绕组引线和定子铁心之间，应不导通，否则应更换定子。

图 2-123 检查定子绕组

3. 电刷与刷架的检查

检查刷架有无破损、裂纹，电刷在刷架内是否活动自如，如有破损、裂纹，或电刷在刷架内运转受阻，应更换电刷架。

检查电刷表面不得有油污，否则可用干布浸汽油擦拭干净。检查电刷弹簧是否变形、折断或老化失弹性。如果弹簧已折断或严重变形，应予更换。

电刷弹簧应符合出厂规定，一般为 1.5~2N，测量电刷外露长度，应符合出厂规定。

检查发电机电刷座：用游标卡尺测量电刷的长度。电刷的外露长度一般不小于 7mm，否则应更换，如图 2-124 所示。

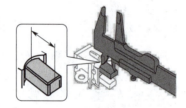

图 2-124 测量电刷的长度

4. 整流器的检测

用万用表对整流器中各正极管和各负极管的正向电阻和反向电阻进行测量，根据测量结果确定其工作状态。

对二极管主要是检查其是否出现短路及断路故障。如果出现这些故障，二极管则不能保证其单向导电性。

在二极管的外壳上，一般都有一个符号：若朝向中心引线一侧的是"+"，则中心引线是管子的正极，其外壳是管子的负极，此二极管即为正二极管；若朝向中心引线一侧的是"–"，则中心线是管子的负极，其外壳是管子的正极，此二极管则为负二极管。管子底壳上有红色字的为正极型二极管；管子底壳上有黑色字的为负极型二极管。

（1）检查正整流板总成

使用万用表在正极端子（B）和整流器的每一个端子之间测量，然后将两根表笔的极性反过来再检测一次。检查是否一次导通，而另一次不导通。如果导通状态不是这样，则应更换正整流板总成。

（2）检查负整流板总成

使用万用表的二极管测试模式。在负极端子"–"和整流器的每一个端子之间测量，然后将两根表笔的极性反过来再检测一次。检查是否一次导通，而另一次不导通。如果导通状态不是这样，则应更换负整流板总成，如图2-125所示。

> **提示** 在对正、负二极管的正、反向检测时，若测得的电阻值均为0，则说明该二极管击穿短路；若测得的正、反向电阻均为无穷大，则表明该二极管断路。

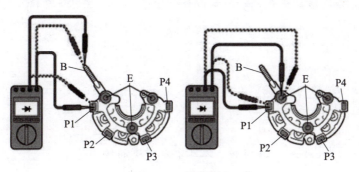

图2-125 整流器的检测

5. 其他部件的检修

发电机端盖不得有裂纹，若轴承内缺油应更换轴承，不能注油后再继续使用。传动带槽内不得有毛刺，以免损伤传动带。散热风扇不得有变形，以免高速运转时产生噪声。带轮轴与孔的配合过盈为0.01~0.04mm，若松旷应修复或更换。转子轴承的轴向和径向间隙不应大于0.2mm，否则应更换轴承。

6. 发电机的装复

硅整流发电机的装复顺序一般与分解时顺序相反，即后拆的先装，先拆的后装。带轮固定螺母的拧紧力矩为35N·m。装复后，应用手转动带轮，检查转子转动，应灵活自如，无摩擦及碰击声，无扫膛现象；并手持带轮检查轴承的径向间隙和轴向间隙。若无异常，即可进行修后试验。

发电机装复后，应进行相应检测和发电试验。

拓展阅读

精益求精

工匠精神的核心在于对待工作执着专注、精益求精、追求卓越。面对谱写更加出彩绚丽篇章的生动实践，从党员干部到专业人才、基层群众，各行业、各领域、各年龄劳动者都应以工匠精神对待工作、以卓越品质做好工作。

治玉石者，既琢之而复磨之，治之已精，而益求其精也。

让我们大力弘扬好精益求精的工匠精神，以更加负责的态度投入工作、更高的标准开展工作、更卓越的追求完成工作，牢牢把握重大战略机遇期，埋头苦干、奋勇争先，谱写新时代更加出彩的绚丽篇章！

维修车辆交付

业务人员

- 准备将更换的零部件给客户查看。
- 准备为所有的费用开出发票。
- 检查车辆是否清洁,进行维修质量检查,检查是否已经取下座椅垫、地板垫、转向盘罩、翼子板布、前罩。
- 电话通知客户,以便确认车辆准备交付。
- 向客户说明工作。
  - ◇ 确认工作已经顺利地完成。
  - ◇ 将更换的零部件展示给客户看。
  - ◇ 说明完成的工作以及益处。
  - ◇ 提供详细的发票说明:零部件、人工和润滑剂的费用。

步骤一 资料准备

1)书面确认是否每件维护保养工作已经完成。
2)检查工单上客户提出的所有项目是否已达到客户的要求。
3)核对维修费用,确认原始估价与实际是否相符。

步骤二 车辆清洗

1)洗车。
2)清洁车内饰物。

步骤三 内部交车

告知服务顾问车辆停放处,将车辆和钥匙交给服务顾问。

步骤四 交车

若客户不在休息区等候,服务顾问接到车辆后应立即与客户取得联系,约定交车的时间、方式及结账事宜等。如果联系不到客户,服务顾问需发短信通知,并在随后的 30min 或 1h 再次尝试联系客户,告知客户具体情况。

若客户在休息区等候,服务顾问需将打印出的结算单放在书写夹板上,找到在客户休息室的客户,通知客户在其方便的时间进行交车,并确认付款方式。

服务顾问需引导客户前往交车区,拆除车罩与防护套,以便客户验车。与客户一同验车,确认满意度。

步骤五 结算准备和费用说明

1. 结算准备

在客户验车完毕并表示对作业质量满意后,服务顾问需打印费用结算清单,将所发生的材料费和工时费逐项列出。

2. 费用说明

1）服务顾问需向客户说明每项费用，并回答客户提出的问题，消除客户的疑问。

2）如果客户对费用不满或有不理解的内容，服务顾问可以及时请服务经理协助向客户解释。

3）确认没有问题后，请客户在"车辆维修结算单"上签字确认。

步骤六　完成结账

1）完成结账手续。

2）当面回访客户满意度。

步骤七　交车与送别客户

1. 交车

需向客户说明有关下次保养里程及今后车辆使用方面的建议。

2. 送别客户

服务顾问送客户到汽车旁，引导客户驶出停车位，目送客户车辆驶出店面。

任务评价

一、本项目的学习目标你已经达成了吗？请通过思考以下问题的答案进行结果检验。

1. 蓄电池的功用，你是否清楚了？
2. 你是否可以为蓄电池进行分类了？
3. 你是否清楚蓄电池的结构都有哪些特点？
4. 你知道可维护蓄电池都有哪些特点吗？
5. 你知道免维护与可维护蓄电池都有哪些异同点吗？
6. 你知道蓄电池外壳上都有哪些装置吗？
7. 能通过蓄电池观察孔来判断蓄电池的状态吗？
8. 蓄电池中电解液的成分你是否清楚都有哪些？
9. 你知道蓄电池外壳上都有哪些装置吗？
10. 发电机在车辆中发挥什么作用？
11. 你知道定子绕组有几个线圈吗？
12. 点火开关打开后，发电机是不是有磁性？知道是什么原因吗？
13. 你知道整流器是如何进行整流的？
14. 发电机怎样实现稳定的输出电压？
15. 发电机的励磁方式是什么样的？
16. 轿车运转时充电指示灯点亮，我们应该怎样检查呢？

二、不定项选择题

1. 当免维护蓄电池的液体比重计显示"绿"色时，则表示蓄电池：
   A. 可以进行检测 B. 应报废
   C. 已充足电 D. 不能安装使用

2. 当免维护蓄电池的液体比重计显示"暗"色时，则表示蓄电池：
   A. 该蓄电池已报废 B. 需要充电进行检测
   C. 需要补充蒸馏水 D. 需要更换电解液

3. 关于蓄电池结构，说法正确的是：
   A. 活性物质都附着在隔板上面 B. 负极接线柱要比正极接线柱粗
   C. 活性物质附着在极板上面 D. 正极板和负极板直接连接

4. 关于AGM蓄电池的特点，说法正确的是：
   A. AGM蓄电池的电解液采用的是玻璃纤维
   B. AGM蓄电池的隔板采用的是玻璃纤维
   C. AGM蓄电池采用玻璃纤维的目的是让电解液保持在一定位置，减小蓄电池的内阻
   D. AGM蓄电池的电解液是胶状

5. 关于发电机各部件的作用，说法正确的是：
   A. 发电机是利用定子产生磁场的
   B. 转子通过旋转在线圈内产生交流电
   C. 整流器是用来把发电机的交流电转变成直流电
   D. 调节器用来调整发电机发电量的高低

6. 关于充电系统的检测操作，说法正确的是：
   A. 只要显示充电指示灯点亮就可以更换发电机
   B. 在进行故障分析时，必须按照故障信息提示逐一检查
   C. 在进行故障分析时，可以根据经验优先选择检查可能的故障信息
   D. 如果按照信息查询系统的提示没有发现故障，说明信息查询系统的功能还不全面

三、思考讨论题

1. 更换蓄电池时的注意事项有哪些？
2. 发电机异响的检测流程是怎么操作的？
3. 发电机充电效率低，影响因素有哪些？

项目三

起动系统

汽车售后服务顾问和维修技师是汽车 4S 店的门面,会给车主留下深刻的第一印象和难忘的最后印象。车主在车辆维修预约、进店保养和维修、离开汽车 4S 店阶段,对汽车 4S 店需求心理预期各不相同。汽车 4S 店的工作人员只有把握了客人需求心理,依据需求心理的变化跟进服务,才能主动超前地提供恰当的服务,令车主产生惊喜的消费体验,从而留下良好的印象。

项目描述

杨先生的一辆奥迪轿车,行驶里程 161008km。有一天,杨先生早晨起动车时发现起动机出现"哒哒哒"的响声,发动机没有反应。该车最近一段时间不能起动,外并联一个蓄电池跨接起动,发动机也没有反应。××4S 店用平板车将杨先生的车拉到 4S 店进行检查维修。

小李:"杨先生,您好,欢迎光临××4S 店。我是服务顾问小李,这是我的名片,很高兴为您服务。"小李按要求对车辆进行了环车检查,如图 3-1 所示。

图 3-1 环车检查

小李:"杨先生,您的车出现了起动机有"哒哒哒"的声音,发动机不转动的故障,我让专业技师为您的车辆做仔细的检查"。

根据杨先生的反映,专业技师对该车进行了检查。该车在起动时起动机出现"哒哒哒"响声,但是发动机不能起动,技师根据现象对蓄电池进行检测,如图 3-2 所示。

维修技师初步检查起动系正常,蓄电池正负极桩接触良好,蓄电池开路电压 12.8V,但起动机起动时蓄电池电压为 12.5V,技师初步怀疑是起动机的问题。

图 3-2 蓄电池检测

项目分析

此车已行驶 161008km,早晨起动车时起动机出现"哒哒哒"的响声,发动机不能起动。

蓄电池使用寿命一般为 2 年左右,如果合理地使用并经常保持其良好的技术状况,就可延长其使用寿命。蓄电池技术状况检测的目的是确定蓄电池健康状态和充电状态,前者是为了确定蓄电池是否需要更换，后者是为了确定蓄电池是否需要补充充电。

要全面检测一个完全放电或只是亏电的蓄电池是否需要更换，可以通过以下几个详细而准确的检测来确定和处理，如图3-3所示。

（1）目测液面高度指示线

蓄电池的液面也在最上边的线，液面正常，如图3-4所示。

（2）使用高率放电计检测

高率放电计是模拟起动机工作状态，通过观察大电流放电条件下蓄电池所能保持的端电压，以此来判定蓄电池的存放电情况，如图3-5所示。

图3-3　使用检测仪对蓄电池进行评估　　　图3-4　检查蓄电池液面　　　图3-5　使用高率放电计检测

若电压能保持在9.6V以上，说明该蓄电池性能良好，但电量不足，需要充电；若稳定在9.6~11.6V，说明蓄电池电量充足；若电压迅速下降，则说明蓄电池严重亏电，要立即充电或更换蓄电池，才能使用；当开路电压测量达到12V，但负载时电压迅速下降到6V以下时，说明蓄电池已经损坏。

维修技师初步检查起动系正常，蓄电池正负极桩接触良好，蓄电池开路电压12.3V，但起动机起动时蓄电池电压为11.5V，技师初步怀疑是起动机的问题。接待人员填写了报修单转交到维修车间，以便进一步完成其技术状态检测，确定对起动机是进行维修还是更换。

根据对起动机进行的检查和分析，按照实际维修项目的要求，结合职业院校学生实际的学习特点，按照由简单到复杂，层层递进的知识走向，最终将该项目划分成以下两个任务来完成：

任务一　起动系统

任务二　起动系统故障诊断

学习目标

知识目标

- 能掌握起动系统的分类。
- 能掌握起动系统构造。
- 能掌握起动系统工作原理。
- 能掌握起动故障诊断的基本方法。
- 能掌握起动系统故障诊断的基本流程。

技能目标

- 能正确对起动系统进行分类。
- 能独立进行起动机的分解和组装。
- 能正确区分起动系统的人为故障和自然故障。
- 掌握起动系统故障诊断的基本测量技能。
- 掌握汽车不同类型起动系统的故障诊断流程方法和技巧。

素养目标

- 严格执行汽车起动系统故障诊断规范,养成严谨科学的工作态度。
- 养成团队协作精神。
- 能够"最大化"利用有限时间。
- 阅读资料划出关键技术点,归纳整理出故障诊断方法。
- 能够找出"简单"的技术系统诊断方法。
- 能够清晰、友好且有趣地向他人口头转述信息。
- 能够完成棘手的任务。
- 树立目标并制订实现目标的计划。
- 客观公正地自评和评价他人。
- 能够与合作伙伴良好地交流和相互理解。
- 能够养成自觉遵守技术标准和要求规定、规范操作、安全、环保、"6S"作业的好习惯。
- 能够养成劳动光荣、创造伟大的思维和创新意识。

你是否观察过旋转的陀螺、荡起来的秋千?它们最初是怎样动起来的?是靠自己的力量吗?不,是借助外力,如图3-6所示。

同样,发动机必须依靠外力带动,才能进入正常工作状态。通常把汽车发动机在外力作用下,从开始转动到怠速运转的全过程,称为发动机的起动。起动系统的作用就是供给发动机曲轴足够的起动转矩,以便使发动机曲轴达到必需的起动转速后,进入自行运转状态。当发动机进入自由运转状态后,起动系统便结束任务立即停止工作,工作原理如图3-7所示。

图3-6 秋千

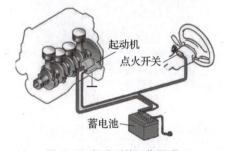

图3-7 起动系统工作原理

本项目的目的是学习和掌握起动系统结构、工作原理、充电以及常规检测方面的基本知识,从而能够快速有效地完成起动系的检测和修理工作。

起动系统由蓄电池、起动按钮、起动继电器、起动机等组成。起动系统的功用是通过起动机将蓄电池的电能转换成机械能，起动发动机运转，组成如图3-8所示。

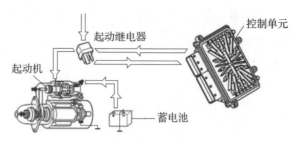

图3-8　起动系统组成

（1）点火开关

有的轿车点火钥匙与遥控器是集成在一起。只有使用合法且注册成功的点火钥匙及遥控器，才能正常起动车辆。

点火开关位于转向柱上，安装一键起动的车辆起动按钮位于仪表板上或转向柱上，是起动机工作的控制开关，如图3-9所示。

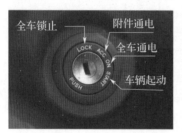

图3-9　点火开关

（2）起动机

起动机位于发动机缸体的变速器侧。确切位置取决于发动机类型，如图3-10所示。

起动机要用来自蓄电池的有限动力产生极大的力矩，所以要求十分紧凑而且尽量轻，由于这一原因，常用直流串励式电动机作为起动机，如图3-11所示。

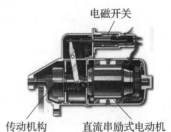

图3-10　起动机　　　　图3-11　起动机的结构

（3）起动继电器

起动机由一个起动继电器控制，起动继电器则是被发动机控制模块（ECM）控制。

如图3-12所示，起动继电器是四线继电器，继电器内部的线圈是由发动机控制模块（ECM）控制的。电源是由蓄电池提供的。起动机通过继电器获得大的起动电流。

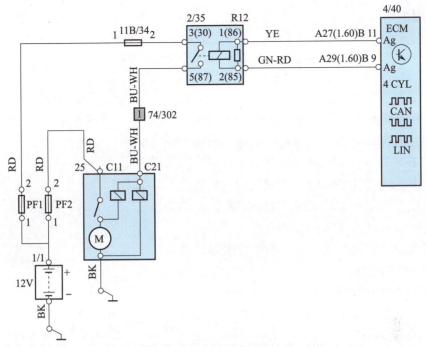

图 3-12 起动系统简图

起动继电器安装在中央熔丝盒内。如图 3-13 所示是起动继电器位置。

图 3-13 起动继电器的位置

知识引导

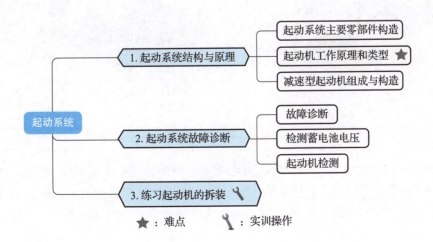

相关知识

任务一　起动系统

要使发动机由静止状态过渡到工作状态，必须先用外力转动曲轴，使活塞进行往复运动，使气缸内的可燃混合气燃烧，膨胀做功，推动活塞向下运动使曲轴旋转，发动机才能自行运转，工作循环才能自动进行。因此，曲轴在外力作用下开始转动到发动机开始自动地怠速运转的全过程，称为发动机的起动。完成起动过程所需的装置，称为发动机的起动系统。起动系统示意图如图3-14所示。

起动系统由蓄电池、起动机、起动继电器、点火开关和相关线路组成，连接如图3-15所示。起动机在点火开关和起动继电器的控制下，将蓄电池的电能转化为机械能，带动发动机飞轮齿圈使曲轴转动，完成发动机的起动。

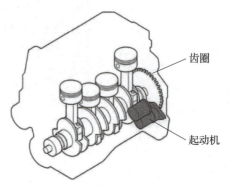

图3-14　起动系统示意图

一、起动系统主要零部件构造

1. 直流电动机

直流电动机的作用是将蓄电池输入的电能转换为机械能，产生使发动机运转的电磁转矩。直流电动机主要由电枢（电枢）、磁极（定子）、换向器、电刷、电刷架、端盖等部件构成。起动机的分解图如图3-16所示。

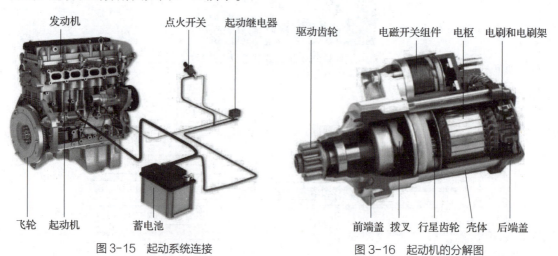

图3-15　起动系统连接　　　　　图3-16　起动机的分解图

（1）电枢

电枢的作用是产生电磁转矩。电枢由电枢轴、换向器（俗称整流子）、铁心、绕组等组成，如图3-17所示。为了获得足够大的转矩，通过电枢绕组的电流一般为200~600A，因此电枢绕组采用的都是较粗的矩形截面的铜线绕制而成。电枢绕组各绕组的端头均匀地焊接在换向器片上，通过换向器和电刷将蓄电池的电流引进来。

电枢铁心由硅钢片叠包后固定在电枢轴上。铁心外围均匀开有线槽，用以放置电枢绕组；电枢绕组由较大矩形截面的铜带或粗铜线绕制而成。电枢绕组的端头均匀地焊在换向片上。为防止换向片间短路，用云母片绝缘。

考虑到云母的耐磨性较好，当换向片磨损以后，云母片就会凸起，影响电刷与换向片的接触。电枢轴驱动端制有螺旋形花键，用以套装传动机构中的单向离合器。

采用行星齿轮机构的起动机电枢，当电枢通过驱动齿轮驱动行星齿轮系时，通过行星齿轮系驱动轴的速度降低，从而来增加起动机的输出转矩，如图3-18所示。

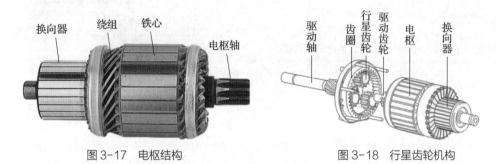

图3-17 电枢结构　　　　　　　图3-18 行星齿轮机构

电流流经电刷进入电枢绕组，在每一个电枢铜线回路周围产生磁场，使电动机壳内形成两个强磁场，并驱动电枢运转。

（2）磁极

磁极的作用是产生磁场，其由固定在机壳上的磁极铁心和励磁绕组组成，其结构如图3-19所示。

为增大磁场强度，一般采用的是4个磁极，两对磁极相对交错地安装在电动机定子内壳上，如图3-20所示。4个励磁绕组有串联和并联的连接方式。汽车上起动机中的直流电动机的励磁绕组是串联方式连接的，故电动机称为直流串励电动机。励磁绕组一端接在外壳的绝缘接线柱上，另一端与两个非搭铁的电刷相连。

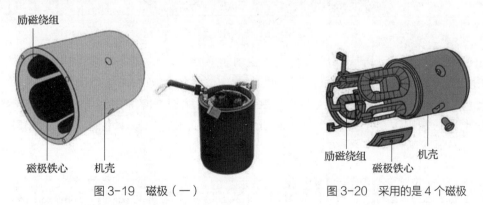

图3-19 磁极（一）　　　　　　图3-20 采用的是4个磁极

1）永磁式。定子是起动机磁场主要部件，定子内部是均匀分布的六块磁铁，也有部分起动机的磁场是由绕组形成的，如图3-21所示。

2）励磁式。直流电动机的钢制外壳内含四个磁极，磁极与蓄电池的正极相接，从而在电动机内部形成一个强磁场，如图3-22所示。四个磁极是由粗铜或铝导线缠绕软铁形成的，如图3-23所示。

四个铁心中的两个用铜线沿同一个方向缠绕生成N极，另两个铁心的缠绕方向相反，形成S极，如图3-24所示。当磁场产生时，就会在电动机内部形成一个强磁场，此导线缠绕而成的绕组称为励磁绕组，软铁心通常称为磁极。

图3-21 永磁式磁极

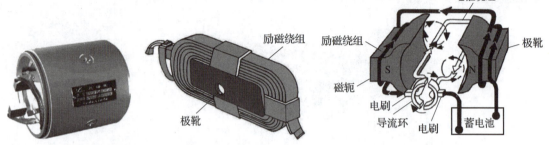

图3-22 直流电动机的钢制外壳　　图3-23 磁极（二）　　图3-24 形成N、S极

（3）电刷与电刷架

电刷和电刷架如图3-25所示，电刷和电刷架的作用是将电流引入电动机，使电枢产生定向转矩。电刷置于电刷架中，通过弹簧压紧在换向器上。电刷架一般为框式结构，其中正极电刷架与端盖绝缘地固装，负极电刷架直接搭铁。

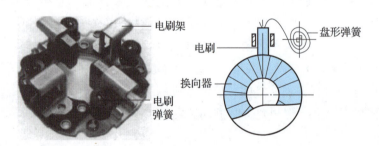

图3-25 电刷和电刷架

电刷端盖一般用浇铸或冲压法制成，盖内装有四个电刷架及电刷，其中两只搭铁电刷利用与端盖相通的电刷架搭铁。另外两个电刷的电刷架则与端盖绝缘，绝缘电刷引线与励磁绕组的一个端头相连接，如图3-26所示，电刷架上有盘形弹簧，用以压紧电刷。起动机电刷通常用铜粉（80%~90%）和石墨粉压制而成，以减小电阻并提高耐磨性，如图3-27所示。

2. 传动机构

传动机构主要是离合机构，离合机构的作用是在发动机起动时，使起动机驱动齿轮啮入飞轮齿圈，将起动机转矩传给发动机曲轴；而在发动机起动后，使驱动齿轮打滑与飞轮齿圈自动脱开，以防止飞轮带动电枢高速旋转，造成电枢绕组"飞散"，如图3-28所示。

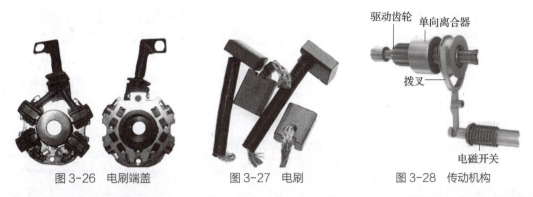

图 3-26　电刷端盖　　　图 3-27　电刷　　　图 3-28　传动机构

滚柱式离合器是目前国内外汽车起动机中使用最多的一种。滚柱式离合器通过改变滚柱在楔形槽中的位置来实现分离和结合。它具有结构简单、坚固耐用、体积小、重量轻、工作可靠等优点，其结构如图 3-29 所示。

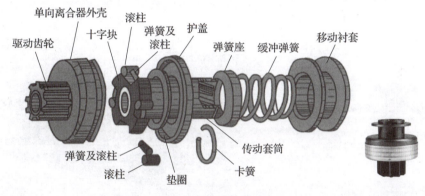

图 3-29　滚柱式离合器

当需要起动时，拨叉在电磁力的作用下，将驱动齿轮推出与飞轮齿圈啮合，待驱动齿轮与飞轮齿圈接近完全啮合时，起动机主开关接通，起动机带动发动机曲轴运转，发动机起动后，如果驱动齿轮仍处于啮合状态，则单向离合器打滑，驱动齿轮在飞轮带动下空转，电动机处于空载下旋转，避免了被飞轮反拖动高速旋转的危险。起动完毕后，起动机拨叉在复位弹簧作用下复位，带动驱动齿轮退出飞轮齿圈的啮合，如图 3-30 所示。

起动机常用的单向离合器如图 3-31 所示。

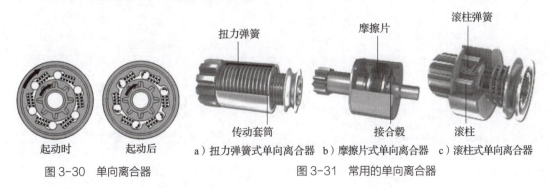

图 3-30　单向离合器　　　图 3-31　常用的单向离合器
a）扭力弹簧式单向离合器　b）摩擦片式单向离合器　c）滚柱式单向离合器

3. 控制装置

控制装置主要是电磁开关，如图 3-32 所示。电磁开关主要由牵引线圈（吸引线圈或吸拉线圈）、保持线圈、复位弹簧、活动铁心、接触片等组成。它安装于直流电动机壳体上方。

电磁开关的作用是控制电动机与蓄电池之间的电路的通断，从而控制起动机的工作。起动机需要大电流（300~400A）才能产生带动发动机的转矩，起动系统通常使用电磁开关来控制大电流。起动机控制开关的作用是控制电动机主电路的通、断；同时操纵单向离合器控制驱动齿轮与飞轮的啮合与退出。

（1）电磁开关的结构

2个主接线柱伸入电磁开关内部作为触点，铜套上绕着吸引线圈和保持线圈，2个线圈的公共端引出一个接起动开关的接线柱；吸引线圈的另一端接电动机主接线柱；保持线圈的另一端直接搭铁。

铜套内有活动铁心与拨叉通过拉杆相连，电磁开关内的弹簧用来保证接触片和活动铁心的复位，如图3-33所示。

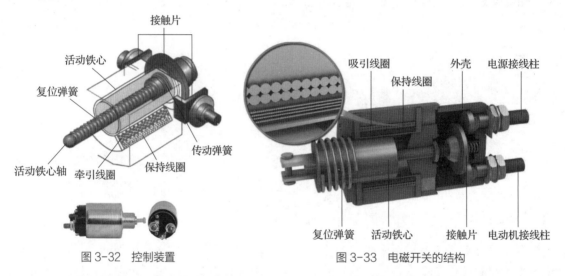

图3-32 控制装置　　图3-33 电磁开关的结构

（2）起动机电磁开关的工作过程

电磁开关主要由电磁铁机构和电动机开关两部分组成。电磁铁机构由磁力线圈、活动铁心和固定铁心组成；电动机开关由主开关接触盘、触点组成，如图3-34所示。

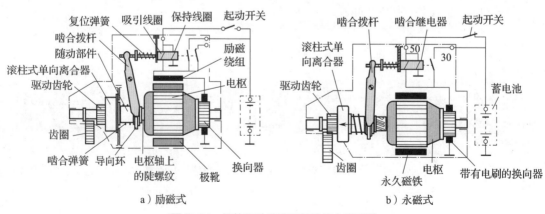

图3-34 螺旋驱动移动型起动机电磁开关

磁力线圈由导线粗、匝数少的吸引线圈和导线细、匝数多的保持线圈组成。吸引线圈和保持线圈并联，和励磁绕组串联；保持线圈的一端接在 S 接线柱、另一端直接搭铁。活动铁心和固定铁心安装在一个套筒内。套筒外面安装有复位弹簧，其作用是使活动铁心等可移动部件复位。

1）起动机不工作时。驱动齿轮与飞轮齿圈处于脱开位置，电磁开关中的接触盘与主触点分开。

2）点火开关置于起动档时。蓄电池经起动控制电路向起动机的电磁开关通电，其电流回路为：

吸引线圈回路：蓄电池正极→电动机开关 B 接线柱→点火开关→电磁开关 S 接线柱→吸引线圈→电动机开关接线柱 N→电动机励磁绕组→电枢绕组→负电刷→搭铁→蓄电池负极。

保持线圈回路：蓄电池正极→电动机开关 B 接线柱→点火开关→电磁开关 S 接线柱→保持线圈→搭铁→蓄电池负极。

此时，吸引线圈和保持线圈的电流方向相同，由右手定则可知，两线圈产生同方向的磁场，磁化铁心，使活动铁心克服复位弹簧的弹力前移，使前端的接触盘与两个主触点接触。与此同时，活动铁心后端带动拨叉将驱动齿轮推出与发动机的飞轮齿圈啮合。

当驱动齿轮与飞轮齿圈完全啮合时，接触盘已经将主触点接通，起动机的主电路接通，此电路电阻极小，电流可达几百安培，电动机产生最大转矩，通过接合状态下的单向离合器传给发动机飞轮。

主开关电路接通后，保持线圈的电流回路不变，活动铁心在保持线圈电磁力的作用下，保持在啮合位置。此时吸引线圈和附加电阻则由于主触点的接通而被短路，其电流回路被替代为：蓄电池正极→电动机开关 B 接线柱→电动机开关 N 接线柱→电动机励磁绕组→电枢绕组→搭铁→蓄电池负极。

二、起动机工作原理和类型

螺旋驱动移动型起动机如图 3-35 所示。
减速型起动机如图 3-36 所示。
行星齿轮减速起动机如图 3-37 所示。

图 3-35　螺旋驱动移动型起动机

图 3-36　减速型起动机

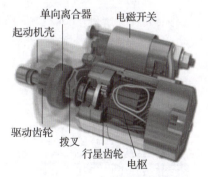
图 3-37　行星齿轮减速起动机

1. 螺旋驱动移动型起动机工作原理

螺旋驱动移动型起动机的啮合过程由推移过程和螺旋移动过程组成。起动机使用直流串励式电动机。励磁绕组与电枢绕组串联。串励式电动机的特点是起动转矩大且空载转速高。电动机转速不经过变速直接传递到啮合传动机构上。

只要未操纵起动开关，电磁开关上就无电流。复位弹簧将驱动齿轮推入其静止位置。

（1）点火开关在 START 位置

当起动发动机时，电磁开关内两线圈均有电流通过，两组线圈同时被激励产生较强的电磁吸力，吸引铁心向左运动，拨叉带动驱动齿轮与飞轮齿圈啮合。同时，主接触盘紧压在两主接线柱上，使两主接线柱和附加电阻短路接线柱连在一起，蓄电池通过起动机的主电路向起动机大电流放电，直流电动机产生强大转矩，通过接合状态的单向离合器传给发动机飞轮齿圈，起动发动机，如图 3-38 所示。

（2）点火开关在 ON 位置

发动机起动后，只要松开按钮，蓄电池与电磁开关接线柱之间的电路断开，但电磁开关内吸拉线圈和保持线圈通过仍然闭合的主开关得到电流。因吸拉线圈和保持线圈电流流向相反，所以产生的电磁吸力相反，相互削弱，活动铁心在复位弹簧作用下迅速复位，起动机主电路断开，起动机停止工作，拨叉带动驱动齿轮脱开啮合，起动结束，如图 3-39 所示。

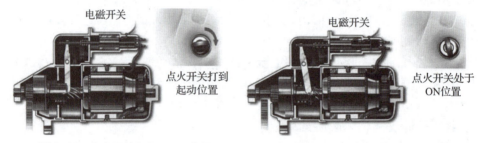

图 3-38　点火开关在 START 位置　　　图 3-39　点火开关在 ON 位置

2. 减速型起动机工作原理

起动机实际是一个直流电动机，其工作原理就是电动机工作原理。如图 3-40 所示，蓄电池供给起动机的电源，起动机内部有磁场，根据左手定则，起动机旋转。

（1）当点火开关旋到 START 位置时

当点火开关旋到 START 位置时，电流的流向为：蓄电池→保持线圈→吸引线圈→连接片→电枢绕组，如图 3-41 所示。

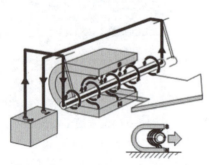
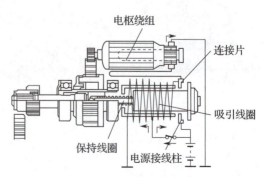

图 3-40　电动机工作原理　　　图 3-41　点火开关旋到 START 位置

在保持线圈和吸引线圈的吸引作用下，电磁开关的活动铁心被吸入。通过这一吸引操作，驱动齿轮被推出，并与齿圈啮合，接触板将主接触旋到 ON。

当主接触点旋到 ON 时，吸引线圈被短路，电枢绕组直接从蓄电池得到电流。励磁绕组随后便开始高速旋转，发动机进行起动。此时活动铁心只是由保持线圈所施加的磁力固定到位，如图 3-42 所示。

（2）点火开关从 START 旋到 ON 位置时

当点火开关从 START 旋到 ON 位置时，电流从主接触侧经吸引线圈流到保持线圈，如图 3-43 所示。此时，由于吸引线圈与保持线圈形成的磁力相互抵消，它们失去了保持活动铁心的力。因此，活动铁心由复位弹簧的力拉回，并且点火开关旋到 OFF 位置，起动机停止旋转。

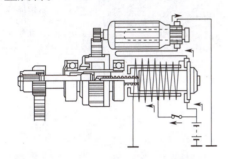 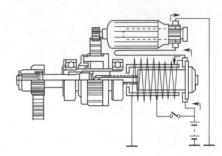

图 3-42　主接触点接通　　　　图 3-43　点火开关从 START 旋到 ON 位置

3. 起动机类型

（1）螺旋驱动移动型起动机

- 小齿轮与电枢在同一轴上并以相同转速旋转。
- 连接到磁性开关插入件上的驱动杆推动驱动齿轮并使它与齿圈啮合，如图 3-44 所示。

（2）减速型起动机

- 减速型起动机使用一台紧凑的高速电动机。
- 减速型起动机通过减速齿轮降低电枢的转速来增加转动力矩。
- 电磁开关的活动铁心直接推动与它在同一轴上的驱动齿轮，并使它与齿圈啮合，如图 3-45 所示。

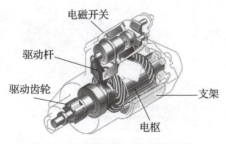 

图 3-44　螺旋驱动移动型起动机　　　　图 3-45　减速型起动机

（3）行星齿轮减速起动机

- 行星齿轮减速起动机有一行星齿轮，用来降低电枢的转速。

- 小齿轮通过传动杆与齿圈相啮合,如图 3-46 所示。

(4)行星齿轮减速-磁场永磁体式

- 行星减速,起动机在励磁绕组中使用永磁体。
- 啮合／脱开齿轮的运作与行星型起动机一样,如图 3-47 所示。

图 3-46 行星齿轮减速起动机

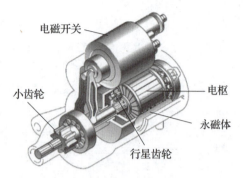

图 3-47 行星齿轮减速-磁场永磁体式

三、减速型起动机组成与构造

1. 减速型起动机组成

减速型起动机组成如图 3-48 所示。

2. 结构

(1)电磁开关

电磁开关用作流到起动机的电流的主开关,并且通过推、拉控制驱动齿轮。

吸拉线圈绕制比保持线圈密,吸拉线圈的电动势也比保持线圈大,如图 3-49 所示。

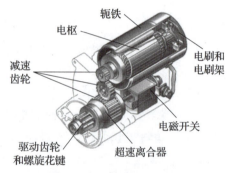

图 3-48 减速型起动机组成

(2)电枢和球轴承

电枢生成起动机旋转力,球轴承支持着高速转动的电枢,如图 3-50 所示。

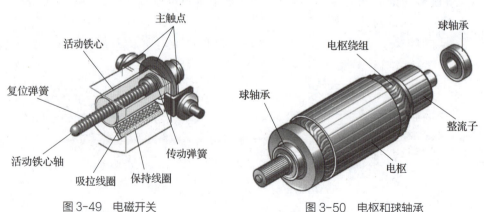

图 3-49 电磁开关   图 3-50 电枢和球轴承

(3)轭铁组件

轭铁组件产生起动机运行所需的磁场。它也用作励磁绕组磁极心的外壳及磁力线的通道。励磁绕组与电枢绕组串联连接，如图3-51所示。

（4）电刷和电刷架

电刷用电刷弹簧压住电枢换向器，使电流从线圈以固定的方向流到电枢。电刷用铜—石墨制成，它具有优良的导电及耐磨特性。电刷弹簧制约电枢过量的旋转运动，并在起动机停机后通过压电刷来停止电枢转动，如图3-52所示。

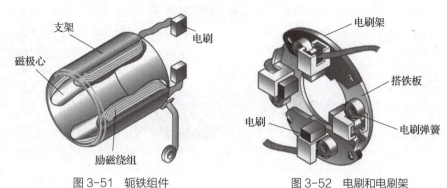

图3-51　轭铁组件　　　　　　　　图3-52　电刷和电刷架

（5）减速齿轮

减速齿轮将电动机的旋转力传输到驱动齿轮，并且也通过减慢电动机转速来增加力矩。减速齿轮以1/3到1/4的减速比来降低电动机的转速，它内装超速离合器，如图3-53所示。

（6）超速离合器

- 超速离合器将起动机的转动力矩经驱动齿轮传输到发动机。
- 为了防止发动前起动引起的高速旋转损坏起动机，超速离合器是一种带滚子的单向离合器，如图3-54所示。

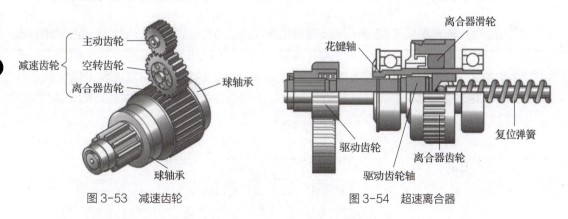

图3-53　减速齿轮　　　　　　　　图3-54　超速离合器

（7）驱动齿轮和螺旋花键

驱动齿轮和齿圈通过相互牢固啮合将起动机的旋转力传输给发动机。驱动齿轮须倒角以便能良好地啮合。螺旋花键将起动机旋转力转变成驱动齿轮的驱动力，也支持驱动齿轮的啮合和脱开，如图3-55所示。

（8）行星齿轮机构

行星齿轮支架有三个行星齿轮。行星齿轮在内侧与太阳（中心）齿轮啮合，在外侧与内齿圈相啮合。一般内齿圈是固定的，不转动，如图 3-56 所示。

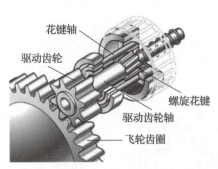

图 3-55　驱动齿轮和螺旋花键

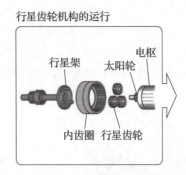

图 3-56　行星齿轮机构

行星型的减速机构的减速比是 1∶5，与普通减速型相比，它的电枢较小、转速较快。为了减少运行噪声，内齿圈使用塑料。行星型起动机有缓冲装置，它吸收过多的力矩，防止内齿圈损坏，如图 3-57 所示。

通过转动内齿圈，与内齿圈啮合的离合器板产生滑动，过度的力矩被吸收，如图 3-58 所示。

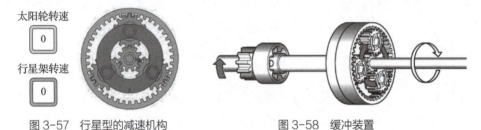

图 3-57　行星型的减速机构　　　　　　图 3-58　缓冲装置

（9）磁极

起动机用两种永磁体来代替传统起动机中的励磁绕组，这两种永磁体是：主磁体和极间磁体。主磁体和极间磁体在磁轭内交替布置。这可以使主磁体与极间磁体之间产生的磁通量加入主磁体产生的磁通量中。除了能增加磁通量外，这种结构可以使整个磁轭的长度减短，如图 3-59 所示。

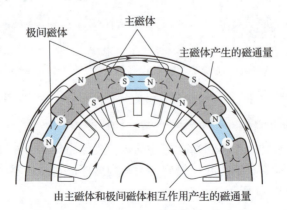

图 3-59　磁极

任务二　起动系统故障诊断

起动系统故障主要有以下几类：
- 起动机不转动。
- 起动机运转无力。
- 驱动齿轮与飞轮齿圈不能啮合并且有撞击声。
- 发动机起动后起动机不能停止工作。
- 驱动齿轮与飞轮齿圈啮合后起动机空转。

一、故障诊断

1. 起动机故障原因和补救措施

起动机的故障原因及补救措施见表 3-1。

表 3-1　起动机的故障原因及补救措施

故障	原因	补救措施
起动机不转动	蓄电池放电	蓄电池充电
	正极导线或搭铁导线断路	检查和维修导线
	接口松动或严重氧化造成的接触电阻	拧紧接口，进行清洁
	连接点火起动开关的导线 50 断路，起动开关损坏	排除断路故障
	总线端 50 上无电压	导线断路、点火起动开关损坏
起动机转速过低，起动机不能带动发动机转动	蓄电池放电	蓄电池充电
	接口松动或严重氧化造成的接触电阻	清洁蓄电池极柱、起动机上的接口，拧紧接口
	电刷与集电极不完全接触	更换电刷，清洁电刷导轨
	集电极上出现沟槽、烧伤或污物	更换转子或起动机
	总线端 50 上电压过低或无电压	检查点火起动开关和继电器
	电磁开关（继电器）损坏	更换继电器
起动机啮合且转动，发动机不转动或短时转动	驱动齿轮传动装置损坏	更换起动机
	飞轮齿圈损坏	更换飞轮
驱动齿轮不脱开	驱动齿轮传动装置损坏	更换起动机
	电磁开关损坏	更换电磁开关
	复位弹簧断裂	更换复位弹簧
松开点火钥匙后，起动机继续转动	电磁开关卡住且不能关闭（立即关闭点火开关）	更换电磁开关
	点火开关不能关闭	立即断开蓄电池导线，更换点火开关

2. 起动机检测

检测起动机前，应先确认蓄电池功能是否正常：
- 电解液液位。
- 电解液密度。
- 蓄电池负荷试验。

（1）听音检查/现场直观检查
- 异常的起动噪声。
- 起动机啮合，但发动机不转动。
- 没有啮合噪声。
- 起动机不啮合。

用一根辅助电缆跨接总线端 30 和 50。发出咔嚓声音时，起动机驱动齿轮必须快速向前移动且起动机开始转动。

注意：摘档，将变速杆挂入空档位置。

（2）用万用表进行电气检测

起动机电气检测结果分析见表 3-2。

表 3-2 起动机电气检测结果分析

故障	检测	检测步骤	结果	未达到规定值的原因
起动机不转动	检测起动控制系统	将电压表连接在总线端 50 与搭铁之间	$U>9.5V$	点火开关、总线端和导线内的接触电阻
	电压降	起动机正极导线：将电压表连接在总线端 30 与搭铁之间②	$U_v<0.5V$	导线和总线端内的接触电阻和断路
	检查起动电机	起动机负极导线：将电压表连接在起动机壳体与搭铁之间③	$U_v<0.5V$	接触电阻

（3）电路图

电路图如图 3-60 所示。

（4）短路检测

起动机主导线上的允许电压降如图 3-61 所示：

$U_v=0.5V$

蓄电池接线柱电压：>9.5V

短路电流：300~380A

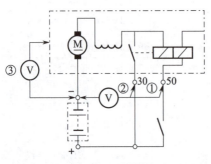

图 3-60 电路图

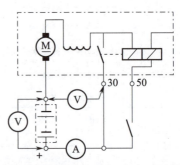

图 3-61 测量起动机主导线上的允许电压降

进行短路检测时，起动机电枢锁止。此时它要承受最大电流，即所谓的短路电流。短路电流数值是衡量起动力矩（电机开始转动时的力矩）的标准之一。短路电流的大小取决于：

- 蓄电池的电容和充电状态。
- 起动机功率消耗的大小。

检测过程：

- 按照测量电路连接电流表和电压表（将电流夹钳夹在起动机主导线上）。
- 挂入直接档。
- 操纵驻车制动器和行车制动器。
- 操纵起动机约 5s。
- 读取电流和电压数值。

二、检测蓄电池电压

当起动机起动时，由于大量的电流流出，蓄电池端子电压下降。尽管发动机起动前蓄电池电压正常，但是只有在起动时蓄电池有一定量的电压，起动机才能正常转动。因此，在发动机起动时，必须检测下列端子电压。

1. 检测蓄电池端子电压

将点火开关旋到 START，测量蓄电池的端子电压。

- 标准：9.6V 或以上，如果低于 9.6V，则需更换蓄电池，如图 3-62 所示。
- 如果起动机不运转，或者旋转缓慢，首先要检查蓄电池正常与否。
- 即使测得的端子电压正常，有污物或锈蚀的端子也会由于电阻增加而引起起动不良，从而导致当点火开关旋到 START 时，由蓄电池施加到起动机上的实际电压降低了。

图 3-62 检测蓄电池端子电压

2. 检测端子 30 的电压

将点火开关旋到 START，测量起动机端子 30 与机体搭铁之间的电压。

- 标准：8.0V 或以上。
- 如果电压低于 8.0V，则需修理或更换起动机的电缆，如图 3-63 所示。

> 提示　因为起动机的型号不同，端子 30 的位置和外观会有不同，通过查阅修理手册进行确定。

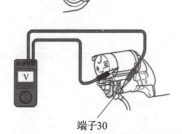

图 3-63 检测端子 30 的电压

3. 检测端子 50 的电压

将点火开关旋到 START，测量起动机端子 50 与机体搭铁之间的电压，如图 3-64 所示。

- 标准：8.0V 或以上。
- 如果电压低于 8.0V，则需检查熔丝、点火开关、空档起动开关、起动机继电器、离合器起动继电器、离合器起动开关等，一次查一项，参照线路图。应更换或修理有故障的部件。
- 有离合器起动开关的汽车上，如不踩下离合器踏板，起动机不工作。
- 带防盗系统的车辆中，如果此系统被触发，有些车型中起动机不会起动，因为即使点火开关在 START 位，起动机继电器仍保持在开路状态。
- 采用自动变速器车型的起动系统具有驻车/空档位置功能。在进行车辆起动时，需要变速器挂入 P 位和 N 位才能够起动车辆，在其他档位是不能够进行车辆起动的，档位如图 3-65 所示。

当变速器挂入 P 位和 N 位，踩下制动踏板，才可以起动车辆。

图 3-64　检测端子 50 的电压

三、起动机检测

1. 起动机作用

起动机将蓄电池电能转化为机械能驱动飞轮运转，带动曲柄连杆机构运动，使发动机从静止进入工作状态，如图 3-66 所示。

图 3-65　档位

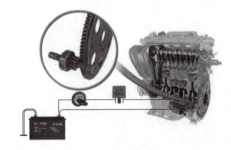

图 3-66　起动机作用

2. 起动系统电路

（1）当点火开关处于 START 位置时

起动机电磁开关中的吸引线圈和保持线圈同时通电，两个线圈产生的磁场力吸引铁心移动，带动拨叉使驱动齿轮移出与飞轮齿圈啮合。

当铁心移动到使接触片闭合位置时，吸引线圈被短路，失去作用；保持线圈所产生的磁力继续保持铁心位置。

（2）当点火开关回到 ON 位置时

电路被断开，在复位弹簧作用下，铁心复位，驱动齿轮移出且停止转动，起动机停止工作，如图 3-67 所示。

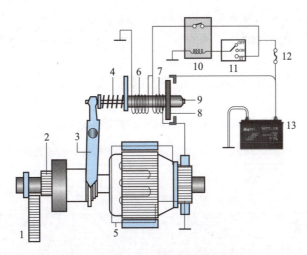

图 3-67 起动系统电路

1—飞轮 2—驱动齿轮 3—拨叉 4—复位弹簧 5—励磁绕组 6—保持线圈
7—吸引线圈 8—接触片 9—铁心 10—继电器 11—点火开关 12—熔丝 13—蓄电池

3. 起动机检测技术标准

表 3-3 所示为起动机单元测量电阻值技术标准。

表 3-3 起动机单元测量电阻值技术标准

项目	检测端子	标准值
吸引线圈电阻	端子 50—端子 C	小于 1Ω
保持线圈电阻	端子 50—电磁开关壳体	小于 2Ω
换向器整流子片间电阻	整流子片—整流子片	小于 1Ω
换向器和电枢绕组间的电阻	换向器—电枢	10kΩ 或更大
电刷架电阻	A – B	10kΩ 或更大
电刷架电阻	A – C	10kΩ 或更大
电刷架电阻	A – D	小于 1Ω
电刷架电阻	B – C	小于 1Ω
电刷架电阻	B – D	10kΩ 或更大
电刷架电阻	C – D	10kΩ 或更大

表 3-4 所示为检修起动机电枢总成技术标准。

表 3-4 检修起动机电枢总成技术标准

项目	标准值 /mm	极限值 /mm
换向器径向跳动	0.02	最大 0.05
换向器直径	29.0	最小 28.0
电刷长度	14.4	最小 9.0

（1）起动机检修的注意事项

- 车上进行起动检测之前，一定要将变速器挂上空档，并实施驻车制动。

- 拆卸起动机之前，应先拆下蓄电池的搭铁电缆线。
- 有些起动机在起动机与法兰之间使用了多块薄垫片，装配时应按原样装回。
- 起动时踩下离合器踏板，将变速器挂入空档或停车档。
- 每次接通起动机的时间不得超过 5s，两次之间应间歇 15s 以上。
- 发动机起动后，应马上松开起动开关。
- 起动系统工作异常时，应及时诊断并排除故障后再起动。

（2）起动机常见故障

起动机常见故障及故障原因见表 3-5。

表 3-5 起动机常见故障及故障原因

故障现象	故障原因
接通起动开关后，起动机高速旋转而发动机曲轴无反应	起动机传动机构故障，例如：传动齿轮或单向离合器磨损
起动机无法正常工作，驱动齿轮不转	电源线出现问题、起动开关接触盘烧蚀以及发动机阻力过大等
起动机动力输出不足，无法带动曲轴	励磁绕组短路、蓄电池亏电等均可引发起动机动力不足
起动机运转声刺耳	单向离合器卡死或起动机安装不当
起动机开关时有"哒哒哒"声，但是不工作	保持线圈断线或蓄电池严重亏电

任务实施

对技术员要求：

- 接收/检查修理单。
- 接收用于修理的订购零件。
- 在允许的时间内进行工作。
- 向技师领队确认工作完成。

技师领队：

- 对技术难度高的工作向技术员提供指导和帮助。

一、起动机的拆卸

1）断开蓄电池负极，举升车辆，断开氧传感器线束，如图 3-68 所示。

2）拆下 2 个进气歧管撑板螺栓，如图 3-69 所示；拆下进气歧管撑板，如图 3-70 所示。

图 3-68 断开氧传感器线束

图 3-69 拆下 2 个进气歧管撑板螺栓

图 3-70 拆下进气歧管撑板

3）拆下发电机正极电缆螺母，取下发电机正极电缆，如图 3-71 所示。

4）拆下起动机正极电缆螺母，取下起动机正极电缆，如图 3-72 所示。

5）拆下起动机负极电缆螺母，取下起动机负极电缆，如图 3-73 所示。

6）拆下起动机靠下部双头螺栓，取下起动机，如图 3-74 所示。

图 3-71　拆下发电机正极电缆螺母

图 3-72　拆下起动机正极电缆螺母

图 3-73　拆下起动机负极电缆螺母

图 3-74　拆下起动机靠下部双头螺栓

二、起动机的安装

1）安装起动机靠下部双头螺栓，紧固至 25N·m。
2）安装起动机负极电缆及负极电缆螺母，紧固至 12.5N·m。
3）安装起动机正极电缆及正极电缆螺母，紧固至 12.5N·m。
4）安装起动机和发电机正极电缆及螺母，紧固至 12.5N·m。
5）安装进气歧管撑板及两个螺栓，紧固至 8N·m。
6）连接氧传感器插头。
7）连接蓄电池负极接线柱。

三、分解起动机

1. 断开引线
拆下定位螺母并断开引线。

2. 拆卸电磁开关总成
1）拆下 2 颗螺母并将电磁开关拉到后侧。
2）向上拉电磁开关的顶端，从驱动杆中取出柱塞钩。
3）拆下电磁开关，如图 3-75 所示。

3. 拆下起动机磁轭总成
1）拆下 2 个螺栓。
2）拆下换向器端盖。
3）分开起动机外壳与起动机磁轭。
4）拆下驱动杆，如图 3-76 所示。

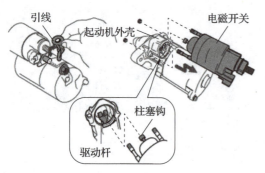
图 3-75 拆下电磁开关

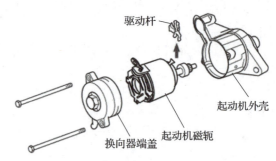
图 3-76 拆下起动机磁轭总成

4. 拆下起动机电刷弹簧

1）用台虎钳将电枢轴固定在两块铝板或者布之间，如图 3-77 所示。

2）释放卡销并取下板

用手指向上扳卡销，然后拆下板，如图 3-78 所示。

注意：应慢慢拆下板，否则电刷弹簧可能会弹出。

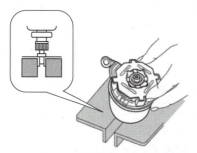
图 3-77 用台虎钳将电枢轴固定

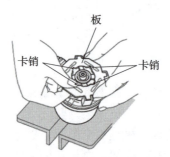
图 3-78 释放卡销并取下板

3）用一字螺丝刀（或其他工具）压住电刷弹簧，然后拆下电刷，如图 3-79 所示。

注意：
- 执行此操作时，应用胶带缠住螺丝刀。
- 为防止弹簧弹出，执行此操作时请用一块布盖在电刷座上。

4）从电刷座绝缘体拆下电刷弹簧，如图 3-80 所示。

5）拆下电刷座绝缘体，如图 3-81 所示。

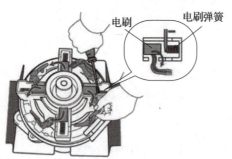
图 3-79 拆下电刷

图 3-80 拆下电刷弹簧

图 3-81 拆下电刷座绝缘体

5. 拆下起动机离合器

1）从起动机磁轭拆下起动机电枢总成，然后用台虎钳将电枢固定在两块铝板或布之间,如图 3-82 所示。

2)用平头螺丝刀轻敲止动环,使其向下滑动,如图 3-83 所示。

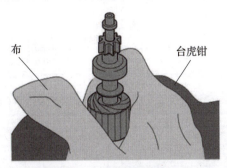

图 3-82 用台虎钳将电枢固定

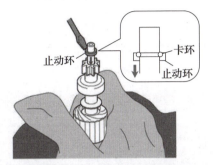

图 3-83 用平头螺丝刀轻敲止动环

3)用一字螺丝刀打开卡环的开口,拆下卡环,如图 3-84 所示。

4)从电枢轴拆下起动机离合器,如图 3-85 所示。

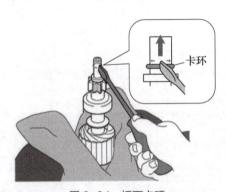

图 3-84 拆下卡环

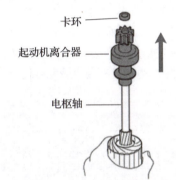

图 3-85 从电枢轴拆下起动机离合器

四、起动机部件检查

检查项目(图 3-86)如下:

1)检查起动机电枢总成。
2)检查励磁绕组。
3)检查电刷。
4)检查起动机离合器分总成。
5)检查电磁起动机开关总成。

1. 检查起动机电枢总成

电枢的检查步骤:

- 目测检查。
- 清洁。
- 起动机电枢绝缘/导通检查。
- 换向器圆跳动检查。
- 换向器外径检查。
- 检查凹槽深度。

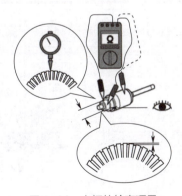

图 3-86 电枢的检查项目

> 提示 如果数值均超过规定范围，应更换电枢总成。

（1）目测检查

检查电枢绕组和换向器变脏的程度或是否烧坏，如图 3-87 所示。

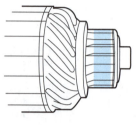

图 3-87 目测检查

> 提示 通过自转，电枢绕组和换向器接触到电刷，随后接通电流。因此，起动机的换向器很容易变脏和烧坏。换向器变脏和烧坏之后会干扰电流并妨碍起动机的正常运转。

（2）清洁

用抹布或刷子清洁电枢总成。

（3）检查起动机电枢绝缘和导通

- 用万用表电阻档检查整流子各换向器片与电枢轴间的电阻值，应为∞。用万用表 R×10k 档，将万用表的两表笔一端接换向器上，另一端接铁心或转子轴上，其电阻值应为∞。如果测得的电阻值不为∞或为 0，则说明电枢绕组搭铁，如图 3-88 所示。

> 提示 电枢铁心和电枢绕组之间的状态为绝缘，换向器与电枢绕组相连。如果零部件正常，换向器和电枢铁心之间的状态为绝缘。

- 用万用表电阻档检查整流子各换向器片之间是否导通，如果不导通，应更换转子，如图 3-89 所示。

> 提示 每个换向器片通过电枢绕组连接。如果零部件正常，则换向器片之间的状态为导通。

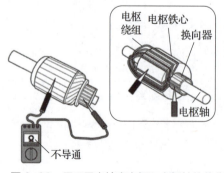

图 3-88 用万用表检查电枢和电枢轴的绝缘

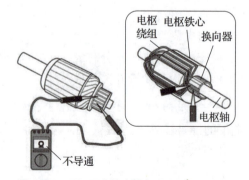

图 3-89 用万用表检查换向器片之间导通情况

（4）换向器圆跳动检查

观察电枢轴的外观有无损坏，目测电枢轴上的花键齿槽是否严重磨损或损坏，如有，应进行修复或更换。

将整流子放在 V 形架上用千分表检查测量电枢轴是否弯曲,如图 3-90 所示,一面转动整流子一面观察百分表读数。若铁心表面对轴线径向跳动超过极限值(0.15mm),应予校直或更换。如果圆度误差大于极限值,应用车床精车修整整流子。

> **提示** 由于换向器的跳动量变大,换向器与电刷的接触将减弱。因此,可能会出现故障,例如起动机无法运转。

(5)检查换向器的外径

用游标卡尺测量换向器的外径,如图 3-91 所示。

> **提示** 由于换向器在转动时要与电刷接触,因此会受到磨损。如果测量值超出规定的磨损范围,与电刷的接触将变弱,这可能会导致电循环不良。因此,可能会发生起动机无法转动和其他故障。

(6)检查凹槽深度

用游标卡尺的深度杆测量换向器片之间的深度,如图 3-92 所示。

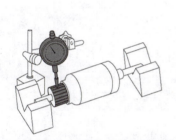
图 3-90 换向器圆跳动检查

图 3-91 检查换向器的外径

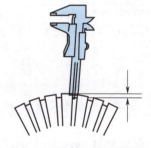
图 3-92 检查凹槽深度

检查凹槽内是否清洁,应无异物,棱边应平滑。若深度小于最小极限值(0.2mm),用手锯条将其刮深。

2. 用万用表检查起动机励磁绕组

电刷引线由 2 组组成,一组与引线相连(A 组),另一组与起动机磁轭相连(B 组)。

1)测量电刷引线(A 组、B 组)和引线之间的导通情况。

将万用表置于 R×1 档,两表笔分别去测励磁绕组末端引线和正电刷(非搭铁电刷)引线,电阻值应为 0,否则说明励磁绕组断路,如图 3-93 所示。

检查引线和所有电刷引线之间的导通情况:A 组的 2 根电刷引线导通,B 组的 2 根电刷引线不导通为正常。检查电刷引线和引线之间的导通情况有助于确定励磁绕组中是否发生开路。

2)检查电刷引线和起动机磁轭之间的绝缘情况有助于确定励磁绕组中是否发生短路。

测量电刷引线(A 组)和起动机磁轭之间的绝缘情况,将万用表置于 R×10k 档,用两表笔分别接励磁绕组一端和定子外壳,阻值应为 ∞,如果有阻值或为 0,说明励磁绕组搭铁,如图 3-94 所示。

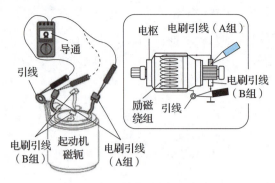
图 3-93 检查起动机励磁绕组

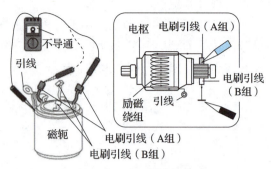
图 3-94 检查是否搭铁

3. 检查更换电刷

电刷通常被弹簧压在换向器上。如果电刷磨损程度超过规定限度，弹簧的夹持力会降低，与换向器的接触将变弱，这会使电流的流动不畅，起动机可能因此而无法转动。

（1）检查电刷

清洁电刷并用游标卡尺测量电刷长度，如图 3-95 所示。电刷在电刷架内应活动自如，无卡滞现象；为减小电火花，电刷与换向器之间的接触面积比例应在 75% 以上，否则应进行磨修或更换；电刷的高度，不应低于新电刷高度的 2/3。电刷架不应松动与变形，否则应调整或更换。

> 提示
> - 测量电刷中部的电刷长度，因为此部分磨损最严重。
> - 用游标卡尺的顶端测量电刷长度，因为磨损部位呈圆形。
> - 如果上述测量值低于 2/3 规定值，应更换电刷。

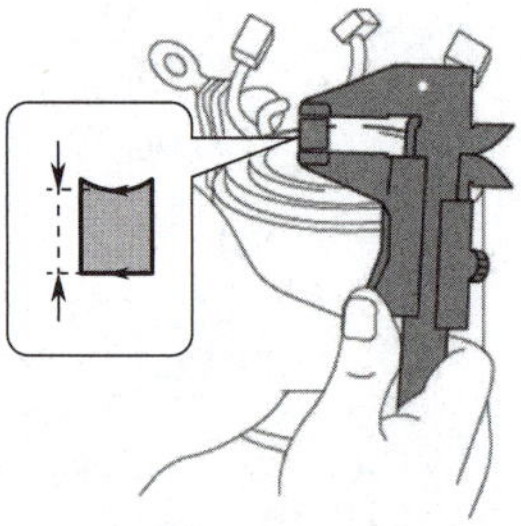

电刷架的检查：用万用表检查电刷架绝缘情况：将万用表置于 R×10k 档，两表笔分别接 "+" "-" 电刷架，其电阻应为 ∞。若阻值不为无穷大或为零，表明电刷架损坏应更换。

图 3-95 用游标卡尺测量电刷长度

（2）更换电刷

1）切断起动机磁轭侧电刷引线，如图 3-96 所示。

2）用锉或砂纸整形起动机磁轭的焊接面，如图 3-97 所示。

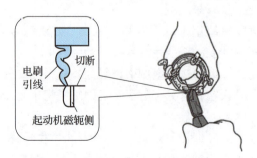
图 3-96 切断起动机磁轭侧电刷引线

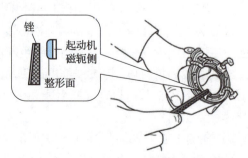
图 3-97 用锉或砂纸整形起动机磁轭的焊接面

3）将新电刷安装到磁轭上,稍稍用力压一下,使其互相连接,如图3-98所示。

4）将新电刷焊接在连接部位,如图3-99所示。焊接时,应使用适量的焊料,注意不要接触到目标区域以外的地方。

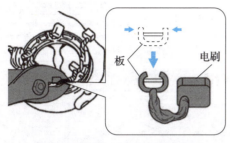

图3-98 将新电刷安装到磁轭上

图3-99 将新电刷焊接在连接部位

4. 检查单向离合器

用手转动单向离合器,检查单向离合器是否处于闭锁状态。单向离合器仅向一个旋转方向传送转矩。在另一个方向,离合器只是空转,不会传送转矩。发动机由起动机起动之后,发动机将会带动起动机。因此,单向离合器可以防止发动机带动起动机。

如图3-100所示,在确保驱动齿轮无损坏的情况下,握住外座圈,转动驱动齿轮,应能自由转动,反转时不应转动,否则就有故障,应更换单向离合器。

5. 检查起动机电磁开关

用手将挂钩及活动铁心压入电磁开关,检查柱塞是否很顺畅地返回其原来位置。松开手指之后应能迅速复位,否则应更换,如图3-101所示。

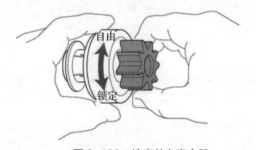

图3-100 检查单向离合器

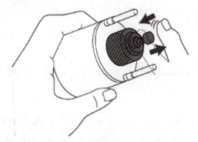

图3-101 检查起动机电磁开关

1）由于开关在柱塞中,如果柱塞无法顺畅地返回其原始位置,开关的接触将变弱,因此无法打开/关闭起动机。

2）如果柱塞运行不正常,请更换电磁起动机开关总成。

3）吸拉线圈和保持线圈的检查

①用万用表R×1档,检查50号端子与端子C之间的电阻,与标准值比较,进行判断电磁开关内部线圈断路、短路或搭铁故障。若内部阻值不符合标准,应更换电磁开关总成,如图3-102所示。

- 吸拉线圈连接50号端子和端子C。如果吸拉线圈正常,则两个端子之间为导通。
- 如果吸拉线圈断开,柱塞无法被引入。

②测量50号端子和开关外壳之间的导通情况(保持线圈的导通检查),如图3-103所示。

- 保持线圈连接50号端子和开关体。如果保持线圈正常,则端子50和开关外壳之间为导通。

● 如果保持线圈断开，可牵引柱塞，但是无法保持，因此驱动齿轮反复伸出和返回。

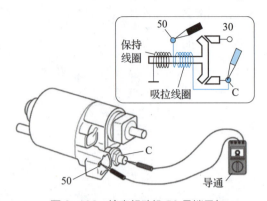

图3-102 检查起动机50号端子与
C端子之间的电阻

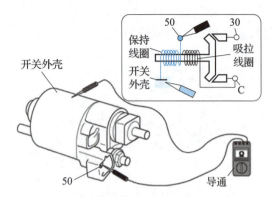

图3-103 测量50号端子和开关外壳
之间的导通情况

五、组装起动机

1. 安装起动机离合器分总成

1）在起动机离合器花键上涂一些润滑脂，如图3-104所示。
2）将起动机离合器安装到电枢轴上，如图3-105所示。
3）将止动环安装到轴上，较小的内径应指向下方，如图3-106所示。

图3-104 涂润滑脂

图3-105 将起动机
离合器安装到电枢轴上

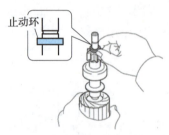

图3-106 将止动环安装到轴上

4）将卡环对齐轴上的凹槽，用台虎钳拧紧，将其固定在轴上，如图3-107所示。
注意：如果用台虎钳拧得过紧，可能会损坏卡环或轴。
5）抬起起动机离合器，将其保持在该位置，然后用塑料锤敲打轴，将卡环装入止动环中，如图3-108所示。

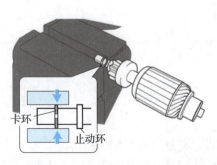

图3-107 将卡环固定在轴上

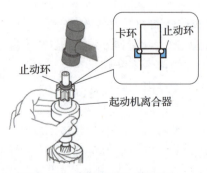

图3-108 将卡环装入止动环中

2. 安装起动机电刷弹簧

1）将起动机电枢总成安装在起动机磁轭上。
2）安装起动机电刷弹簧。
用台虎钳固定住夹住电枢轴，如图3-109所示。
3）安装电刷座绝缘体，如图3-110所示。

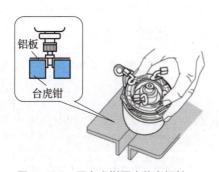

图3-109 用台虎钳固定住电枢轴　　图3-110 安装电刷座绝缘体

4）将弹簧安装在电刷座绝缘体上，如图3-111所示。
5）压住弹簧，同时将电刷装到电刷座绝缘体上，如图3-112所示。

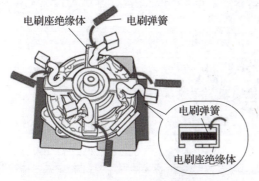
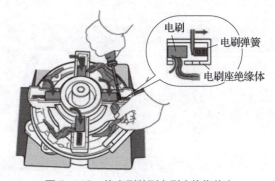

图3-111 将弹簧安装在电刷座绝缘体上　　图3-112 将电刷装到电刷座绝缘体上

注意：
- 由于电刷受弹簧的推动，操作时务必小心，不要让弹簧弹出来。
- 用螺丝刀可以比较方便地压住弹簧。用胶带缠绕螺丝刀的顶端。

6）用手指按住卡销安装，如图3-113所示。

3. 安装起动机磁轭总成

1）在驱动杆和起动机离合器互相接触的部位涂一些润滑脂。
2）将驱动杆放到轴上。
3）拧紧2个螺栓，将端盖和磁轭安装到外壳上，如图3-114所示。

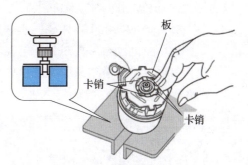

图3-113 用手指按住卡销安装

4. 安装电磁起动机开关

将柱塞钩钩到驱动杆上，然后用2个螺栓将电磁起动机开关安装到起动机外壳上，连接引线和螺母，如图3-115所示。

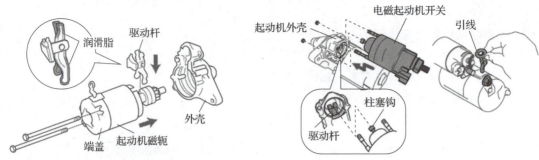

图 3-114 将换向器端盖和磁轭安装到起动机外壳上　　图 3-115 安装电磁起动机开关

5. 空载测试

空载测试即无负载测试，它是通过测量起动机在空转时消耗的电流和电动机转速与标准值进行比较，以此来确定起动机是否有机械或电器方面的故障。

空载测试可在专用试验台上进行，也可在台虎钳上进行。方法如下：

1）将起动机固定。

2）将蓄电池正极（+）接起动机的 30 号端子。将蓄电池负极（-）与起动机壳体连接。

3）用带夹电缆将 30 号端子与 50 号端子接通，此时驱动齿轮应向外伸出，检查起动机是否平稳运转并读出电流表读数，用转速表测量电枢轴的转速，每一次检测时间不要超过 1min，如图 3-116 所示。

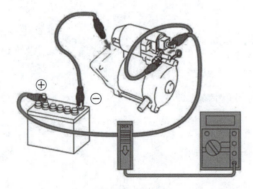

图 3-116 空载测试

4）分析测量结果：将记录值与被测起动机的正常值进行比较，如果基本相同或相近，说明被测起动机工作正常。

①若测得的电流大于正常值，而转速又低于正常值，则可能的故障原因有：

机械方面：起动机装配过紧，电枢轴弯曲，轴套与电枢轴不同心，轴套磨损等。

电器方面：电枢绕组或励磁绕组内部与机体短路，匝间短路等。

②若测得的电流和转速均低于正常值，则说明起动机电路中电刷与换向器接触不好，或电刷弹簧压力太弱，励磁绕组连接头不良等。

6. 电磁开关试验

1）吸拉动作试验如图 3-117 所示，将起动机固定到台虎钳上，拆下起动机励磁绕组外引线（端子 C），将蓄电池正极接 50 号端子，蓄电池负极接起动机 C 端子与电磁开关壳体，驱动齿轮应向外移出，否则说明电磁开关吸引线圈损坏。

2）保持动作试验。

在上述检测时，驱动齿轮可以向外移动，而断开端子C接蓄电池负极的导线，驱动齿轮应能停留在外侧，如图3-118所示。如果驱动齿轮退回，则说明保持线圈已损坏。

3）复位动作试验。

在上述检测的基础上，再脱开壳体接蓄电池负极的导线，驱动齿轮应迅速退回，如图3-119所示。如果驱动齿轮不能退回，说明复位弹簧失效，应更换弹簧或电磁开关总成。

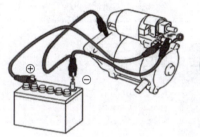 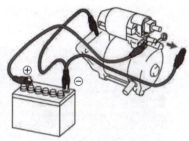 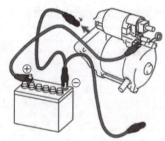

图3-117　吸拉动作试验　　　　图3-118　保持动作试验　　　　图3-119　复位动作试验

拓展阅读

工匠精神

"工匠精神"对于个人，是干一行、爱一行、专一行、精一行，务实肯干、坚持不懈、精雕细琢的敬业精神；对于企业，是守专长、制精品、创技术、建标准，持之以恒、精益求精、开拓创新的企业文化；对于社会，是讲合作、守契约、重诚信、促和谐，分工合作、协作共赢、完美向上的社会风气。

中国制造，经过改革开放以来多年的发展，从小到大；现在又走到了一个新的历史阶段，从低到高，即从低端制造业迈向高端制造业。弘扬"工匠精神"，则是推动中国高端制造业全面发展的重大举措。

维修车辆交付

业务人员
- 准备将更换的零部件给客户查看。
- 准备为所有的费用开出发票。
- 检查车辆是否清洁，进行维修质量检查，检查是否已经取下座椅垫、地板垫、转向盘罩、翼子板布、前罩。
- 电话通知客户，以便确认车辆准备交付。
- 向客户说明工作。
    ◇ 确认工作已经顺利地完成。
    ◇ 将更换的零部件展示给客户看。
    ◇ 说明完成的工作以及益处。
    ◇ 提供详细的发票说明：零部件、人工和润滑剂的费用。

步骤一　资料准备

1）书面确认是否每件维护保养工作已经完成。
2）检查工单上客户提出的所有项目是否已达到客户的要求。
3）核对维修费用，确认原始估价与实际是否相符。

步骤二　车辆清洗

1）洗车。
2）清洁车内饰物。

步骤三　内部交车

告知服务顾问车辆停放处，将车辆和钥匙交给服务顾问。

步骤四　交车

若客户不在休息区等候，服务顾问接到车辆后应立即与客户取得联系，约定交车的时间、方式及结账事宜等。如果联系不到客户，服务顾问需发短信通知，并在随后的半小时或一小时再次尝试联系客户，告知客户具体情况。

若客户在休息区等候，服务顾问需将打印出的结算单放在书写夹板上，找到在客户休息室的客户，通知客户在其方便的时间进行交车，并确认付款方式。

服务顾问需引导客户前往交车区，拆除车罩与防护套，以便客户验车。与客户一同验车，确认满意度。

步骤五　结算准备和费用说明

1. 结算准备

在客户验车完毕并表示对作业质量满意后，服务顾问需打印费用结算清单，将所发生的材料费和工时费逐项列出。

2. 费用说明

1）服务顾问需向客户说明每项费用，并回答客户提出的问题，消除客户的疑问。

2）如果客户对费用不满或有不理解的内容，服务顾问可以及时请服务经理协助向客户解释。

3）确认没有问题后，请客户在"车辆维修结算单"上签字确认。

步骤六　完成结账

1）完成结账手续。

2）当面回访客户满意度。

步骤七　交车与送别客户

1. 交车

需向客户说明有关下次保养里程及今后车辆使用方面的建议。

2. 送别客户

服务顾问送客户到汽车旁，引导客户驶出停车位，目送客户车辆驶出店面。

任务评价

一、在本项目内容中，重点学习了以下内容：

1. 起动系统的组成。
2. 起动机的结构与工作原理。
3. 轿车起动系统特点。
4. 起动系统故障检测。

二、本项目的学习目标你已经达成了吗？请通过思考以下问题的答案进行结果检验。

1. 点火开关的起动信号传送到了哪个模块？
2. 起动机结构有什么特点？
3. 在车上哪里能找到起动继电器？
4. 起动机的定子有什么特点？
5. 起动机有几个接线柱？
6. 在 D 位能否起动发动机？
7. 汽车起动过程中需要用到哪些模块？
8. 起动无力是什么原因？
9. 当起动系统出现故障时，首先进行什么检查？

三、填空题

1. 起动系统由_____、_____、_____、_____起动机等组成。
2. 起动机实际是一种_____电动机。
3. 在进行车辆起动时，需要变速器挂入_____档才能够起动车辆。
4. 起动机空转的可能原因 _____。

四、不定项选择题

1. 一辆 2000 款 S80 检测起动电流是 220A，发动机旋转缓慢，可能的原因是：
   A. 起动机电路电阻过低　　　B. 起动机起动时，机械阻力过高
   C. 起动机电路电阻过高　　　D. 起动机起动时，机械阻力过低
2. 关于起动按钮的描述正确的是：
   A. 起动按钮内部有两个开关，这两个开关如果有一个有问题，就不能起动
   B. 起动按钮直接控制起动继电器
   C. 起动按钮的信息只有传到防盗系统才能够起动发动机
   D. 起动按钮的信息只要传到 CEM 就能起动发动机
3. 起动机进行吸引动作时，电磁开关里面的线圈的工作状态是：
   A. 吸引线圈和保持线圈都通电
   B. 吸引线圈通电，保持线圈被短路没有电流通过
   C. 保持线圈通电，吸引线圈被短路没有电流通过
   D. 吸引线圈通电一段时间之后，保持线圈再通电
4. 起动继电器工作时是由哪个模块控制的？
   A. TCM　　　B. CEM　　　C. ECM　　　D. KVM

五、简答题

1. 起动时，电磁开关是怎么工作的？
2. 起动系统工作时，信号是如何传递的？

六、思考讨论题

如果一辆轿车起动无力，如何检查？

项目四

照明系统

汽车售后服务顾问和维修技师是汽车4S店的门面，会给车主留下深刻的第一印象和难忘的最后印象。车主在车辆维修预约、进店保养和维修、离开汽车4S店阶段，对汽车4S店需求心理预期各不相同。汽车4S店的工作人员只有把握了客人需求心理，依据需求心理的变化跟进服务，才能主动超前地提供恰当的服务，令车主产生惊喜的消费体验，从而留下良好的印象。

项目描述

杨先生的一辆奥迪A4L轿车，行驶里程将近15万km。有一天，杨先生在夜间开车打开前照灯时发现不亮，杨先生停车检查转向灯、制动灯、行车灯和尾灯都正常，再开前照灯进行变光及打开会车灯也不亮。杨先生把车开到××4S店进行检查维修。

小李："杨先生您好，欢迎光临××4S店。我是服务顾问小李，这是我的名片，很高兴为您服务。"小李按要求对车辆进行了环车检查，如图4-1所示。

图4-1 环车检查

小李："杨先生，您的奥迪A4L车前照灯不亮，我先给您检查一下，再让专业技师为您的车灯光系统做仔细的检查"。

根据杨先生的反映，专业技师对该车进行了检查。车辆起动后，前照灯不亮，如图4-2所示。

图4-2 专业技师对该车照明系统进行检查

项目分析

此车已行驶将近15万km，奥迪A4L前照灯都是采用了四灯制的，如图4-3所示。

1）蓄电池严重亏电。在前照灯接通后，蓄电池要协同发电机供电，因此，夜间汽车在开始行驶的2h左右内前照灯的亮度正常，而此后则由于蓄电池不能再继续供电，所以前照灯的亮度下降，且随发动机转速的变化而变化，在发动机熄火后也不能用起动机起动发动机。

图4-3 奥迪A4L前照灯

2）导线发热，以致线路的电阻增大，前照灯的发光强度下降，严重时前照灯线路会因导线绝缘层熔化而短路，甚至发生线路烧毁或汽车火灾事故。

3）线路中灯光继电器或组合开关等的触点产生烧蚀或粘结，使电路不能断开或接通。

4）前照灯线路中的熔丝熔断，使车前一片黑暗。

5）当使用的电器较多、发电机过载持续时间过长时，发电机的二极管和绕组可能烧坏，以致发电机不能发电。

根据对照明系统的检查分析，要对照明系统进行维修。按照实际维修项目的要求，结合职业院校学生实际的学习特点，按照由简单到复杂，层层递进的知识走向，最终将该项目划分成以下三个任务来完成：

任务一　外部照明系统

任务二　内部照明系统

任务三　信号灯

学习目标

知识目标

- 能掌握照明系统结构的分类。
- 能掌握照明系统构造。
- 能掌握照明系统原理。
- 能掌握照明系统故障诊断的基本方法。
- 能掌握照明系统故障诊断的基本流程。

技能目标

- 能正确对照明系统进行分类。
- 能独立进行照明系统的分解和组装。
- 能正确区分照明系统的人为故障和自然故障。
- 掌握照明系统故障诊断的基本测量技能。
- 掌握汽车不同类型照明系统故障诊断流程的方法和技巧。

素养目标

- 严格执行汽车照明系统故障诊断规范，养成严谨科学的工作态度。
- 养成团队协作精神。
- 能够"最大化"利用有限时间。
- 阅读资料划出关键技术点，归纳整理出故障诊断方法。
- 能够找出"简单"的技术系统诊断方法。
- 能够清晰、友好且有趣地向他人口头转述信息。
- 能够完成棘手的任务。
- 树立目标并制订实现目标的计划。
- 客观公正地自评和评价他人。

- 能够与合作伙伴良好地交流和相互理解。
- 能够养成自觉遵守技术标准和要求规定、规范操作、安全、环保、"6S"作业的好习惯。
- 能够养成劳动光荣、创造伟大的思维和创新意识。

为了保证汽车在夜间和雾中安全行驶，车上装有各种各样的灯，如前照灯、转向灯、制动灯、仪表灯、工作灯等，俗称"照明系统"，如图4-4所示。灯光是汽车的眼睛，若灯光不亮，就难以保证行车的安全，容易发生意外事故，必须及时修复。本项目的目的是学习照明、信号系统的结构和工作原理，掌握照明、信号系统常见故障的诊断与排除方法。

图4-4 照明系统

知识引导

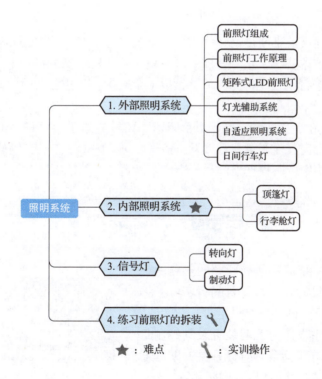

★：难点　🔧：实训操作

相关知识

汽车照明和信号装置（图4-5）是汽车无声的语言，无论是汽车的转向、制动、超车，还是抛锚停靠，尤其是夜间行车，时刻都离不开它。为保证汽车在各种条件下安全行车，提高汽车的行驶速度，在汽车上装有各种照明、信号装置，其数量的多少和配置形式因车型而异。

图4-5 汽车照明和信号装置

汽车灯具按功能可分为前照灯和信号灯两大类；按安装位置可分为外部灯具和内部灯具。常见外部灯具有：前照灯、雾灯、牌照灯、倒车灯、制动灯、转向灯、示宽灯、驻车灯和警示灯。外部灯具光色一般采用白色、橙黄色和红色；常见内部灯具有顶灯、阅读灯、行李舱灯、门灯、踏步灯、仪表前照灯、工作灯、仪表板警示/指示灯等，如图 4-6 所示。

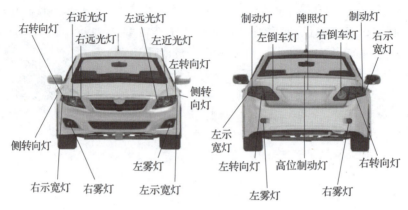

图 4-6　汽车灯具

随着车辆行驶速度的不断提高，汽车灯光系统成为汽车非常重要的安全部件，保证汽车灯光系统良好的技术状况，重点是前照灯及信号灯，对于安全行车十分重要。因此，必须对汽车灯光系统进行检查、检测与调整，以便及时发现和排除故障，确保灯光系统的工作性能良好，保证行车安全。

车辆使用的灯光可按用途分类。用于照明、信号或指示。例如，前照灯用于夜间照明，转向信号灯用于向其他车辆和行人发出信号，尾灯则指示自己车辆的存在和位置。

除了一般的照明系统，根据地区和等级，车辆还装有其他不同功能的系统。

任务一　外部照明系统

外部照明系统主要有用于夜晚照明道路的前照灯，标示车辆宽度的位置灯、日间行车灯、雾灯、倒车灯、外部灯光的调整与设定等。

外部照明系统由电源、照明装置及其控制部分等组成。控制部分包括各种灯光开关、继电器等，照明装置包括车外照明和工作照明两部分，如图 4-7 所示。

图 4-7　外部照明系统

一、前照灯组成

1. 卤素灯

卤素灯泡，亦称钨卤灯泡，是白炽灯的一种。原理是在灯泡内注入碘或溴等卤素气体，在高温下，升华的钨丝与卤素进行化学作用，升华的钨会重新凝固在钨丝上，形成平衡的循环，避免钨丝过早断裂。因此卤素灯泡比白炽灯更长寿。一般的 55W 卤素灯只能产生 1000 流明的光，但 35W 氙气灯能产生 3200 流明的强光，亮度提升 300%，拥有超长及超广角的宽广视野，可带来前所未有的驾车舒适感；使驾驶人的视野更清晰，大大降低行车事故发生概率，如图 4-8 所示。在轿车中，常见的前照灯功能还包括：前照灯自动调平功能、随动转向功能、高速路灯功能以及观光客功能等，这些功能我们统称为主动式前照灯功能。

光色为白色，安装在车辆前部，左右对称安装。以四灯制为例，近光灯对称安装于前照灯外侧，远光灯安装于前照灯内侧，如图 4-9 所示。

图 4-8　卤素灯　　　　　　　　图 4-9　卤素前照灯

2. 氙气灯

部分轿车的车型中配备了氙气前照灯。氙气前照灯与卤素前照灯功能一致，但由于发光体采用气体放电式灯泡，所以较之卤素灯的色温更高，产生的灯光更白；路标和道路标志反射更佳；耗电更低（耗电低于卤素灯 65% 左右），日光的色温约为 5000K。灯光越接近自然光，就越不会使眼睛疲劳。

标准卤素灯泡的色温为 3200K，有的氙气灯泡的色温为 4200K；氙气前照灯系统的远光灯和近光灯相同。因此人的肉眼更容易适应远光灯和近光灯之间的变换，如图 4-10 所示。

图 4-10　卤素前照灯与氙气前照灯的效果对比
1—卤素近光灯效果　2—卤素远光灯效果　3—氙气近光灯效果　4—氙气远光灯效果

在氙气灯泡的放电管里装有含氙气在内的混合气体，通过在两个钨电极之间放电产生电弧，其实氙灯产生的就是这种电弧光。与普通前照灯一样，氙气灯在发动机起动时保持关闭，在发动机运行时才会亮起。每次点亮氙气前照灯时，都会作出 3 次为时 1s 的尝试来点亮氙气灯。因为这种灯没有灯丝，所以对颠簸和振动不敏感，如图 4-11 所示。

3. LED 照明系统

丰田 2008 款雷克萨斯 LS600Ch 是率先部分应用 LED 前照灯的车型。随后奥迪 R8 车型又推出了全 LED 前照灯。由于 LED 光源体积非常小，使灯内布局更随意，LED 可采用多光源组合形式，这完全改变了汽车前照灯的形状和布置方式。

（1）普通 LED 前照灯

奥迪 A6L（C7）LED 照明系统的 LED 前照灯总成是用发光二极管（LED）作为光源

的，如图 4-12 所示。1 个 LED 前照灯共有 78 个发光二极管并带有散热片。前照灯内部集成有一个风扇，用于防止电子元件过热。根据灯的功能情况，使用了反射镜或者投射模块。驻车灯 / 日间行车灯和转向灯使用厚壁型光学器件，以便能获得均匀的灯光形状。

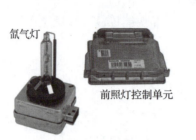

图 4-11 氙气前照灯

图 4-12 LED 前照灯总成

（2）日间行车灯 / 驻车灯

日间行车灯以及驻车灯都是由 24 个发光二极管组成的，由脉冲宽度调制信号来触发，如图 4-13 所示。在使用驻车灯功能时，灯泡亮度降低一些。

（3）转向灯

转向灯使用 24 个黄色发光二极管（LED），如图 4-14 所示。在转向灯闪烁过程中，日间行车灯的发光二极管就会关闭。

（4）近光灯

在近光灯工作时，带有总共 14 个发光二极管的 9 个投射模块被激活，如图 4-15 所示。日间行车灯的发光二极管变暗至驻车灯状态。

图 4-13 日间行车灯 / 驻车灯

图 4-14 转向灯

图 4-15 近光灯

（5）远光灯

在远光灯工作时，除了近光灯和驻车灯的发光二极管亮以外，还会激活 3 组 1×4 发光二极管芯片，如图 4-16 所示。远光灯是通过远光灯拨杆或者远光灯辅助系统来激活的。

4. 激光灯

激光灯的光源是激光二极管，它与 LED 灯相比，可以保持更好的不发散性。激光前照灯比 LED 前照灯照明亮度更高，照射距离更远，体积更小，能耗低 30%，使用寿命更长，弊端同样是制造成本太高。宝马激光前照灯外观如图 4-17 所示，激光产生原理如图 4-18 所示。

图 4-16 远光灯

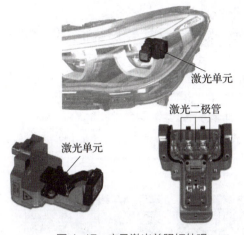
图 4-17　宝马激光前照灯外观

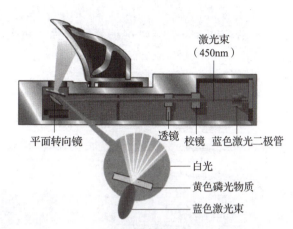
图 4-18　激光产生原理

5. 反射镜

反射镜的作用是将灯泡的光线聚合并导向前方，如图 4-19 所示。

位于反射镜焦点上的灯丝的绝大部分光线向后射在立体角范围内，经反射镜反射后变成平行光束射向远方，使光度增强几百倍甚至上千倍，从而将车前 150m 以上的路面照得足够清楚。一个装有 45~60W 灯泡的前照灯，如果不使用反射镜，只能照亮车前 6m 左右的路面，加装反射镜后，能照亮车前 100~150m 的路面。

图 4-19　反射镜

6. 配光镜

配光镜又称散光玻璃。它是用透光玻璃压制而成的，是多块特殊的棱镜和透镜的组合，外形一般为圆形和矩形，其作用是将反射镜反射出的平行光束进行折射，使车前路面具有良好而均匀的照明，如图 4-20 所示。目前，汽车的组合前照灯常将反射镜和配光镜合为一体，既能起到反光作用，又能起到配光作用。

7. 前照灯组成

在外部照明系统中，前照灯是非常重要的，各汽车生产大国都对其有严格的标准。例如，配光标准有美国式配光标准（美国汽车工程师协会标准，即 SAE 标准）与欧洲式配光标准（ECE 标准）。目前中国所使用的汽车灯光国家标准"GB 17510"是根据 1993 年至 1998 年 ECE 标准为基础制定并修改而成的。

图 4-20　配光镜

前照灯主要用于夜间行车时道路照明，灯光为白色，如图 4-21 所示。包括远光灯和近光灯两种，远光灯用于保证车前道路 100m 以上明亮而均匀的照明，功率一般为 50~60W；近光灯在会车和市区内使用，避免使来车驾驶人眩目，又保证车前 50m 的路面照明，功率一般为 30~50W。

图 4-21　前照灯

前照灯由灯泡、反射镜、配光镜组成，如图 4-22 所示。

反射镜的作用是将灯泡的光线聚合并导向前方。灯光经反射镜聚合，光度增强几百倍，使车前 100~150m 处的路段照得足够清楚。

为不使射出光束过窄，前照灯前部装有配光镜，它是透镜和棱镜的组合体。可使光线折射向较宽的路面，使车前路面和路缘都有良好而均匀的照明。

前照灯采用四灯制和两灯制两种配置方法，如图 4-23 所示。

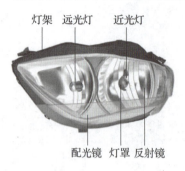

图 4-22 前照灯组成

图 4-23 前照灯采用四灯制和两灯制两种

二、前照灯工作原理

1. 前照灯元件

前照灯的功用是为车辆提供前部的照明，按照相应国家或地区的法律法规的要求，汽车前照灯系统应具备基本的近光灯照明功能、远光灯照明功能。在本节我们将以氙气前照灯为例，从以下三个方面介绍前照灯系统的组成，即：

- 输入信号元件。
- 控制模块。
- 执行元件。

照明系统模块中除了前照灯的开关外，还集成了雾灯开关、尾门开关按钮、燃油箱开关按钮等，在后面项目或其他课程中也会提及该元件。

（1）输入信号开关元件

照明系统模块 LSM：当打开前照灯开关后，照明开关模块通过网络信号将该信息传至中央电子模块，如图 4-24 所示。

（2）远近光开关

远近光灯开关集成在转向盘模块内，其中除了控制远光的开关外，还集成了转向灯、定速巡航等功能开关，如图 4-25 所示。

- 将远近光开关打开至远光位置，此时转向盘模块通过控制区域网络将信号传送至中央电子模块。
- 持续远光，用力向转向盘处抬远光灯开关并放开。
- 远光灯闪烁，将拨杆开关朝转向盘的方向轻轻拨向远光灯闪烁位置。远光灯保持点亮，直到开关拨杆放开。

（3）输入信号传感器元件

1）前悬架位置传感器。前悬架位置传感器反映车辆前悬架的高低位置，将车辆悬架的位置高度变化情况转化为电信号传输给控制单元，如图4-26所示。

- 在轿车上，有的车型中没有安装4C概念（连续控制式底盘概念），中央电子模块会得到前轮悬架位置传感器发送来的与负载情况、加速和制动有关的车辆角度信息。
- 在安装有4C概念的车辆上，中央电子模块会得到来自悬架模块发送来的与负载情况、加速和制动有关的车辆角度信息，这些信息是由前悬架位置传感器传输给悬架模块的。

图4-24　前照灯开关　　　　图4-25　远近光灯开关　　　　图4-26　前悬架位置传感器

2）后悬架位置传感器。后悬架位置传感器反映车辆后悬架的高低位置，将车辆悬架的位置高度变化情况转化为电信号传输给控制单元，如图4-27所示。

- 在轿车上，有的车型中没有安装4C概念（连续控制式底盘概念），中央电子模块会得到后轮悬架位置传感器发送来的与负载情况、加速和制动有关的车辆角度信息。
- 在安装有4C概念的车辆上，中央电子模块会得到来自悬架模块发送来的与负载情况、加速和制动有关的车辆角度信息，这些信息是由后悬架位置传感器传输给悬架模块的。

3）光照传感器。当打开前照灯开关后，照明开关模块通过网络信号将该信息传至中央电子模块，如图4-28所示。

（4）控制模块元件

前照灯控制单元通过串联通信LIN网络接收来自中央电子模块的信号，从而实现主动前照灯功能中对光束的调整控制，如图4-29所示。

 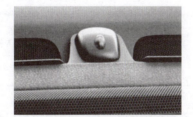 

图4-27　后悬架位置传感器　　　图4-28　光照传感器　　　　图4-29　前照灯控制单元

前照灯控制单元安装于前照灯总成处，左侧前照灯控制单元简称LHCU；右侧前照灯控制单元简称RHCU。

（5）前照灯调节电动机

前照灯调节电动机与前照灯内部的机械调整机构相连接，通过电动机的运转动作，实现对前照灯光束的调整，如图4-30所示。

图4-30　前照灯调节电动机

前照灯调节电动机受控于前照灯控制单元 LHCU 或 RHCU，这两个模块通过 LIN 网络接收中央电子模块的操作指令。

2. 前照灯控制电路

有各种类型的前照灯系统，其差别在于是否有诸如前照灯继电器和变光继电器之类的电器设备。一般来说，当变光开关在 FLASH 位置时，即使灯光控制开关处于 OFF 位置也可开远灯光。

1）既无前照灯继电器，又无变光继电器的类型，如图 4-31 所示。

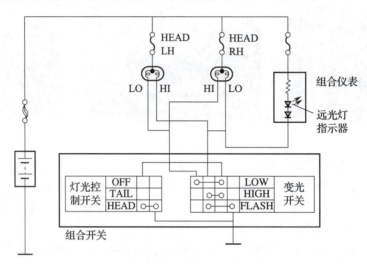

图 4-31　既无前照灯继电器，又无变光继电器的类型

①近光灯。灯光控制开关移动到 HEAD（LOW）位置时，前照灯（近光灯）点亮，如图 4-32 所示。

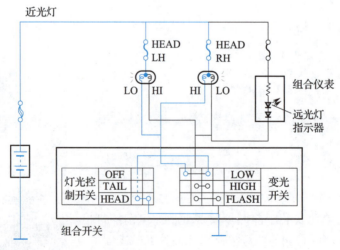

图 4-32　近光灯（一）

②远光灯。当灯光控制开关移到 HEAD（HIGH）位置时，前照灯（远光灯）点亮，并且组合表上的远光指示灯点亮，如图 4-33 所示。

③前照灯闪光。灯光控制开关移动到 FLASH 位置时，前照灯闪光，如图 4-34 所示。

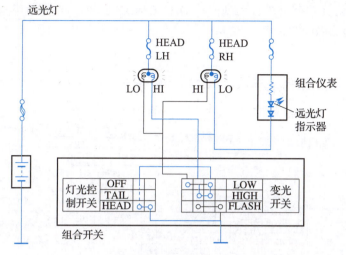

图 4-33　远光灯（一）

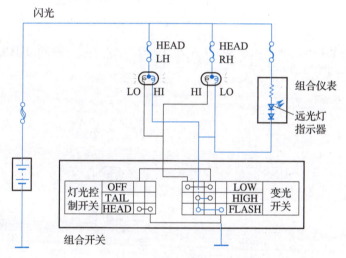

图 4-34　前照灯闪光（一）

2）带前照灯继电器，但不带变光继电器的类型，如图 4-35 所示。

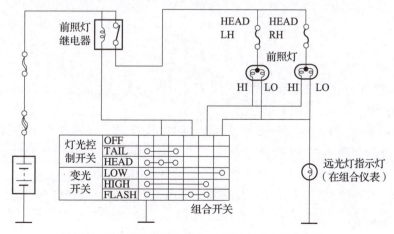

图 4-35　带前照灯继电器，不带变光继电器的类型

①近光灯。灯光控制开关移动到 HEAD（LOW）位置时，前照灯继电器打开，前照灯（近光灯）点亮，如图 4-36 所示。

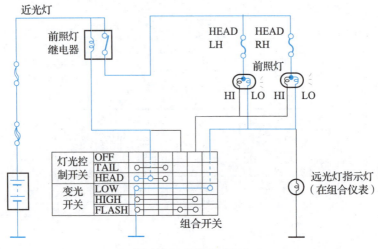

图 4-36　近光灯（二）

②远光灯。当灯光控制开关移到 HEAD（HIGH）位置时，前照灯继电器打开，前照灯（远光灯）点亮，如图 4-37 所示。

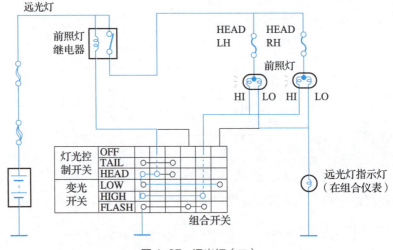

图 4-37　远光灯（二）

指示灯串联类型：

电流从前照灯（近光灯）流到远光指示灯，指示灯亮。电流也流到前照灯（近光灯），但是由于电阻和电流小，它们不点亮。

③前照灯闪光。灯光控制开关移动到 FLASH 位置时，前照灯继电器打开，前照灯（远光灯）点亮，如图 4-38 所示。

3）既有前照灯继电器，又有变光继电器的类型，如图 4-39 所示。

①近光灯。灯光控制开关移动到 HEAD（LOW）位置时，前照灯继电器打开，前照灯（近光灯）点亮，如图 4-40 所示。

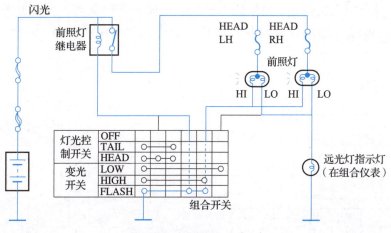

图 4-38 前照灯闪光（二）

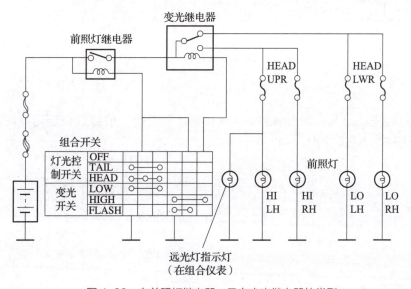

图 4-39 有前照灯继电器，又有变光继电器的类型

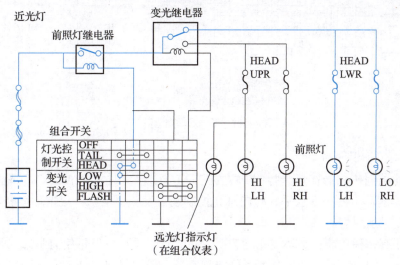

图 4-40 近光灯（三）

②远光灯。当灯光控制开关移到HEAD（HIGH）位置时，前照灯和变光器继电器均打开，前照灯（远光灯）打开，组合仪表上的远光灯指示灯也点亮，如图4-41所示。

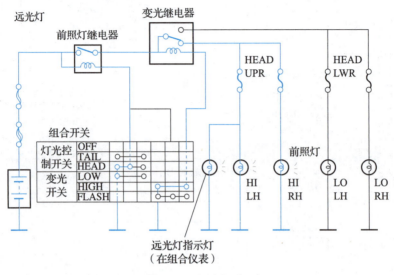

图4-41 远光灯（三）

③前照灯闪光。灯光控制开关移动到FLASH位置时，前照灯和变光器继电器打开，前照灯（远光灯）点亮，如图4-42所示。

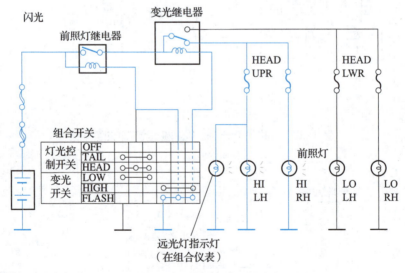

图4-42 前照灯闪光（三）

3. 自动灯光控制系统

自动灯光控制传感器在灯光控制开关处于AUTO位置时（无AUTO位置的车型则为OFF位置）检测环境的亮度水平，它向灯光控制装置发一个信息，根据环境亮度状况，先开尾灯，然后开前照灯。

该系统还有一种功能：当环境亮度忽明忽暗时打开尾灯，但不使前照灯忽明忽灭。

若是一定时间过去后，环境亮度仍低于规定值，前照灯将点亮。

某种车型上，自动灯光控制传感器和灯光控制装置成为一体；还有一种类型，尾灯和前照灯会同时点亮，如图 4-43 所示。

当自动灯光控制传感器检测环境的照明水平时，它向灯光控制装置的端子 A 输出一个脉冲信号。当灯光控制装置判断出环境照明下降时，它触发尾灯和前照灯继电器，打开尾灯和前照灯，如图 4-44 所示。

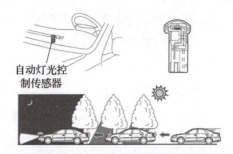

图 4-43 自动灯光控制系统功能

当灯光控制装置判断环境照明提高时，尾灯和前照灯关掉，如图 4-45 所示。

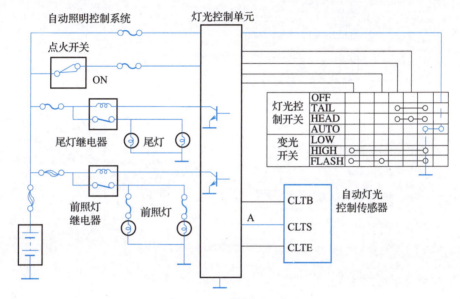

图 4-44 打开尾灯和前照灯

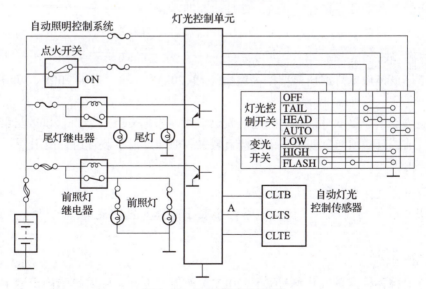

图 4-45 关掉尾灯和前照灯

4. 前照灯光束水平控制系统

（1）前照灯光束水平控制开关

驾驶人可用旋钮上下调整前照灯的光束水平度。开关中有一只可变电阻，它根据旋钮位置输出相应的电流。

（2）前照灯光束水平控制执行器

执行器使电动机以顺时针或逆时针方向旋转，按照前照灯光束水平控制开关使输出轴前后移动，使前照灯的光束移上移下。

执行器设有一个电位器。按照执行器的位置，发送一个信号到内部集成电路IC，如图4-46所示。

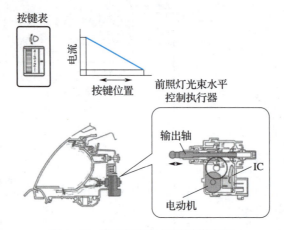

图4-46 前照灯光束水平控制执行器

5. 氙气放电前照灯系统

（1）控制部件

在很短的起动阶段提高灯泡电流，使灯泡立即亮起。

运行期间限制灯泡电流并调节工作电压，以发射均匀的光线。

（2）点燃部件

产生点燃气体放电灯泡所需要的高电压（10~20kV），然后提供200V、400Hz的交流电使灯泡亮起。

灯泡发热到工作温度时，85V的电压就已够用。根据ECE（欧洲经济委员会）R48的要求，氙气前照灯必须与自动照明距离调节装置和前照灯清洁装置组合使用。

（3）结构

弧光管有氙气、水银和金属卤化物盐。

当电极之间施加高压时，促使电子和金属子碰撞并释放光能点亮灯泡，如图4-47所示。

（4）工作过程

系统在电极两侧施放高压脉冲（约20kV）使氙气发光。随着灯泡内温度上升，水银蒸发并放出弧光。当灯泡内的温度进一步增加，水银电弧中的金属卤化物盐蒸发分解，金属原子放出光束。

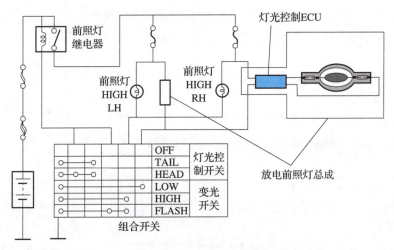

图 4-47 氙气放电前照灯结构

由于灯光控制 ECU 的控制，发光稳定，工作过程如图 4-48 所示。

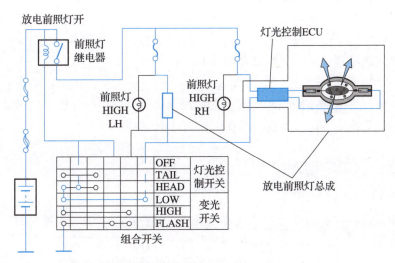

图 4-48 氙气放电前照灯工作过程

（5）前照灯控制 ECU（用于放电前照灯的 ECU）

前照灯控制 ECU 是点亮放电前照灯灯泡所必需的电子控制装置。它位于左右前照灯的下面。它执行对灯泡的最佳供电以确保灯泡发光时能迅速达到最佳的光亮度，进行稳定、连续的照明，如图 4-49 所示。它设有故障防止功能，防止高电压。

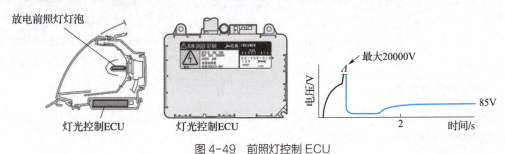

图 4-49 前照灯控制 ECU

前照灯控制 ECU 的输出端子产生极其危险的高压，需极其小心地处理。为防止危险，在前照灯侧面和前照灯控制 ECU 本身需放置警告标牌。

> **提示**
> - 玻璃和放电前照灯灯泡电极产生破坏性的高电压（接近 20000V），不可触摸它们。
> - 灯泡完全安装后，才可打开电灯。不能用其他的电源。
> - 更换灯泡时，应按维修手册进行操作。

（6）故障保护功能

前照灯控制 ECU 判断已发生的故障，并在下述条件触发故障安全功能。

- 检测到输入故障

如果输入电压超出运行电压范围（9~16V），故障安全功能将关闭放电前照灯。如果发生此情况，一旦运行电压恢复，放电前照灯马上点亮。

- 检测到输出故障（开/短路）/灯光闪烁

如果输出电压有故障或者放电前照灯闪烁，故障安全功能将关掉放电前照灯。如果发生这种情况，ECU 不能确定输出故障的原因，在检查熔丝和线束系统的故障后，更换前照灯灯泡。如果问题没有解决，更换灯光控制 ECU。

- 检测到灯泡开路

如果在前照灯灯泡插座中没有灯泡，会检测到灯泡开路。故障保护功能将停止产生高压。如果发生此类情况，应关闭点火开关并安装灯泡。

三、矩阵式 LED 前照灯

奥迪上的 LED 前照灯智能与所谓的"数字式"远光灯辅助系统组合在一起使用。这种远光灯辅助系统根据交通状况和其他环境条件，会自行接通和关闭远光灯，因此就减轻了驾驶人的负担了。之所以称之为"数字式"远光灯辅助系统，是因为该系统只有两个状态：远光灯接通、远光灯关闭。该"数字式"系统的控制单元是远光灯辅助系统控制单元 J844，该控制单元集成在车内后视镜中。

1. 无级前照灯照程调节系统

有弯道灯的氙气前照灯叫无级前照灯照程调节系统。

该系统可以根据交通状况和其他环境条件，来无级调节前照灯的照程，这是通过前照灯内的一个可转动的辊子来实现的。要实现无级前照灯照程调节，除了弯道灯和前照灯照程调节控制单元外，还需要使用摄像头控制单元，如图 4-50 所示。

图 4-50　无级前照灯照程调节系统

2. 矩阵光柱工作模式

矩阵式 LED 前照灯使用矩阵光柱技术。这就是一种远光灯辅助系统，使用该系统可以免除驾驶人夜间行车时不停变光的麻烦，就是说该系统可承担这个自动变光任务了。

矩阵光柱远光灯由 25 个光段组成，这些光段相互重叠在一起，构成了远光光束。采用矩阵光柱技术，可以使得各个光段独立接通或者关闭（就是彼此之间没联系，各自单独工作）。

如果识别出道路上有别的车辆，那么可以只把此时导致别人炫目的那部分远光灯光段关闭。无论是针对前行车辆，还是对向来车均可执行这种操作，如图 4-51 所示。

这种技术的优点是：其余部分远光灯光段（就是此时并未引起别人炫目的那部分）仍然以远光灯状态照亮着道路，因此能为驾驶人提供尽可能好的道路照明，且最大限度利用远光灯。

图 4-51　远光光束

前行车辆和对向来车是由摄像头控制单元来识别的。该摄像头控制单元内的图像处理软件为此就要搜寻别的车的尾灯或者前照灯。如果识别到车了，就会确定其与本车的角度和距离。这些数据随后就会被传至矩阵光柱控制单元。

矩阵光柱控制单元就会计算出哪些远光灯光段可以接通以及哪些远光灯光段必须要关闭，以便实现不引起其他车辆驾驶人的炫目感这个目的。这些信息会被传至奥迪矩阵式 LED 前照灯内的功率模块，功率模块会对远光灯的 LED 进行相应的操控。

（1）有对向来车时

矩阵光柱远光灯，如图 4-52 所示。

（2）有前行车辆时

矩阵光柱远光灯，如图 4-53 所示。

图 4-52　有对向来车时矩阵光柱远光灯

图 4-53　有前行车辆时矩阵光柱远光灯

（3）预测的道路数据

如果车上装备有 MMI 增强版导航系统，就有预测的道路数据了，因此矩阵光柱远光灯也就可以以"前瞻性"方式来工作了。矩阵光柱控制单元也就知道了前方道路的走向、现在行驶过的道路类型，也知道了本车现在是在建筑物较多的区域内还是外行驶。有了这些附加信息，有些灯功能才能实现或者才能提前激活。

如果车辆行驶在周围有很多建筑物的地方，那么就只使用近光灯。周围是否有很多建筑物，这个由摄像头控制单元来识别。具体说就是由图像处理软件在摄像头的视频数据中搜索相应的光源。如果这些光源满足一定的前提条件，那么就认为这是路灯照明，也就认为这个区域有很多建筑物了。如果有预测的道路数据可供车辆使用，那么确认车辆是否在有很多建筑物的区域行驶就变得更容易更可靠了。

（4）远光灯的高速公路模式

高速公路模式是远光灯的专用模式，只在有预测的道路数据可用时才能实现该模式。如果预测的道路数据表示出车辆现在正在高速公路上行驶，那么高速公路模式就被激活。

在高速公路模式工作时，远光灯的光束（光锥）要窄一些，以便与高速公路的结构特点更匹配，如图 4-54 所示。

（5）近光灯

在矩阵式 LED 前照灯上，近光灯采用了大家熟知的非对称型光束（光锥）。道路边缘被照亮得更宽了，因此就能更快地识别出潜在的危险了。与此相对的是，道路中间被照亮的距离比较短，因为这时最重要的是要避免给对向来的车辆造成炫目，如图 4-55 所示。

图 4-54　高速公路模式激活时的矩阵光柱远光灯

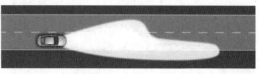

图 4-55　近光灯（非对称型光束）

在每个矩阵式 LED 前照灯上，近光灯采用了 15 个 LED。近光灯光束（光锥）可以照到紧靠车辆的前部区域和再往前的区域，后者中的光束也含有不对称的成分。照到紧靠车辆的前部区域的光束由 9 个 LED 负责，照到再往前的区域的光束由 6 个 LED 负责。

（6）转弯灯

转弯灯的作用是使得转弯过程更安全。这是通过让车辆前部周围区域在转弯时得到更好的照明来实现的。最重要的是让驾驶人能更好地看清车辆前部的侧面情况并快速识别出危险源。

转弯灯也是通过 LED 来实现的。在车上的两个奥迪矩阵式 LED 前照灯中，每个前照灯中有三个 LED 用于实现。至于究竟要激活哪侧的转弯灯，就由相应的转向灯或者是朝哪个方向转动转向盘来决定了，如图 4-56 所示。

（7）十字路口灯

十字路口灯的作用是让车前方的十字路口获得更好的照明。为此，它除了接通了正常的近光灯外，还接通了两侧的转弯灯，如图 4-57 所示。

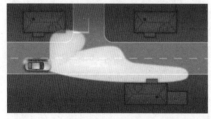

图 4-56　转弯灯

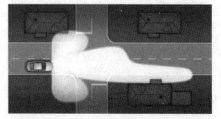

图 4-57　十字路口灯

只在车辆有预测的道路数据可用时，十字路口灯才可用。由于前方的十字路口既不能用摄像头来识别，也不能用其他传感器识别，所以只能参考导航数据了。

当车辆以低于 40km/h 的车速行驶到距离十字路口还有 60m 的地方时，两个转弯灯（准确说就是十字路口灯）就被接通了。

十字路口必须是预测的道路数据的组成部分，这样车辆的电子系统才能去检查距离是否符合接通十字路口灯的标准。随后，十字路口灯在行驶过路口 15m 后或者当车速超过 50km/h 后就关闭了。

（8）全天候灯

全天候灯在天气恶劣时（比如有雾或者下雪）时使用。使用时，可以降低前照灯灯光的反射所造成的对于本车驾驶人的眩目程度。实际是通过降低近光灯的照程来实现的。与此同时，还要激活两侧的转弯灯以便更好地照亮车辆前部区域（照明宽度增大了），如图 4-58 所示。

通过操控车灯旋钮开关模块上的相应按键来激活全天候灯，如图 4-59 所示。只要车速不超过 110 km/h，就可以激活全天候灯，按键上的功能指示 LED 会显示出是否激活。如果激活了全天候灯，矩阵光柱远光灯辅助系统就被关闭了（如果在此之前已经激活了该系统）。这两个功能不能同时工作。

图 4-58 全天候灯激活

功能激活后，车辆就一直开着全天候灯在行驶着；当车速超过了 140 km/h 时，就切换到普通近光灯模式了。一旦车速又低于 110 km/h 了，那么就又切换回全天候灯模式了。

（9）弯道灯

矩阵式 LED 前照灯也有弯道灯功能。具体说是远光灯有弯道灯功能，近光灯没有。实现此功能可以不用偏转机械机构了，矩阵式 LED 前照灯不用伺服电动机就足以完成此功能。弯道灯可以将远光灯最亮点从远光灯光束（光锥）的中间移至所需要的那一侧。这是通过使远光灯 LED 变暗来实现的，如图 4-60 所示。

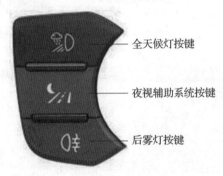

图 4-59 全天候灯开关

图 4-60 弯道灯

（10）标识灯

配备有夜视辅助系统，那么矩阵式 LED 前照灯在此功能中也有新应用。如果夜视辅助系统识别出有与行人相撞的危险了，那么会给驾驶人发出警示。该警示包括一个声响信号，同时还用红色括号标识出行人，如图 4-61 所示。

另外，还可以用矩阵式 LED 前照灯的远光灯来更好地看清危险情形，如图 4-62 所示：

图 4-61 在组合仪表显示屏上标识识别出的行人

图 4-62 矩阵式 LED 前照灯标识识别出的行人

1）在远光灯接通的情况下，通过让照到行人身上的远光灯光段三次连续变暗。
2）在远光灯关闭的情况下，通过让照到行人身上的远光灯光段三次连续通电激活。
想使用标识灯，要满足下述先决条件：
- 车速高于60 km/h。
- 车辆本身未处于有良好照明的居民点（城镇）内。
- 当前未识别出有可能被标识灯造成目眩的车辆。

（11）"快速移动式"转向闪光

矩阵式LED前照灯上使用了的"快速移动式"转向闪光。"快速移动式"转向闪光是指转向灯LED从内向外依次接通（时间上错开），但是所有转向灯LED是一下子就全关闭的，如图4-63所示。

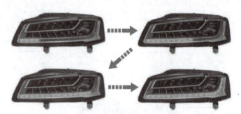

用于激活转向灯的请求，是由转向灯主控制器单元接收到这个请求，随后通过一根单独的导线将转向闪光信号送给前照灯中的功率模块使用。

由于不是所有情况下都需要采用"快速移动式"转向闪光，因此舒适控制单元会通过一根单独的导线通知LED前照灯中的两个功率模块：是采用"快速移动式"转向闪光，还是采用普通的转向闪光。

图4-63 "快速移动式"转向闪光

普通的转向闪光用于撞车后闪光、紧急情况闪光和进行了强力制动后的警告闪光；而"快速移动式"转向闪光用于转向闪光、手动激活警告闪光、中央门锁确认闪光和成功完成自适应过程后的闪光。

3. 矩阵式LED前照灯组成

矩阵式LED前照灯由多个LED灯组成，如图4-64所示，单个LED发光元件均可单独打开、调暗和关闭，如果在数量足够的情况下，矩阵式LED灯甚至能组合上百万种灯光。矩阵式LED前照灯是豪华汽车品牌在高端车型上最主流的灯光配置，奥迪A8L是第一款搭载该装备的车型。

奥迪矩阵式LED前照灯的结构如图4-65所示。

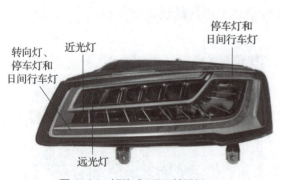

图4-64 矩阵式LED前照灯

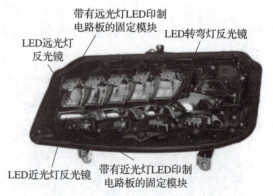

图4-65 奥迪矩阵式LED前照灯结构

奥迪矩阵式LED前照灯的远光灯，由五个单独的印制电路板和五个串联的LED构成。因此，每个前照灯上的共计25个远光灯LED就可以单独操控了，它们与另一个前照灯的远光灯模块一起形成远光灯光束（光锥）。

每个LED负责照亮远光灯的一个区段，每个单独的区段是有重叠的，如图4-66所示。

奥迪矩阵式LED前照灯的功率模块如图4-67所示。

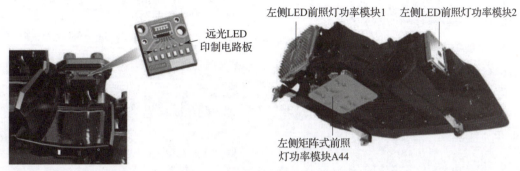

图4-66 矩阵式LED前照灯印制电路板和五个串联的LED　　图4-67 奥迪矩阵式LED前照灯功率模块

4. 矩阵式LED前照灯控制

矩阵光柱远光灯辅助功能的激活和关闭、驾驶人接管矩阵光柱远光灯辅助功能、远光灯手动接通和关闭以及操控变光示意信号时，是通过远光灯拨杆的两个操控位置来实现的，如图4-68所示：

- 将远光灯拨杆向前轻推。
- 将远光灯拨杆向后拉。

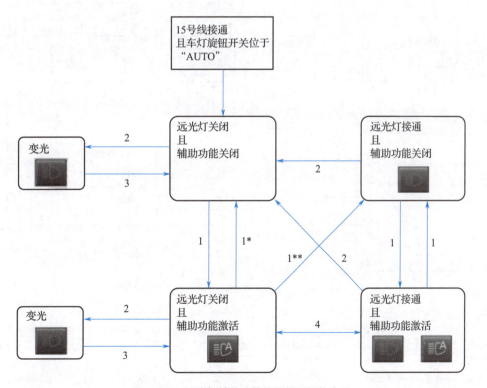

图4-68 远光灯辅助功能的操纵逻辑状态图

1—将远光灯拨杆向前轻推　1*—将远光灯拨杆向前轻推（近光灯关闭）　1**—将远光灯拨杆向前轻推（近光灯接通）
2—将远光灯拨杆向后拉　3—松开远光灯拨杆　4—取决于具体情形——自动的

要想只用两个操控位置来实现这些功能,供电控制单元的软件就得有出色的操控逻辑。最好是通过状态图来进行说明操控逻辑,共有四个主要状态:
- 远光灯辅助功能关闭且远光灯关闭。
- 远光灯辅助功能关闭且远光灯接通。
- 远光灯辅助功能激活且远光灯关闭。
- 远光灯辅助功能激活且远光灯接通。

矩阵光柱可以显示下述符号:

如果用户激活了矩阵光柱远光灯辅助功能,▨ 这个符号就会显示在显示屏上。

如果矩阵光柱远光灯辅助功能已激活,只要远光灯 LED 亮起,就会出现 ▨ 这个蓝色的远光灯符号。

5. 矩阵式 LED 前照灯工作原理图（图 4-69）

这些控制单元直接参与该功能,将车辆数据提供给功能该使用,为用户提供对该功能进行设置的可能性,或者显示与该功能相关的信息。

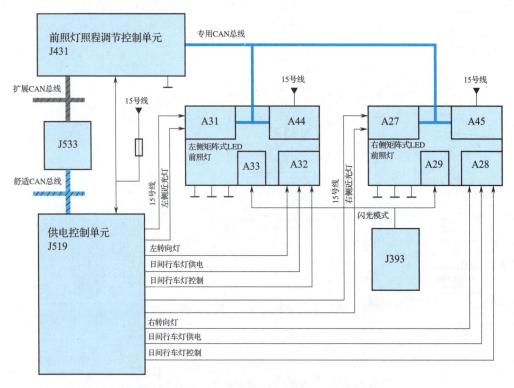

图 4-69 矩阵式 LED 前照灯工作原理图

A27—右侧 LED 前照灯功率模块 1 A28—右侧 LED 前照灯功率模块 2 A29—右侧 LED 前照灯功率模块 3
A31—左侧 LED 前照灯功率模块 1 A32—左侧 LED 前照灯功率模块 2 A33—左侧 LED 前照灯功率模块 3
A44—左侧矩阵式前照灯功率模块 A45—右侧矩阵式前照灯功率模块 J393—舒适控制单元 J533—数据总线诊断接口

图 4-70 所示是所有参与矩阵光柱功能的控制单元联网状况。还展示了控制单元用来交换数据的总线系统。

项目四 照明系统

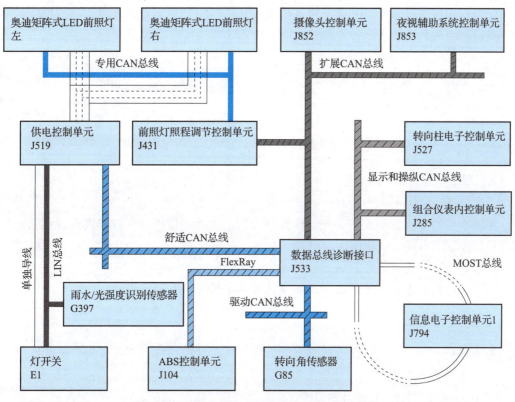

图 4-70 参与矩阵光柱功能的控制单元联网状况

四、灯光辅助系统

汽车的远光灯辅助系统是驾驶人辅助系统的新亮点。因为它根据当时的交通情形自行打开和关闭远光灯，所以可提高在黑暗中行驶的舒适性。该系统能改善夜行时的视线条件。

但是，近光灯下行驶时对物体的识别程度远远不及远光灯下。使用远光灯时，常常可以尽早地识别出物体，从而提前停车或规避。

在黑暗中行驶时，借助远光灯辅助系统可最长间地使用远光灯，只有当交通和环境条件要求时才将灯光转变成近光灯。近光防眩目处理只在远光灯对对方驾驶人造成眩目之前及时进行。驾驶人不必持续开关远光灯，从而可尽量利用良好的环境照明。

1. 远光灯辅助系统的功能

远光灯辅助系统是一种新的驾驶人辅助系统，将来会作为选装件用于所有车型。因为交通和环境条件允许的话，远光灯就一直保持开启状态，所以该系统可为驾驶人在黑暗中提供更好的视线条件。

如果远光灯辅助系统的摄像头识别到对方车道有来车或本方车道前方有车，那么就及时将灯光改为近光以避免对其他驾驶人造成目眩。一旦识别到的车辆脱离远光灯辅助系统的监控范围，那么系统马上自动将灯光再次变为远光，如图 4-71 所示。

远光灯辅助系统根据道路照明也可识别行驶是否在居住区和市区内，从而系统将灯光改变成近光。

在离开居住区和市区后，再次将灯光变为远光。系统的软件尚可识别大雾，从而将灯光转变为近光。通过远光灯辅助系统，可在最长时间内开启远光灯并由此改善视线。驾驶人可减轻负担而更好地集中精力驾驶，如图4-72所示。

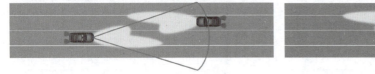

图4-71　将灯光改为近光以避免对其他驾驶人造成目眩　　图4-72　再次将灯光变为远光

2. 打开和关闭的条件

（1）通过远光灯辅助系统打开远光灯

驾驶人必须事前向前点击远光灯拨杆进行激活，才能使用远光灯辅助系统。系统只有在灯拨杆位于"自动"位置时才能激活。

只有满足以下所有条件，那么远光灯辅助系统才打开远光灯：
- 远光灯辅助系统的摄像头发出环境亮度低于设定的限值报告。
- 已根据雨水和光线感应器的要求打开近光灯。
- 车速高于60km/h。
- 未识别到本方车道前方有汽车或摩托车，也未识别到对方车道有汽车或摩托车。
- 未识别到居住区。

（2）通过远光灯辅助系统关闭远光灯

如果远光灯是通过远光灯辅助系统打开的，那么在以下情况下它也会被再次关闭：
- 识别到对方车道有来车或摩托车。
- 识别到本方车道前方有车或摩托车。
- 识别到居住区照明良好。
- 车速低于30km/h。
- 远光灯辅助系统识别到明显的雾气。

3. 远光灯辅助系统的工作原理

如图4-73所示，后面的图示显示远光灯辅助系统的监控范围，其最大距离可达1000m。然而，必须注意的是这只是理想条件下的最大监控范围。在实际交通情形下，监控范围低于这个数值。

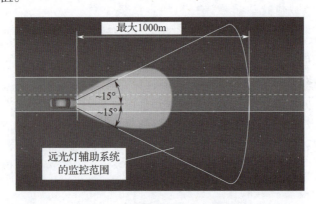

图4-73　远光灯辅助系统的监控范围

因为环境条件（如视线条件、道路走向和地形特征）是很强的影响因素，所以该系统无法给出精确的监控范围数值。

（1）对方车道有来车

对方车道的来车尚在远光灯辅助系统的监控范围以外，如图 4-74 所示。

对方车道的来车已在远光灯辅助系统的监控范围之内，但车距很远，远光灯辅助系统还不采取近光防眩目措施，如图 4-75 所示。

这时，对方车道来车已很近，远光灯辅助系统将前照灯转换成近光以避免对对方驾驶人造成目眩，如图 4-76 所示。

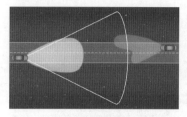
图 4-74 对方车道的来车在监控范围以外

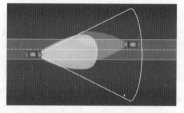
图 4-75 对方车道的来车在监控范围以内但车距很远

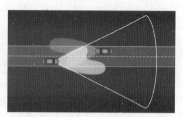
图 4-76 远光灯辅助系统将前照灯转换成近光

远光灯辅助系统识别不到对方车道来车的时间超过 1s，因此远光灯被再次开启，如图 4-77 所示。

（2）本方车道前方有车

本方车道前方的车辆尚在远光灯辅助系统的监控范围以外，如图 4-78 所示。

本方车道前方的车辆已在远光灯辅助系统的监控范围之内，但车距很远，远光灯辅助系统还开着远光灯，如图 4-79 所示。

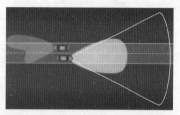
图 4-77 识别不到对方车道来车的时间超过 1s，远光灯被再次开启

本方车道前方的车辆已很近，远光灯辅助系统将前照灯转换成近光，如图 4-80 所示。

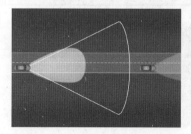
图 4-78 本方车道前方的车辆尚在远光灯辅助系统的监控范围以外

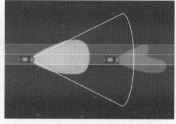
图 4-79 本方车道前方的车辆已在远光灯辅助系统的监控范围之内但车距很远

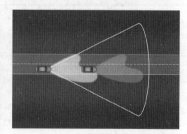
图 4-80 本方车道远光灯辅助系统将前照灯转换成近光

超过了前方的车辆。因为远光灯辅助系统在过去的 3s 内识别到该车尾灯，所以暂时还是保持近光灯状态，如图 4-81 所示。

远光灯辅助系统识别不到被超车的尾灯时间超过 3s。因此再次打开远光灯如图 4-82 所示。

超车过程结束，车辆开着远光灯继续行驶，如图 4-83 所示。

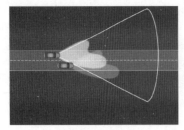
图 4-81 超过了前方的车辆

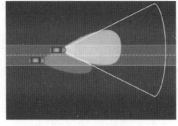
图 4-82 远光灯辅助系统识别不到被超车的尾灯时间超过 3s

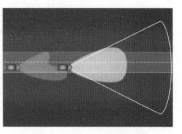
图 4-83 超车过程结束

（3）穿过居住区

居住区尚在远光灯辅助系统的监控范围以外，因此远光灯辅助系统开着远光灯，如图 4-84 所示。

居住区进入远光灯辅助系统的监控范围。远光灯尚开启着，如图 4-85 所示。

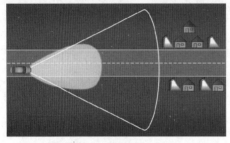
图 4-84 居住区尚在远光灯辅助系统的监控范围以外

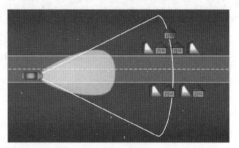
图 4-85 居住区进入远光灯辅助系统的监控范围

因为识别到居住区的照明良好，所以关闭远光灯，如图 4-86 所示。

车辆已穿过居住区，远光灯辅助系统在其监控范围内已识别不到光源。因此系统将远光灯再次打开，如图 4-87 所示。

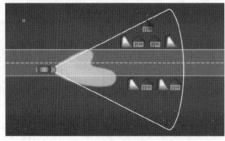
图 4-86 识别到居住区的照明良好关闭远光灯

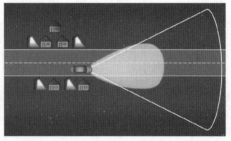
图 4-87 穿过居住区后系统将远光灯再次打开

（4）路侧远方的居住区

路侧较远方的居住区尚在远光灯辅助系统监控范围以外。远光灯保持开启状态，如图 4-88 所示。

路侧较远方的居住区进入到远光灯辅助系统监控范围之内。远光灯继续保持开启状态，如图 4-89 所示。

系统认为居住区照明不足。因为车速高于 90km/h，所以远光灯保持开启状态。如果车速低于 90km/h，那么远光灯就会被关闭，如图 4-90 所示。

居住区已脱离远光灯辅助系统的监控范围。远光灯继续保持开启状态，如图 4-91 所示。

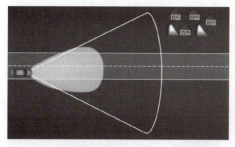
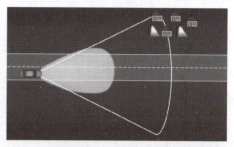

图 4-88　路侧较远方的居住区尚在远光灯辅助系统监控范围以外

图 4-89　路侧较远方的居住区进入到远光灯辅助系统监控范围之内

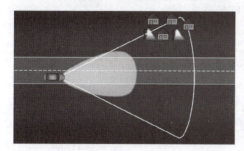
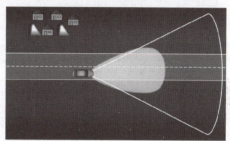

图 4-90　根据车速控制灯光

图 4-91　居住区已脱离远光灯辅助系统的监控范围

4. 远光灯辅助系统控制

（1）激活远光灯辅助系统

要激活远光灯辅助系统时，灯光旋转开关必须位于 AUTO 位置。向前点击远光灯拨杆，即可激活远光灯辅助系统。

每次打开点火开关后，都必须重新激活远光灯辅助系统，如图 4-92 所示。

（2）抑制远光灯辅助系统

如果灯光旋转开关不在 AUTO 位置，那么远光灯辅助系统被持续抑制。向前点击远光灯拨杆可持续抑制远光灯辅助系统，直到再次向前点击远光灯拨杆。

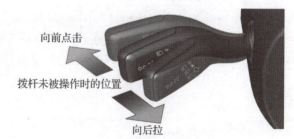

图 4-92　灯光旋转开关

5. 远光灯辅助系统的操控逻辑

激活和抑制远光灯辅助系统、驾驶人否决远光灯辅助系统的决定、手动开启和关闭远光灯以及操控前照灯瞬时接通等功能可以通过远光灯拨杆的两种操作可能来操控：

- 向前点击远光灯拨杆。
- 向后拉远光灯拨杆。

为了能够只通过这两种操作而兼顾实施多种功能，向车载电网控制器的软件中输入了操控逻辑，如图 4-93 所示。下面的叙述可最简单明了地显示四个主状态：

- 远光灯辅助系统被抑制，远光灯关闭。

- 远光灯辅助系统被抑制，远光灯打开。
- 远光灯辅助系统被激活，远光灯关闭。
- 远光灯辅助系统被激活，远光灯打开。

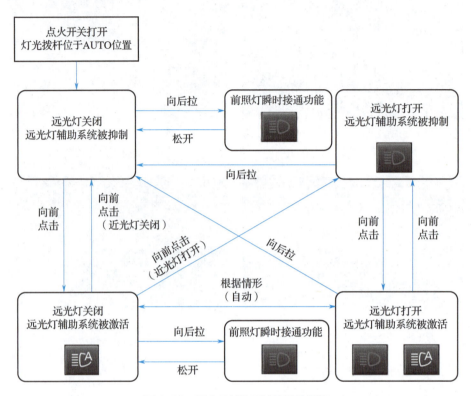

图 4-93　远光灯辅助系统的操控逻辑

6. 远光灯辅助系统的部件

远光灯辅助系统的电子及光学部件都内置在内后视镜中。

远光灯辅助系统的摄像头位于内后视镜牢固地同风窗玻璃连接在一起的镜脚中。摄像头是一个特殊的黑白摄像机，如图 4-94 所示。

远光灯辅助系统控制器装在活动的内后视镜内，如图 4-95 所示。远光灯辅助系统控制器是扩展系统 CAN 的一部分，并通过该总线系统同其他控制器进行信息交流。

图 4-94　摄像头位于内后视镜

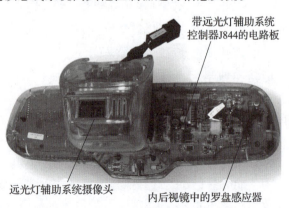

图 4-95　远光灯辅助系统控制器

7. 远光灯辅助系统的功能

远光灯辅助系统的功能是由远光灯辅助系统控制器 J844 和车载电网控制器 J519 分摊执行的。远光灯辅助系统控制器 J844 从摄像头的图象中获取当前环境条件和车前交通情况的信息。它还通过 CAN 总线接收当前车速和雨水及光线感应器当时要求开启和关闭近光灯的信号。根据这些信息，它向车载电网控制器 J519 建议开启或关闭远光灯。

车载电网控制器 J519 在其软件中实施操控逻辑。如果向前或向后操作过远光灯拨杆，那么车载电网控制器 J519 根据当前的状态（远光开启或关闭；远光灯辅助系统被激活或抑制）计算后果状态。根据结果它激活或抑制远光灯辅助系统或者开启或关闭远光灯，如图 4-96 所示。

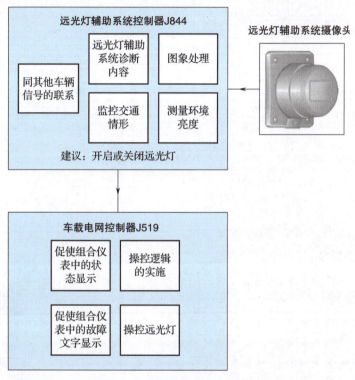

图 4-96 远光灯辅助系统的功能分摊

另外，车载电网控制器通过 CAN 信号操控与组合仪表中与远光灯辅助功能相关的状态显示和故障文字说明。

在装有氙气前照灯的车上，通过操控近光灯的两个遮挡 V294 和 V295 打开远光灯。在这种情况下，车辆每侧的近远光灯只使用一个气体放电灯泡。

在装有卤素前照灯的车上，近远光灯是分开的。要打开远光灯时，车载电网控制器根据情况直接操控远光灯 M30 和 M32。

8. 信息交换结构

如图 4-97 所示的是所有参与功能的控制器，并显示通过控制器进行数据交换的不同总线系统。

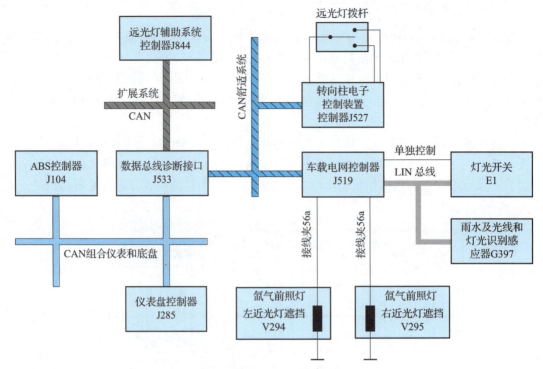

图 4-97 控制器进行数据交换

9. 远光灯辅助系统控制器诊断

远光灯辅助系统控制器 J844 是一个具有自诊断能力的控制器，可以用诊断测试仪通过地址码 20 进行诊断，如图 4-98 所示。

（1）测量值数据块

可以从远光灯辅助系统控制器的测量值数据块中获取以下信息：

- 远光灯辅助系统是否位于待命状态。
- 远光灯辅助系统是否建议开启远光灯。
- 远光灯辅助系统的摄像头视线是否受到限制。
- 是否获得舒适系统控制器 J393 的 CAN 信息。
- 是否获得数据总线诊断接口的 CAN 信息。
- 是否获得 ABS 控制器的 CAN 信息。
- 是否获得转向柱电子控制装置 J527 的 CAN 信息。

在其他测量值数据块中显示关于内后视镜中自动防眩目功能和罗盘功能的信息。

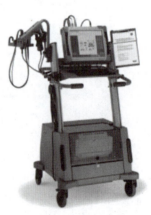

图 4-98 诊断测试仪

（2）编码

控制器获得用于远光灯辅助系统的以下编码信息：

- 前照灯型号。
- 左右驾驶车型信息。
- 垂直补偿（根据各车型的前风窗玻璃的倾斜角度）。
- 前风窗玻璃的光线输送值（风窗玻璃的光线穿透能力：玻璃类别）。

（3）适配通道

在远光灯辅助系统控制器中有以下适配：
- 车辆左右驾驶设置。

（4）执行元件诊断
- 远光灯辅助系统控制器向车载电网控制器 J519 发送开启远光灯的建议。发送该建议时，它不考虑当前交通和环境条件以及其他相关车辆数据的因素。

必须将灯光旋转开关置于 AUTO 位置，打开近光灯并激活远光灯辅助系统功能，才能开启远光灯照明。

另外，还提供以下与远光灯辅助系统无关的执行元件诊断：
- 内后视镜防眩目（和外后视镜防眩目，如果配置）。
- 操控内后视镜中的罗盘（如果配置）。

（5）故障记录存储器

在远光灯辅助系统控制器 J844 中可能有以下故障记录：
- 控制器——电子故障。
- 控制器——损坏。
- 控制器——未编码。
- 控制器内超温时功能切断。
- 远光灯辅助系统控制器——视线受限制。
- 远光灯辅助系统控制器——未校准。
- 脱离允许的电压范围。
- 由于过低电压功能受限制。
- 同数据诊断接口 J533 没有数据交流。
- 同 ABS 控制器 J104 没有数据交流。
- 同舒适系统中央控制器 J393 没有数据交流。
- 同车载电网控制器 J519 没有数据交流。
- 同转向柱电子控制装置控制器 J527 没有数据交流。
- 扩展系统 CAN——没有数据交流。
- 功能由于不可靠信息受到限制。
- 功能由于收到错误的建议信息受到限制。

五、自适应照明系统

自适应前照灯系统（Adaptive Front-lighting Systems，AFS），是一种能适应各种不同环境条件的智能前照灯系统，其根据车辆的不同速度、所处环境及天气状况，能通过改变前照灯光束状态自动优化照明，对汽车安全起到极大的作用。自适应前照灯组成如图 4-99 所示。

AFS 由传感器、电子控制器和执行机构组成，该系统能根据汽车的行驶方向、速度及俯仰角度的变化，对前照灯的照明方向或照明角度进行自动调整，以使驾驶人获得较好的视觉效果。由于需要对多种车辆行驶状态做出综合判断，因此 AFS 是一个多输入、多输出的复杂系统，组成如图 4-100 所示。

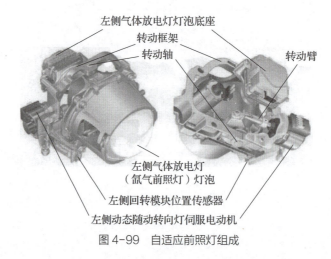

图 4-99 自适应前照灯组成

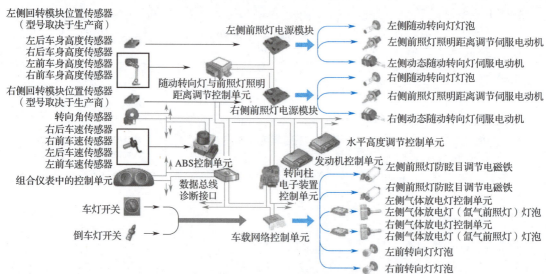

图 4-100 自适应前照灯系统组成

1. 传感器

AFS 需要从不同的传感器取得车辆的各种行驶信息。比如，为了实现弯道旋转照明的功能，除了要从车速传感器获取车速、转向盘角度传感器获取转向盘转角、车身高度传感器获得车身倾斜角度以外，还必须通过其他一些特殊的传感器，获取车辆实际转向角度的信息。

2. 电子控制单元

电子控制单元采集传感器信号，辨识汽车所处的状态及计算车灯所需要的转角，再根据前照灯总成的状态反馈信号，通过控制算法计算出电动机运行频率和转动方向，以便快速而准确地实现车灯需要的转角。

3. 执行机构

AFS 由照明距离调节伺服电动机和动态随动转向灯伺服电动机完成照明距离调节、动态随动操作。

4. 转弯模式的水平方向调节

当车辆进入弯道时，传统前照灯的光线因为和车辆行驶方向保持一致，所以不可避免地存在照明的暗区。一旦在弯道上存在障碍物，极易因为驾驶人准备不足引发交通事故。自适应前照灯可以在转弯时对灯光进行动态调节。前照灯内的电动机可以在车辆转弯时在水平方向上改变灯光的照射方向。前照灯的透镜和框架并不转动，灯光转动的角度在转弯方向内侧约 15°，外侧约 7.5°。这些角度变化可使车辆在转弯时得到更好的照明效果，可在相同灯光强度下得到更大的照亮范围。

自适应前照灯系统在车速小于 6km/h 时不工作，当车速超过 10km/h 时，灯光回转的角度主要取决于转向盘转动的角度。

六、日间行车灯

安装在车身前部的日间行车灯，是使车辆在白天行驶时更容易被人认出来的灯具。它的功效不是为了使驾驶人能看清路面，而是为了让别人知道有一辆车开过来了。因此这种灯具不是照明灯，而是一种信号灯。固然，加装了日间行驶灯可使汽车看起来更酷、更炫，但日间行驶灯的最大功效，不在于美观，而是提高车辆的被辨识性。在国外行车开启日间行车灯，可降低 12.4% 的车辆意外，同时也可降低 26.4% 的车祸死亡概率。总之，日间行车灯的目的就是为了交通安全。

日行灯是在日间行驶时点亮的前部照明设备，如图 4-101 所示。主要用于在行车视线环境较差的情况中。日行灯的主要作用是用于在行车路况遇上雾雨天气中，制造信号灯让道路的其他使用者尽早地发现自己，提高车辆的主动安全性。

图 4-101　日间行车灯

近年来，很多国家都制定了有关日间行车灯的相关标准，以保证生产安装的日间行车灯能够真正起到保障安全的功效。其中最具代表性的当属欧洲经济委员会（ECE）汽车技术法规中的 ECE R79。

我国于 2010 年 1 月 1 日起实施 2009 年 3 月 6 日发布的国家标准《汽车昼间行驶灯配光性能》。我国的这部标准是基于 ECE R79 第一版的第四次修订版为蓝本起草的，该标准删除了 ECE R79 中有关管理方面的章节和附件。

1. 日间行车灯的类型

日间行车灯按照灯具本身发光体不同可分为两种，当车辆发动机运转或者点火开关处于 2 档时开启，是一种标识型车灯，目的引起外界注意，提高自身主动安全性。

（1）普通型日间行车灯

普通型日间行车灯，内部安装 19W 灯泡，如出现故障，可更换灯泡，如图 4-102 所示。

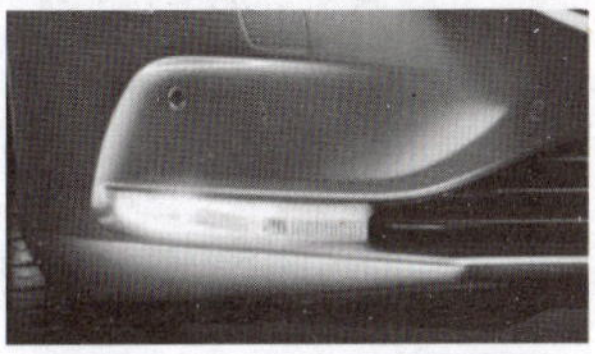

图 4-102　普通型日间行车灯

（2）LED 型日间行车灯

LED 型日间行车灯（5W），整体式车灯总成，如出现故障，更换总成，如图 4-103 所示。

2. 日间行车灯的组成

日间行车灯的组成可以分为输入信号元件、输出信号元件、控制模块、照明开关、光照传感器。

（1）开关输入信号（照明开关模块）

照明开关模块（LSM）在"AUTO"档。此时中央电子模块将根据车外光线的情况，主动控制日间行车灯的开启与关闭，如图4-104所示。

（2）调节输入信号（光照传感器）

中央电子模块（CEM）将根据车辆外部光线情况控制日间行车灯，外部光线的情况就是由光照传感器检测的，如图4-105所示。

图4-103 LED型日间行车灯

图4-104 照明开关模块（LSM）

图4-105 光照传感器（弱光传感器）

（3）控制模块

日间行车灯系统受控于中央电子模块。

3. 日间行车灯控制原理

日间行车灯在使用时，发动机在运转状态，照明开关模块（LSM）在"AUTO"位置，光照传感器感知强光信号，日间行车灯打开。日间行车灯是车辆在白天行驶时打开的前部灯具，车辆后部没有该灯光。当外部环境光线变暗时，前照灯自动打开，日间行车灯熄灭。

（1）输入信号

光照传感器信号直接控制日间行车灯的信号，光照传感器感知强光信号，日间行车灯打开。当外部环境光线变暗时，前照灯自动打开，日间行车灯熄灭，如图4-106所示。

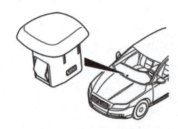
图4-106 光照传感器安装位置图

（2）通过LIN网络的输入信号

转向盘控制模块（SWM）通过LIN网络，将远光开关信号输送给中央电子模块。照明开关模块通过LIN网络，将开关信号输送给中央电子模块，如图4-107所示。

中央电子模块与驾驶人信息模块（DIM）之间通过CAN网络进行信息传输，如图4-108所示。

日间行车灯受控于中央电子模块，CEM输出驱动信号，点亮日间行车灯，如图4-109所示。

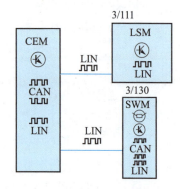
图4-107 通过LIN网络输入信号图

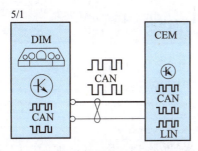 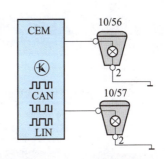

图 4-108　控制模块间通信示意图　　图 4-109　输出信号示意图

4. 日间行车灯故障诊断

日间行车灯安装于车辆的前部与前照灯同为车辆前部照明设备，从功能上区分，前照灯是提供夜间或光线条件不佳时的车辆前部照明，而日间行车灯则在白天或光线好的条件下工作的。从系统组成和控制原理上来分析，日间行车灯系统与前照灯系统共用照明开关模块（LSM）的开关信号和光照传感器的输入信号，同样受控于中央电子模块（CEM），只是日间行车灯有独立的灯具。由此可见，我们在对日间行车灯系统进行故障诊断时，与前照灯部分共用的元件的检测方法，我们可以参照前照灯系统的相关内容，在这里我们只介绍与之不同的部分，即 CEM 对日间行车灯的输出控制。

在本任务我们以轿车日间行车灯系统为例，进行介绍，诊断过程参见六步诊断法。

日间行车灯的线路图如图 4-110 所示。

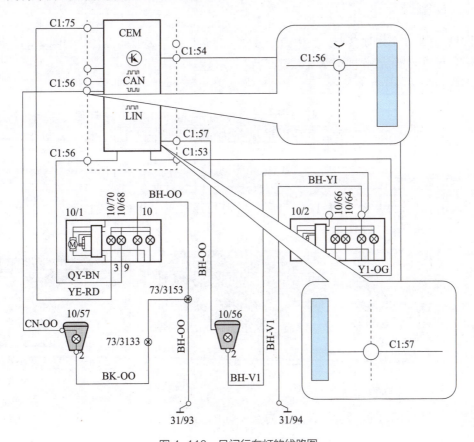

图 4-110　日间行车灯的线路图

任务二 内部照明系统

内部照明系统由顶灯、仪表灯、踏步灯、工作灯、行李舱灯组成,主要是为驾驶人、乘客提供方便。灯光光色为白色,灯泡功率在 2~20W 范围内。

顶灯安装在驾驶室或车厢内顶部,为驾驶室或车厢内的照明灯具。灯光颜色一般为白色。

仪表灯安装于仪表盘内,它用来照明汽车仪表。灯光颜色一般为白色。

踏步灯一般安装在汽车的上下车台阶的左右两侧,作用是用来照明车门的踏步处,方便乘客上下车,灯光颜色一般为白色。

工作灯是车辆维修时可以移动使用的一种随车低压照明工具,电源来自发电机或蓄电池。常常带有挂钩或夹钳,插头有点烟器式或两柱插头式两种。

行李舱灯为轿车行李舱内的灯具,灯光为白色。

阅读灯装于乘员席前部或顶部,聚光时乘员看书不会给驾驶人产生眩目现象,照明范围较小,有的还有光轴方向调节机构。

门灯装于轿车外张式车门内侧底部,开启车门时,门灯发亮,以告示后来行人、车辆注意避让。功率为5W,光色为红色。

车辆内部照明系统属于需求灯,为驾乘人员提供需求灯功能,如图 4-111 所示。

图 4-111 车辆内部照明系统

一、顶篷灯

顶篷灯安装在车内顶篷上,操作简单方便,是常见的车内照明设备,如图 4-112 所示。顶篷灯按所处位置不同分为前顶篷灯和后顶篷灯。

1. 前部顶篷灯

当顶篷灯开关打开至"ON"档时,顶篷灯点亮,此时顶篷灯属于需求灯功能范畴。为前排驾乘人员和后排乘员分别提供车内的需求功能照明(也称为阅读灯功能),如图 4-113 所示。

2. 后部顶篷灯

当顶篷灯开关打开至"AUTO"档时,此时顶篷灯属于礼貌灯功能范畴,当车门打开时点亮工作,如图 4-114 所示。

图 4-112 顶篷灯

图 4-113 前部顶篷灯

图 4-114 后部顶篷灯

3. 顶篷灯的控制原理

顶篷灯的开关在不同的开关位置,属于不同的功能。

（1）需求灯功能控制原理

当顶篷灯开关开启至"ON"位置，此时开关接通阅读灯照明电路，阅读灯点亮（电源由 CEM 控制闭合的继电器提供）。

（2）礼仪灯功能灯控制原理

当顶篷灯开关开启至"AUTO"位置时，此时中央电子模块会根据门锁开关状态信号、钥匙门开关状态信号来控制顶篷灯照明电路的搭铁信号，如车门此时打开或发动机熄灭（钥匙门位置从"ON"回到"OFF"），中央电子模块将控制顶篷灯打开，反之，则关闭，如图 4-115 所示。

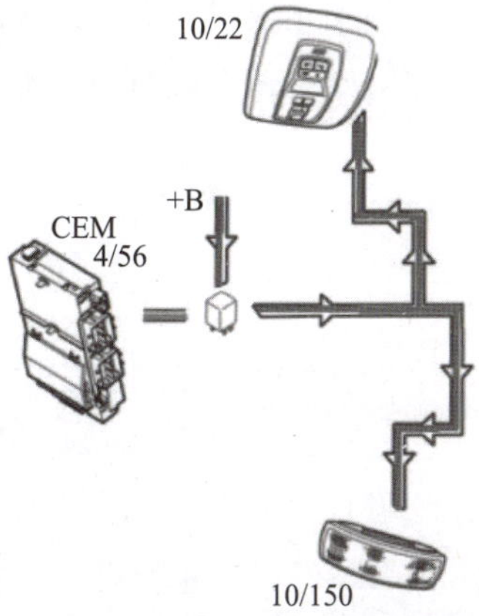

图 4-115 顶篷灯的控制原理图

4. 顶篷灯的故障诊断

中央电子模块输出控制继电器搭铁信号，使继电器闭合，从而接通 #C5:2 号端子到 #C4:18 号端子的供电电路。

（1）前部顶篷灯线路

信号说明和测量点如图 4-116 所示。

当前部顶篷灯开关处于"ON"位置时，顶篷阅读灯开关闭合，此时接通了顶篷灯的电路，电流从 #C4:18 号端子输出，经过接线点 #73/4020、顶篷灯 #C1:6 号端子，经过灯泡（或发光体），经过闭合开关触点，经 #C1:9 号端子，经接线点 73/4014，经 31/47 搭铁，此时顶篷灯中阅读灯点亮工作。

（2）后部顶篷灯线路

当后部顶篷灯开关处于"ON"位置时，顶篷阅读灯开关闭合，此时接通了后顶篷灯的电路，电流从 #C4:18 号端子输出，经过接线点 #73/4020、顶篷灯 #1 号端子，经过灯泡（或发光体），经过闭合开关触点，经 #3 号端子，经接线点 73/4014，经 31/47 搭铁，此时后顶篷灯中阅读灯点亮工作，如图 4-117 所示。

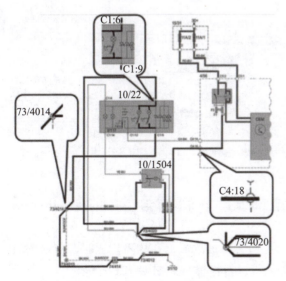

图 4-116 前部顶篷灯线路图

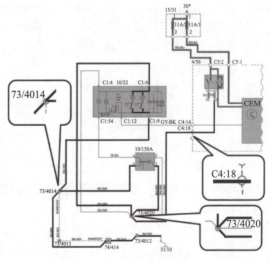

图 4-117 后部顶篷灯线路图

如果顶篷灯在需求灯功能状态出现故障,中央电子模块无法检测到该故障,在故障检测时,应根据故障现象结合线路图,对照明系统进行检查。

二、行李舱灯

行李舱灯安装于行李舱内部,占用空间小,控制简单,可靠,如图4-118所示。

1. 行李舱灯的功能和特点

与梳妆灯和杂物箱灯相同,行李舱灯也属于需求灯功能范畴。当打开行李舱盖时,为使用者提供行李舱内部照明。

(1)顶部行李舱灯

安装在行李舱的顶部,当行李舱盖打开时同步亮起,如图4-119所示。

(2)侧面行李舱灯

安装在行李舱内的左侧和右侧,如图4-120所示。

图4-118 行李舱灯

图4-119 顶部行李舱灯

图4-120 侧面行李舱灯

2. 行李舱灯的控制原理

行李舱灯的控制电源,由中央电子模块直接控制的继电器来提供,当行李舱盖打开时,行李舱灯开关触点也同时闭合(安装于锁机构内),从而接通行李舱灯的控制电路,行李舱灯点亮,如图4-121所示。

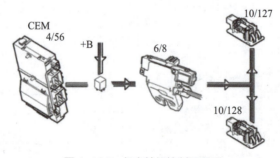

图4-121 行李舱灯控制原理图

3. 行李舱灯的故障诊断

行李舱灯属于内部照明的需求灯功能范畴,对其进行检测时,我们要根据控制原理结合线路图对系统进行逻辑性分析。

如果行李舱灯出现故障,中央电子模块无法检测到该故障,在故障检测时,应根据故障现象结合线路图,找到信号说明和测量点对系统进行检查,如图4-122所示。

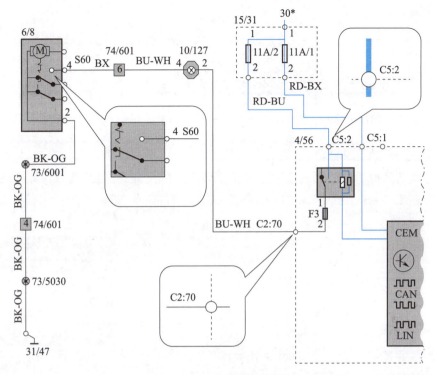

图 4-122　行李舱灯线路图

中央电子模块输出控制继电器搭铁信号，使继电器闭合，从而接通 #C5:2 号端子到 #C2:70 号端子的供电电路。

当行李舱打开时，行李舱灯开关闭合，此时接通了行李舱灯的电路，电流从 #C2:70 号端子输出，经过灯泡（或发光体），经过闭合开关触点，经 31/47 搭铁，此时行李舱灯点亮工作。

任务三　信号灯

汽车的信号灯是汽车无声的语言，无论是汽车的转向、制动、超车，还是抛锚停靠，尤其是夜间行车，时刻都离不开它。为保证汽车在各种条件下安全行车，提高汽车的行驶速度，汽车信号灯数量的多少和配置形式因车型而异。图 4-123 所示为制动灯。

图 4-123　制动灯

一、转向灯（危险警告灯及防盗报警灯）

转向灯安装于车辆前部、侧部、后部，工作时频闪，颜色为黄色（部分车型后部转向灯为红色），如图 4-124 所示。

这些灯告知附近的其他车辆本车正准备右转或者左转弯或者准备改变行驶方向。

转向灯用是向其他道路使用者表明车辆将要向右或向左并线或转向的灯具。在危险警告开关起动时，左右转向灯一同闪烁。在防盗报警启动时，左右转向灯一同闪烁，并伴有报警声，如图 4-125 所示。

图 4-124　转向灯　　　　　　　图 4-125　危险警告灯

1. 转向灯的功能和特点

转向灯是向其他道路使用者表明车辆将要向右或向左并线或转向的灯具。在危险警告开关起动时，左右转向灯一同闪烁。在防盗报警启动时，左右转向灯一同闪烁，并伴有报警声。

前转向灯（一般为黄色）在整个前照灯的靠外边缘，如图 4-126 所示。

- 告知其他车辆本车前进时转弯的方向。
- 警示或提醒作用。

2. 转向灯的系统组成

转向灯的系统组成除了控制模块外可以简单地分为两类：一类是灯具，另一类是开关。

图 4-126　前转向灯

（1）前转向灯（灯具包括）

- 前转向灯（安装于前照灯总成内）。
- 侧转向灯（安装于后视镜总成内），如图 4-127 所示。

（2）后转向灯（位于尾灯内部）

- 黄色。
- 后转向灯（安装于尾灯总成内），如图 4-128 所示。
- 危险警告灯组成之一。

（3）转向灯开关

转向灯开关通过向箭头 1 方向拨动可以实现点亮右转向灯，向箭头 2 方向拨动可以实现点亮左转向灯，如图 4-129 所示。

图 4-127　前转向灯和侧转向灯　　　图 4-128　后转向灯　　　图 4-129　转向灯开关

（4）危险警告灯开关

危险警告灯通过该开关点亮信号，驱动两侧转向灯相同的频率闪烁工作，提示驾驶人此时危险警告信号灯已打开，如图 4-130 所示。

3. 转向灯的控制原理

转向灯起动信号由转向盘模块（SWM）(3/130) 的左侧控制杆控制。转向盘模块经由 LIN 网络向中央电子模块（4/56）传送起动转向信号灯的信息。为了起动转向信号灯中央电子模块直接输出控制信号驱动前部、后部转向灯工作，侧转向灯的工作是驾驶人控制模块（DDM）与乘员控制模块（PDM）驱动工作的。DDM 与 PDM 通过 CAN 网络与 CEM 进行通信。电源供应是脉冲式的，转向信号灯每分钟起动 90 次，如图 4-131 所示。

图 4-130　危险警告灯开关

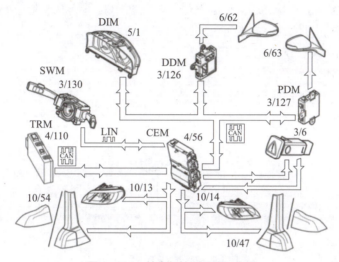

图 4-131　转向灯控制原理示意图

（1）危险警告灯开启

中央电子模块接收到危险警告灯开关（3/6）闭合的信号后，发出驱动信号打开危险警告灯功能。

中央电子模块也向危险警告灯开关内的指示灯传递信号，驱动其余危险警告灯相同的频率闪烁工作，提示驾驶人此时危险警告信号灯已打开。

如果点火装置处于Ⅰ或Ⅱ位置，驾驶人信息模块中会发出咔嗒声；如果点火开关关闭，就不会发出响声，但危险警告灯会继续闪烁。

如果转向灯发生故障，中央电子模块会探测到功率消耗降低，转向灯将以双倍的频率闪烁，如图 4-132 所示。

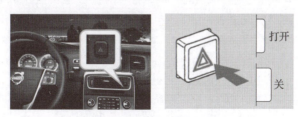

图 4-132　危险警告灯开关

危险警告灯的闭合信号是直接输送给中央电子模块的，如图 4-133 所示。
转向灯开关的信号通过 LIN 网络传输给中央电子模块，如图 4-134 所示。

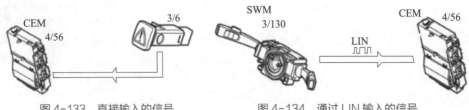

图 4-133　直接输入的信号　　　　图 4-134　通过 LIN 输入的信号

（2）转向灯系统的控制模块

转向灯系统受控于中央电子模块，在系统控制过程中，涉及除 CEM 以外的其他控制模块，控制模块之间通过网络通信传输信号，从而实现对系统的控制。

转向灯系统涉及的控制模块包括（图 4-135）：
- 驾驶人信息模块（DIM）（5/1）。
- 驾驶人车门模块（DDM）（3/126）。
- 乘客车门模块（PDM）（3/127）。

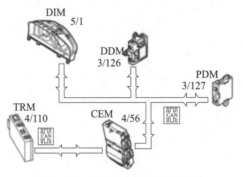

图 4-135　转向灯系统的控制模块

（3）直接输出的信号

转向灯的输出信号对于灯具来说只有一种，那就是直接接收到控制单元的工作信号而点亮工作，例如安装在前部和后部的转向灯工作就是这样，但侧面转向灯就有所区别。

图 4-136 所示的输出信号有以下几点：
- 前部转向灯的工作信号。
- 后部转向灯的工作信号。
- 危险警告灯开关内部灯的工作信号。
- 侧向转向灯的工作信号（输出信号是由前车门控制模块输出）。

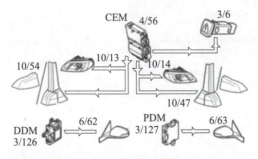

图 4-136　输出信号

（4）通过 CAN 输出的信号

如图 4-137 中黑实线所示，中央电子模块将侧转向灯的工作信号，通过 CAN 传输给车门控制单元 DDM/PDM，侧转向灯输出直接信号驱动侧转向灯工作。

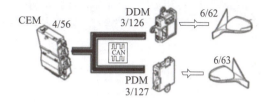

图 4-137　通过 CAN 输出的信号

二、制动灯

制动灯在驾驶人踩下制动踏板时发光，以示汽车制动。它由制动灯开关控制，为避免尾随大型车对轿车碰撞的危险，有些轿车后窗内装上高位制动灯，如图 4-138 所示。

使用者表明本车正在制动的外部信号灯光，如图 4-139 所示。

图 4-138　制动灯　　　　　　　　图 4-139　制动时外部信号灯光

1. 后制动灯

尾灯的组成部分之一。
- 红色。
- 告知后方车辆，显示前方车辆制动信号，如图 4-140 所示。

2. 高位制动灯

与尾灯中的制动灯一同警示后方车辆，提高主动安全性，防止追尾，如图 4-141 所示。

图 4-140　后制动灯　　　　　　图 4-141　高位制动灯

3. 制动灯的控制原理

制动灯与高位制动灯受控于中央电子模块（CEM），其工作电压由 CEM 直接提供。

通常情况下中央电子模块直接收到制动灯开关（3/9）的闭合信号后，直接驱动制动灯和高位制动灯工作。同时，制动开关闭合信号也通过 CEM 传输至发动机控制模块（ECM），ECM 接到信号后，产生一个制动踏板动作的 CAN 信号，这个信号被制动控制模块（BCM）使用。在出现故障时，中央电子模块会将故障信息由 CAN 网络传递到驾驶人信息模块（DIM）(5/1)，DIM 会显示一个文字信息。

在中央电子模块接到制动灯开关闭合信号后，将该信号通过 CAN 传输给后部电子模块（REM），REM 接到信号后，由 REM 来驱动制动灯和高位制动灯，如图 4-142 所示。

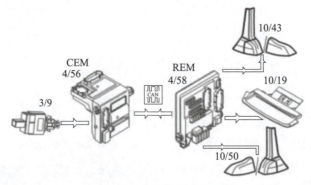

图 4-142　制动灯控制原理图

4. 制动灯的故障诊断

在对制动灯信号进行检测时，要注意区分输入信号的类型。

（1）输入信号

混合动力汽车制动灯开关线路图输入信号的检查。中央电子模块直接检测制动灯开关信号，其接线如下：

- 制动灯开关的 #1 号端子从发动机室接线盒获得工作电源。
- #2 号端子与 CEM 的 C2:60 号端子相连，如果制动灯开关触点闭合，CEM 会检测到 12V 电压，并认为制动灯开关此时闭合。

通过 CAN 传输的输入信号：

- 制动控制模块（BCM）将危险警告灯起动的条件信号经 CAN 传输给 CEM，CEM 控制起动紧急制动灯功能。

（2）输出信号

制动灯系统的输出信号是由中央电子模块直接输出信号控制制动灯工作的。

高位制动灯线路图：

- 高位制动灯的 #1 号端子与 CEM 的 C4:2 号端子相连，由 CEM 提供工作电源；#5 号端子通过 31/130 搭铁。

1）左制动灯线路图：左后制动灯的 C1:3 号端子与 CEM 的 C2:59 号端子相连，由 CEM 提供工作电源；C1:4 号端子通过 31/47 搭铁。

2）右制动灯线路图：右后制动灯的 C1:1 号端子与 CEM 的 C2:60 号端子相连，由 CEM 提供工作电源；C1:6 号端子通过 31/48 搭铁，可通过对各接线进行测量的结果来判断输出信号是否正常。

> **提示**　检测外部灯光时需要注意，先检查灯泡及熔丝是否有故障，如果没有问题，再考虑线束、插头或者输入信号及模块。

项目四 照明系统

任务实施

对技术员要求：
- 接收/检查修理单。
- 接收用于修理的订购零件。
- 在允许的时间内进行工作。
- 向技师领队确认工作完成。

技师领队：
- 对技术难度高的工作向技术员提供指导和帮助。

一、拆装前照灯

1. 拆装准备

安装三件套转向盘套（图4-143）、座椅套（图4-144）和地板垫（图4-145），安装格子栅布（图4-146）和翼子板布（图4-147）。

图4-143 安装转向盘套

图4-144 安装座椅套

图4-145 安装地板垫

图4-146 安装格子栅布

图4-147 安装翼子板布

2. 前照灯的拆卸步骤

1）举升车辆，拆下发动机下护罩盖固定卡子（图4-148）与固定螺栓（图4-149）。

2）放下车辆，拆卸保险杠固定螺栓（图4-150）与固定卡子（图4-151）。

3）拆卸两侧的前轮罩衬板螺栓，顶起车辆，拆卸两侧前轮罩衬板塑料固定螺栓（图4-152）和固定卡子（图4-153）。

图4-148 拆下发动机下护罩盖固定卡子

图4-149 拆下发动机下护罩盖固定螺栓

图4-150 拆卸保险杠上固定螺栓

  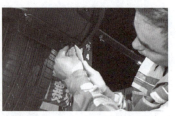

图 4-151　拆卸保险杠固定卡子　　图 4-152　拆卸两侧前轮罩衬板塑料固定螺栓　　图 4-153　拆卸两侧前轮罩衬板固定卡子

4）下降车辆，小心将前保险杠向外拉出（图 4-154），断开电器插接器（图 4-155），拆下前保险杠。

5）拆下前照灯 4 个固定螺钉（图 4-156），断开各灯线束（图 4-157），拆下前照灯。

图 4-154　将前保险杠向外拉出　　图 4-155　断开电器插接器

图 4-156　拆下前照灯的固定螺钉　　图 4-157　断开各灯线束

3. 前照灯的安装步骤

1）连接前照灯的所有线束插接器，将前照灯安装至合适的位置，安装 4 个前照灯固定螺钉至 2.5N·m。

2）连接电器插接器，安装前保险杠。

3）安装两侧前轮罩衬板塑料固定卡子和固定螺栓，顶起车辆，安装两侧的前轮罩衬板螺栓，紧固至 2.5N·m。

4）放下车辆，安装保险杠上固定卡子与固定螺栓，紧固至 2.5N·m。

5）举升车辆，安装发动机下护罩盖固定卡子与固定螺栓，紧固至 2.5N·m。

二、灯光检查

1. 检查灯光组合开关

1）OFF（关闭）：所有灯均处于关闭状态。

2） 档：停车灯、尾灯、牌照灯和仪表板灯亮起。

3） 档：近光灯或远光灯及上述所有灯均亮起，如图 4-158 所示。

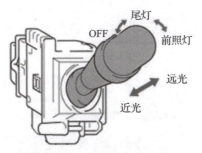

图 4-158 检查灯光组合开关

2. 检查前照灯

将点火开关旋至 ON 后,检查车辆的灯是否正常发光和闪烁,用镜子检查车外的灯。变光器开关总成包括转向信号开关和前照灯的远光／近光之间的转换开关。

1)将灯光控制开关旋转一档,然后检查下列车灯是否亮起,如图 4-159 所示。
- 示宽灯。
- 牌照灯。
- 尾灯。
- 仪表板灯。

2)将灯光控制开关旋转两档后,检查前照灯(近光灯)是否发光。然后,将变光器开关推开,检查前照灯(远光灯)是否发光,如图 4-160 所示。
- 前照灯(近光灯)。
- 前照灯(远光灯)和指示灯。

3)检查下面的灯,当把变光器开关向前拉,或上下移动信号转换开关时,这些灯正常亮或闪,如图 4-161 所示。
- 前照灯闪光器和指示灯。

图 4-159 将灯光控制开关旋转一档

图 4-160 将灯光控制开关旋转两档

图 4-161 把变光器开关向前拉

3. 检查转向灯

(1)检查右转信号灯和指示灯

这些灯告知附近的其他车辆本车正准备右转或者左转弯或者准备改变行驶方向,如图 4-162 所示。

(2)检查左转信号灯和指示灯

当每一个开关工作时,检查下面的灯正常亮或闪烁。检查危险警告灯和指示灯,如图 4-163 所示。

（3）检查危险警告灯和指示灯

这些灯告知附近的其他车辆本车已准备紧急停车或者已经停车，如图4-164所示。

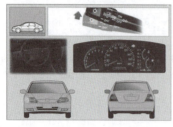
图4-162　检查右转信号灯和指示灯

图4-163　检查左转信号灯和指示灯

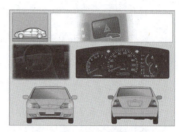
图4-164　检查危险警告灯和指示灯

4. 停车灯（制动灯）检查

这些灯通知后面的车辆本车正在制动。通常情况下，停车灯和尾灯同在一个灯箱内并且灯光较亮。

在踩制动踏板时（图4-165），这时制动灯点亮，如图4-166所示。

图4-165　踩制动踏板

图4-166　制动灯点亮

拓展阅读

什么是新时代的"工匠精神"

新时代的"工匠精神"的基本内涵，主要包括爱岗敬业的职业精神、精益求精的品质精神、协作共进的团队精神、追求卓越的创新精神这四个方面的内容。其中，爱岗敬业的职业精神是根本，精益求精的品质精神是核心，协作共进的团队精神是要义，追求卓越的创新精神是灵魂。

爱岗敬业的职业精神。爱岗敬业，是爱岗和敬业的合称，二者互为表里，相辅相成。爱岗是敬业的基础，而敬业是爱岗的升华。具体来说，所谓"爱岗"，就是要干一行，爱一行，热爱本职工作，不能见异思迁，站在这山望那山高。所谓"敬业"，就是要钻一行，精一行，对待自己的工作，要勤勤恳恳，兢兢业业，一丝不苟，认真负责。笔者调研中发现，凡是获得"工匠"和"劳模"荣誉称号的工人，都是爱岗敬业的典范，很多人都在本职岗位上工作了二三十年之久，干出了一番事业。所以，"工匠精神"最根本的内涵，就是"爱岗敬业的职业精神"。

精益求精的品质精神。顾名思义，精益求精，是指一件产品或一种工作，本来做得很好了、很不错了，但还不满足，还要做得更好，达到极致。"精益求精的品质精神"是"工匠精神"的核心，一个人之所以能够成为"工匠"，就在于他对自己产品品质的追求，只有进行时，没有完成时，永远在路上；他不惜花费大量的时间和精力，反复改进产品，努力把产品的品质从99%，提升到99.9%、再提升到99.99%。对于"工匠"来说，产品的品质只有更好，没有最好。追求极致、精益求精，是获得各类"工匠"荣誉称号的工人的共同特点，这也是他们能身怀绝技、在各种技能大赛中获奖的重要原因。

协作共进的团队精神。如果说"爱岗敬业的职业精神""精益求精的品质精神"是传统的"工匠精神"的内涵，那么"协作共进的团队精神"则主要体现于新时代的"工匠精神"之中。因为与传统工匠不同，新时代工匠尤其是产业工人的生产方式已不再是手工作坊，而是大机器生产，他所承担的工作，只是众多工序中的一小部分。比如"复兴号"列车，一列车厢就有三万七千多道工序，这三万七千多道工序，一个人是不可能完成的，必须由车间或班组亦即团队协作来完成。团队需要的是"协作共进"，而不是各自为战。因此，"协作共进的团队精神"是现代"工匠精神"的要义。所谓"协作"，就是团队成员的分工合作；所谓"共进"，就是团队成员的共同努力、共同进步。

追求卓越的创新精神。与"协作共进的团队精神"一样，"追求卓越的创新精神"也是新时代"工匠精神"的内涵之一，是新时代"工匠精神"的灵魂。传统的"工匠精神"强调的是继承，祖传父、父传子、子传孙，是传统工匠传承的一种主要方式，而新时代的"工匠精神"强调的则是在继承基础上的创新。因为只有在继承基础上的创新，才能跟上时代前进的步伐，推动产品的升级换代，以满足社会发展和人们日益增长的对美好生活的需要。有无"追求卓越的创新精神"，是判断一个工人能否称之为新时代"工匠"的一个重要标准。

我国正处在从工业大国向工业强国迈进的关键时期，培育和弘扬严谨认真、精益求精、追求完美的工匠精神，对于建设制造强国具有重要意义。只有对新时代"工匠精神"的基本内涵形成共识，才能树匠心、育匠人，为推进中国制造的"品质革命"提供源源不断的动力。

维修车辆交付

业务人员

- 准备将更换的零部件给客户查看。
- 准备为所有的费用开出发票。
- 检查车辆是否清洁，进行维修质量检查，检查是否已经取下座椅垫、地板垫、转向盘罩、翼子板布、前罩。
- 电话通知客户，以便确认车辆准备交付。
- 向客户说明工作。
    ◇ 确认工作已经顺利地完成。
    ◇ 将更换的零部件展示给客户看。
    ◇ 说明完成的工作以及益处。
    ◇ 提供详细的发票说明：零部件、人工和润滑剂的费用。

步骤一　资料准备

1）书面确认是否每件维护保养工作已经完成。
2）检查工单上客户提出的所有项目是否已达到客户的要求。
3）核对维修费用,确认原始估价与实际是否相符。

步骤二　车辆清洗

1）洗车。
2）清洁车内饰物。

步骤三　内部交车

告知服务顾问车辆停放处,将车辆和钥匙交给服务顾问。

步骤四　交车

若客户不在休息区等候,服务顾问接到车辆后应立即与客户取得联系,约定交车的时间、方式及结账事宜等。如果联系不到客户,服务顾问需发短信通知,并在随后的半小时或一小时再次尝试联系客户,告知客户具体情况。

若客户在休息区等候,服务顾问需将打印出的结算单放在书写夹板上,找到在客户休息室的客户,通知客户在其方便的时间进行交车,并确认付款方式。

服务顾问需引导客户前往交车区,拆除车罩与防护套,以便客户验车。与客户一同验车,确认满意。

步骤五　结算准备和费用说明

1. 结算准备

在客户验车完毕并表示对作业质量满意后,服务顾问需打印费用结算清单,将所发生的材料费和工时费逐项列出。

2. 费用说明

1）服务顾问需向客户说明每项费用,并回答客户提出的问题,消除客户的疑问。

2）如果客户对费用不满或有不理解的内容，服务顾问可以及时请服务经理协助向客户解释。

3）确认没有问题后，请客户在"车辆维修结算单"上签字确认。

步骤六　完成结账

1）完成结账手续。

2）当面回访客户满意度。

步骤七　交车与送别客户

1. 交车

需向客户说明有关下次保养里程及今后车辆使用方面的建议。

2. 送别客户

服务顾问送客户到汽车旁，引导客户驶出停车位，目送客户车辆驶出店面。

任务评价

一、填空题

1. 常用灯光的照明单位有：_____的单位和_____单位，其中_____的单位是_____，单位缩写记作_____，反光强度的单位是_____，单位缩写记作_____。

2. 以沃尔沃 S80L 为例，外部照明系统的控制单元是_____，以该控制单元为中心，接收和发送信号，常见的信号类型有_____、_____、_____的信号。

3. 主动式前照灯系统通过转动前照灯的形式，使照明达到最佳效果。范围调整的最大转动角度为向内（朝向车辆中央），向外_____。

4. 高速公路灯功能是配备在装有 A8L 前照灯功能的车上，当车速超过_____km/h，前照灯将提升近光头灯_____mm。该功能在车速低于_____km/h 或转向盘转角超过_____时关闭。

5. 紧急制动灯功能英文简称为_____，在紧急制动情况下，如果减速度大于_____m/s² 且车速大于_____km/h 或在车速超过_____km/h 时，如果 ABS 控制起动超过_____s，中央电子模块（CEM）起动该功能。该系统起动时，制动灯以_____频率闪烁。这是为了警告后方驾驶人注意该状况。

二、不定项选择题

1. 下面关于前照灯的叙述，正确的是：
   A. 卤素灯的灯光柔和，穿透力强，从性能上优于氙气前照灯
   B. 氙气前照灯的远光和近光所产生色温相同，因此更容易让人的眼睛适应远光和近光的变化
   C. 氙气前照灯的亮度较之卤素前照灯高，所以功率高于卤素灯，也更耗电
   D. 卤素前照灯的工作原理是击穿灯丝放电使之燃烧

2. 下面哪些部件不是前照灯自动调平功能的组成部件：
   A. 前悬架位置传感器　　　　B. 中央电子模块（CEM）
   C. 主动前照灯总成　　　　　D. 照明开关模块（LSM）
3. 下面关于日间行车灯的叙述，错误的是：
   A. 日间行车灯是在白天或光线佳的情况下打开的前部照明灯
   B. 日间行车灯的目的是提高车辆行驶时的被动安全性，即更容易被行人或其他车辆发现
   C. 日间行车灯安装于车辆前部和尾部
   D. 沃尔沃轿车上常见的日间行车灯的发光体有卤素灯泡型和 LED 型两种
4. 下面关于转向灯的叙述，正确的是：
   A. 转向灯作为信号指示灯由中央电子模块（CEM）完全控制
   B. CEM 通过 CAN 网络将转向灯工作指令信息传输给 PDM 或 DDM，由 PDM 或 DDM 驱动转向灯工作
   C. CEM 直接驱动前部与后部的左右转向灯
   D. 转向灯开关信号直接传输给中央电子模块

三、简答题

1. 简述近光灯不亮的故障诊断思路。
2. 简述紧急制动灯的激活条件。

四、思考讨论题

1. 倒车灯为什么设计为白色？用红色代替行不行？为什么？
2. 可以被设置的车辆外部照明的功能有哪些？如何设定？

项目五

仪表系统

汽车售后服务顾问和维修技师是汽车4S店的门面,会给车主留下深刻的第一印象和难忘的最后印象。车主在车辆维修预约、进店保养和维修、离开汽车4S店阶段,对汽车4S店需求心理预期各不相同。汽车4S店的工作人员只有把握了客人需求心理,依据需求心理的变化跟进服务,才能主动超前地提供恰当的服务,令车主产生惊喜的消费体验,从而留下良好的印象。

项目描述

李先生的一辆奥迪Q2L轿车,行驶里程将近18万km,有一天,李先生在开车加速时发现仪表板上出现了故障报警信息(仪表板:故障!警告信息受损,请联系服务站),仪表显示信息不正常现象,如图5-1所示。李先生把车开到××4S店进行检查维修。

图5-1 仪表显示信息

小明:"李先生,您好,欢迎光临××4S店。我是服务顾问小明,这是我的名片,很高兴为您服务。"小明按要求对车辆进行了环车检查,如图5-2所示。

小明:"李先生,仪表板出现了故障报警信息(仪表板:故障!警告信息受损,请联系服务站),我让专业技师为您的车做仔细的检查"。

根据李先生的反映,专业技师对该车进行了检查。车辆起动后,仪表板显示(仪表板:故障!警告信息受损,请联系服务站)故障信息。在使用导航时,仪表板可以显示导航信息,如图5-3所示。显示故障信息如图5-4所示。

图5-2 环车检查

图5-3 显示导航信息

图5-4 显示故障信息

项目分析

汽车电子仪表的显示装置是用来向驾驶人指示汽车上各个主要系统工作情况的。现代汽车对显示的要求越来越高，不仅要求显示直观、清晰、稳定、响应速度快、显示精度高，而且要求体积小、重量轻、便于装配和维护。随着汽车电子仪表的开发和使用，汽车仪表的显示技术也进入了电子化时代。这些装置功能更完善、性能更优越。目前汽车电子仪表中的显示装置的显示方式主要有指针指示、数字显示、声光和图形辅助显示等。

汽车仪表的作用是监测汽车的运行状况，使驾驶人随时观察与掌握汽车各系统工作状态的相关信息，故而在驾驶室转向盘的前方台板上装有仪表板。

仪表板包括了发动机转速表、车速表、里程表、燃油表、冷却液温度表、机油压力表以及各种报警显示装置等内容。

汽车仪表为驾驶人提供汽车运行的重要信息，同时也是维修人员发现和排除故障的重要工具。汽车电器仪表均集中安装在驾驶室转向盘前方的仪表板上，在汽车仪表板上，装有各种检测仪表和信号装置，用来监视和测量汽车行驶过程中各系统和主要部件的工作情况，它像一扇窗口，显示了汽车的工作状况。

现代汽车的仪表板上，除了安装了一些基本的仪表以外，还将各种警告灯和指示灯也集成在仪表板内，由此就形成了组合式仪表板。这也是现代汽车上使用较多的一种新型组合仪表，如图5-5所示。

不同汽车装用的仪表个数及结构类型有所不同，随着汽车电子技术的发展，多功能、高精度、高灵敏度、读数直观的电子数字显示及图像显示的仪表已不断应用于汽车上。汽车仪表的功能已不仅仅是单纯的显示，而是通过对汽车各部件参数的监测和微机处理相配套，从而达到控制汽车各种运行工况的目的，如图5-6所示。

图5-5 组合仪表

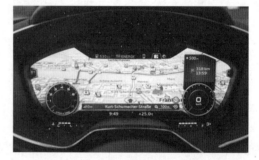

图5-6 电子数字显示及图像显示仪表

仪表板上主要有车速里程表、发动机转速表、冷却液温度表、燃油表、时钟、动态油压警告、冷却液液位警告、高温警告、燃油不足警告、驻车制动作用、充电、后风窗加热除霜、远光指示、紧急闪光和ABS警告等二十几种仪表或显示装置。其中采用电子仪表或电子控制的装置有十几种。仪表板线路采用薄膜印制电路板，可以很方便地检查线路故障。其中大部分仪表通过传感装置获得被监测对象的状态变化而直接表述出来。

要想完成对仪表板的检查和维修，必须要学习仪表系统的专业知识。按照实际维修项目的要求，结合职业院校学生实际的学习特点，按照由简单到复杂，层层递进的知识走向，最终将该项目划分成以下三个任务来完成：

任务一　仪表
任务二　驾驶人信息和仪表指示灯
任务三　虚拟驾驶舱

项目五 仪表系统

学习目标

知识目标

- 能掌握仪表系统结构的分类。
- 能掌握仪表系统构造。
- 能掌握仪表系统工作原理。
- 能掌握仪表故障诊断的基本方法。
- 能掌握仪表系统故障诊断的基本流程。

技能目标

- 能正确对仪表系统分类。
- 能独立进行仪表系统的分解和组装。
- 能正确区分仪表系统的人为故障和自然故障。
- 掌握仪表系统故障诊断的基本测量技能。
- 掌握汽车不同类型仪表故障诊断流程的方法和排除技巧。

素养目标

- 严格执行汽车故障诊断规范,养成严谨科学的工作态度。
- 尊重他人的劳动,不窃取他人成果。
- 养成总结故障诊断任务结果的习惯,为下次汽车故障诊断任务积累经验。
- 养成团队协作精神。
- 能够养成自觉遵守技术标准和要求规定、规范操作、安全、环保、"6S"作业的好习惯。
- 养成主动思考、自主学习的习惯。
- 提升发现问题、分析问题、解决问题的能力。
- 培养知识总结、综合运用、语言表达的能力。

为了使驾驶人能随时掌握车辆各系统和主要部件的工作状况,了解汽车和发动机各种工作参数是否正常,以便及时采取措施,防止发生意外事故,汽车上使用了多种仪表,如冷却液温度表、机油压力表、燃油表、车速里程表和故障指示灯等。随着汽车行驶里程的增加,车辆仪表和指示灯会出现各种故障显示,如图5-7所示。

图5-7　汽车仪表

知识引导

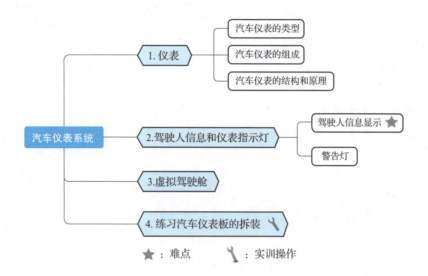

:难点 :实训操作

相关知识

任务一 仪表

新型的组合仪表采用7in⊖彩色显示屏,该显示屏一方面可以显示高清晰度的导航图像或者车载计算机的信息,另一方面还可以显示夜视系统摄像头的动态图像,如图5-8所示。

它可以满足人们对车辆显示方面的较高需要。尤其是满足各种驾驶人辅助系统的显示需要。

奥迪车采用的典型布置,在驾驶人正面视野处安装有一个高清晰度7in彩色显示屏,用于显示所有相关的驾驶人信息,该显示屏的分辨率是800×480像素,如图5-9所示。

图5-8 新型组合仪表

圆形仪表内还有一个LED光环圈,用于单独显示ACC调节车速或者红色转速区域。在不工作时,圆形仪表的指针处于6点钟的位置。

组合仪表的中央显示屏通过对比度、亮度和颜色的精确度,给人留下深刻印象。均匀的白色刻度盘照明和红色指针照明使得指示精度非常高。组合仪表亮度可以手动调整,通过内嵌的光敏传感器来与环境亮度自动匹配。

图5-9 7in彩色显示屏

警告灯也同样符合人体工程学要求,它们布置在显示屏下方,驾驶人可直接看到。

通过游标框可以选择在中央显示区显示温度、时间、变速器档位、日行驶里程和总行

⊖ 1in=2.54cm,后同。

驶里程等，如图 5-10 所示。

根据车辆装备的不同，游标栏内的游标最多可达 6 个。

游标所表示的内容如下：
第 1 游标：车辆功能。
第 2 游标：指示灯和驾驶指南。
第 3 游标：夜视系统。
第 4 游标：音频系统。
第 5 游标：电话。
第 6 游标：导航系统。

图 5-10　中央显示区

组合仪表内控制单元 J285 的接线图如图 5-11 所示。

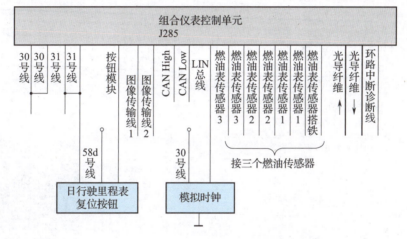

图 5-11　组合仪表内控制单元 J285 的接线图

（1）光导纤维

为了能在组合仪表上显示导航系统的高清晰图像，组合仪表内控制单元 J285 是接在 MOST 总线上的。

MOST 总线传输数据的能力很强，使用它就可以显示出高清晰图像。

（2）环路中断诊断线

组合仪表使用的是 MOST 总线，因此组合仪表就用环路中断诊断线来进行诊断。

（3）图像传输线

这两条模拟式图像传输线用于传输夜视辅助系统的图像。这些图像由热敏成像摄像头生成，并在组合仪表的中央显示屏上显示出来。

（4）LIN 总线

组合仪表通过 LIN 总线来与中控台上的模拟时钟通信。

（5）CAN 总线

组合仪表通过两条 CAN 线来与其他控制单元通信。

一、汽车仪表的类型

1. 按工作原理划分

（1）机械式仪表

机械式仪表是基于机械作用力而工作的仪表，如图 5-12 所示。

（2）电气式仪表

电气式仪表是基于电测原理，通过各类传感器将被测的非电量变换成电信号（模拟量）加以测量的仪表，如图 5-13 所示。

（3）模拟电路电子式仪表

模拟电路电子式仪表工作原理与电气式仪表基本相同，只不过是用电子器件（分立元件和集成电路）取代原来的电气器件，现在均采用各种专用集成电路，如图 5-14 所示。

图 5-12　机械式仪表

图 5-13　电气式仪表

图 5-14　模拟电路电子式仪表

（4）数字式仪表

数字式仪表是由 ECU 采集传感器的信号，将模拟量转换为数字量，经分析处理后控制显示装置的仪表，如图 5-15 所示。

图 5-15　数字式仪表

2. 按安装方式划分

（1）组合式仪表

组合式仪表是将各仪表组合安装在一起，如图 5-16 所示。

（2）分装式仪表

分装式仪表是将各仪表单独安装，如图 5-17 所示。

（3）数字式仪表

目前，汽车上应用较多的是数字式仪表，如图 5-18 所示。

图 5-16　组合式仪表

图 5-17　分装式仪表

图 5-18　数字式仪表

数字式仪表具有以下优点：

1）指示精度高。

2）重复性好。

3）分度均匀。

4）响应速度快、无抖动。

5）可靠性有根本改善。

6）产品品质的稳定性和可靠性有根本保证。

7）通用性好。

3. 数字组合仪表

现代汽车通常采用数字组合仪表，其结构紧凑，便于安装和接线，但各仪表间磁效应和热效应相互影响，易引起附加误差，所以要采取一定的磁屏蔽和热隔离措施，还要进行相应的补偿。

奥迪 A7 Sportback 中的组合仪表有两种不同的配置：

1）基本型带有一个用于驾驶人信息系统的 5in 单色显示屏，如图 5-19 所示。

2）带有一个用于驾驶人信息系统的 7in 彩色显示屏，如图 5-20 所示。

图 5-19　有驾驶人信息系统的 5in 单色显示屏

图 5-20　有驾驶人信息系统的 7in 彩色显示屏

3）连接在组合仪表上的组件和导线如图 5-21 所示。

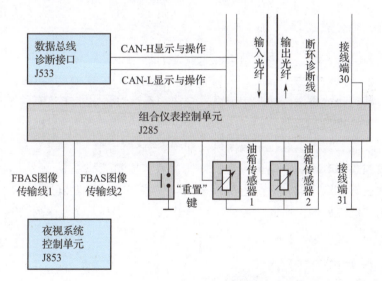

图 5-21　连接在组合仪表上的组件和导线

（1）汽车工况信息采集

汽车工况信息通常分为模拟量、频率量和开关量三类：

1）模拟量：发动机冷却液温度、油箱燃油量、润滑油压力等，经过各自的传感器转换成模拟电压量，经放大处理后，再由模/数转换器转换成单片机能够处理的二进制数字量，输入单片机进行处理。

2）频率量：发动机转速和车速等，经过各自的传感器转换成脉冲信号，再经单片机相应接口输入单片机进行处理。

3）开关量：由开关控制的汽车左转、右转、制动、倒车，各种灯光控制、各车门开关情况等，经电平转换和抗干扰处理后，根据需要，一部分输入单片机进行处理，另一部分直接输送至显示器进行显示。

（2）信息处理

汽车工况信息经采集系统采集并转换后，按各自的显示要求输入单片机进行处理。如汽车速度信号除了要由车速显示器显示外，还要根据里程显示的要求处理后输出里程量的显示。车速信息在单片机系统中按一定算法处理后送 2816A 存储器累计并存储。汽车其他工况信息，都可以用相应的配置和软件来处理。

（3）信息显示

信息显示可采用前述汽车电子仪表的显示方式介绍的方式显示，如指针指示、数字显示、声光和图形辅助显示等。

除了显示装置以外，汽车仪表系统还设有功能选择键盘，微机与汽车电气系统的插头和显示装置连接。当点火开关接通时，输入信号有蓄电池电压、燃油箱传感器、温度传感器、行驶里程传感器、喷油脉冲以及键盘的信号，微机即按相应汽车动态方式进行计算与处理，除了发出时间脉冲以外，尚可用程序按钮选择显示出瞬时燃油消耗、平均燃油消耗、平均车速、距离和外界温度等各种信息。

二、汽车仪表的组成

汽车仪表为驾驶人提供汽车运行的重要信息，同时也是维修人员发现和排除故障的重要工具。汽车电器仪表均集中安装在驾驶室转向盘前方的仪表板上，用来监视和测量汽车行驶过程中各系统和主要部件的工作情况，它像一扇窗口，显示了汽车的工作状况。

仪表能迅速、准确地以数字、文字或图形的形式提供大量复杂的信息，醒目、直观，方便驾驶人更好地了解汽车运行参数信息，如图 5-22 所示。

汽车仪表主要有电压表、电流表、机油压力表、冷却液温度表、燃油表、发动机转速表和车速里程表等。汽车的仪表板上除了安装了一些基本的仪表以外，还将各种警告灯和指示灯也集成在仪表板内，由此就形成了组合式仪表板。组合仪表作用如图 5-23 所示。

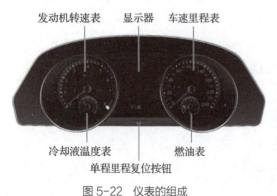

图 5-22　仪表的组成　　　　　　　　图 5-23　组合仪表作用

汽车仪表的功能已不仅仅是单纯的显示，而是通过对汽车各部件参数的监测和微机处理相配套，从而达到控制汽车各种运行工况的目的，如图 5-24 所示。

图 5-24　电子数字显示及图像显示仪表

三、汽车仪表的结构和原理

仪表板上主要有车速里程表、发动机转速表、冷却液温度表、燃油表、时钟、动态油压报警、冷却液液位警告、高温警告、燃油不足警告、驻车制动作用、充电、后风窗加热除霜、远光指示、紧急闪光和 ABS 警告等二十几种仪表或显示装置，如图 5-25 所示。其中采用电子仪表或电子控制的装置有十几种。仪表板线路采用薄膜印制电路板，可以很方便地检查线路故障。其中大部分仪表通过传感装置获得被监测对象的状态变化而直接表述出来。

1. 发动机转速表

为了监视发动机工作情况，在仪表板上装有发动机转速表，驾驶人可以正确地选择换档时机、防止发动机超速运转。转速表上都标有红色危险区，发动机转速一般不得超过危险标线，否则会造成发动机早期损坏，如图 5-26 所示。

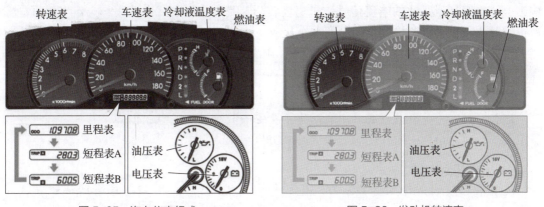

图 5-25　汽车仪表组成　　　　图 5-26　发动机转速表

转速表一般设置在仪表板内，与车速里程表对称地放置在一起。转速表按其结构不同，可分为机械式和电子式两种。电子式转速表由于指示精确、结构简单、安装方便等优点，被广泛应用。电子式转速表，有指针式和液晶数字显示式两种。

电子转速表获取转速信号的方式有三种：从点火系统获取脉冲电压信号、从发动机的转速传感器获得转速信号、从发电机获取转速信号。

汽油发动机电子式转速表都是用接收点火线圈中初级电流中断时产生的脉冲信号作为触发信号，并将此信号转换为可显示的转速值。发动机转速越快，点火线圈产生的脉冲次数越多，表上显示的转速值就越大。

2. 车速里程表

仪表板中最显眼的是车速里程表，它用于指示汽车行驶速度和累计行驶里程数。车速里程表实际上由两个表组成，一个是车速表，还有一个显示车辆行驶距离的里程表和短程表，如图5-27所示。

随着电子技术的发展，轿车仪表已普遍采用电子式车速里程表，较常见的是从变速器上的速度传感器获取速度信号，再通过脉冲频率的变化使指针偏转或显示数字。电子车速表主要由车速传感器、电子电路、车速表和里程表四部分组成。

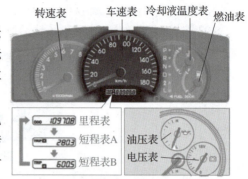

图5-27 车速里程表

图5-28所示为车速传感器，它是一个模拟交流信号发生器，它们产生交变电流信号，通常由带两个接线柱的磁心及线圈组成。这两个线圈接线柱是传感器输出的端子，当由铁质制成的环状翼轮

图5-28 车速传感器

（有时称为磁组轮）转动经过传感器时，线圈里将产生交流电压信号。磁组轮上的逐个齿轮将产生一一对应的系列脉冲，其形状是一样的。输出信号的振幅（峰对峰电压）与磁组轮的转速成正比（车速），信号的频率大小取决于磁组轮的转速大小。

车速传感器由变速器驱动，可产生与汽车行驶速度成正比例的电压信号。电子电路对车速传感器送来的电信号进行整形和触发处理，输出一个用来表示车速的数字信号，然后就可以用电子指针型车速表或数字型车速表显示车速了。

电子电路的作用是对车速传感器送来的具有一定频率的电信号进行整形和触发处理，输出一个与车速成正比的电流信号。车速表实际上是一个磁电式电流表，当汽车以不同车速行驶时，从电子电路接线端输出的与车速成正比的电流信号。

数字式里程表使用发光二极管、液晶显示屏或真空管荧光显示屏来显示里程数。因为在熄火或蓄电池断开的情况下也要显示总里程数，所以一种特殊的电子芯片被用来存储总里程数。

这些特制的芯片即使在断开电源时也不会丢失其存储的信息，但如果芯片损坏或受到静电干扰，就会运行失效并可能显示"ERROR（错误）"。

3. 冷却液温度表

冷却液温度表的作用是指示发动机冷却液的温度，正常情况下，冷却液温度表指示值应为80~105℃。它由装在发动机水套上的冷却液温度传感器（传感器采用热敏电阻式）配合工作，如图5-29所示。

热敏电阻式冷却液温度传感器主要由正或负温度系数热敏电阻、弹簧、壳体等组成，热敏电阻下端与壳体接触，通过壳体搭铁，上端通过弹簧与导电柱、接线柱相通，如图5-30所示。

现代汽车多采用负温度系数热敏电阻传感

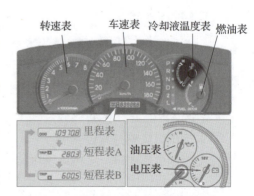

图5-29 冷却液温度表

器。当发动机冷却液温度较低时,传感器负温度系数热敏电阻阻值较大,冷却液温度表电路电流较小,冷却液温度表加热线圈温度较低,双金属片受热弯曲变形量较小,拉动指针指示低温区。当发动机冷却液温度上升后,负温度系数热敏电阻用值减小,冷却液温度表电路电流增大,冷却液温度表加热线圈温度上升,双金属片受热弯曲变形量增大,指针被推动指示高温区。因其对蓄电池电压的变化非常敏感,为了保持精确度,在电路中需配用一个稳压器。

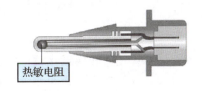

图 5-30 热敏电阻式冷却液温度传感器

4. 燃油表

燃油表是显示油箱内的油量的仪表,单位是 L(升),指针指向"F",表示满油,指向"E",表示无油;也有燃油表用 1/1、1/2、0 分别表示满油、半箱油和无油,如图 5-31 所示。

燃油表用来指示汽车油箱中的存油量。传感器安装在油箱中。燃油表有电磁式和电热式两种,传感器一般为可变电阻式。

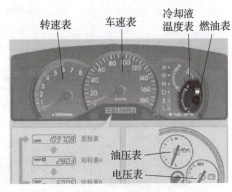

图 5-31 燃油表

5. 机油压力表

机油压力表简称油压表或机油表,用以显示发动机工作时主油道机油压力,以防因缺机油而造成拉缸、烧瓦等重大事故发生。它由装在发动机主油道上(或粗滤器壳上)的油压传感器配合工作,将主油道的油压转变为电信号,传给机油压力表。常用油压表结构有双金属式油压表和电磁式两种,如图 5-32 所示。

6. 电压表

电压表并联于电路中,用来指示蓄电池的充/放电电压,监视充电系统是否正常工作,刻度盘上有"0V""9V""18V"标记,其最大读数为 18V。指针指向"9V"时,表示蓄电池亏电,发动机工作后电压表的指针指在"14.5V"。常见的电压表型式有电磁式和动磁式两种,如图 5-33 所示。

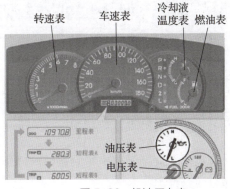

图 5-32 机油压力表

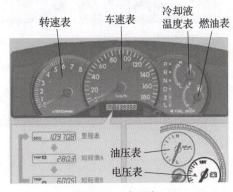

图 5-33 电压表

任务二 驾驶人信息和仪表指示灯

为提高行驶安全性、可靠性，汽车上装备了很多安全警告装置，这些装置基本上都是由警告灯开关和仪表板上相应的红色警告灯和信息显示系统组成。当被监测的系统或总成不正常时，开关自动接通而使指示灯发亮和显示故障信息，用以提醒驾驶人注意。如机油压力警告灯、制动液压不足指示灯、制动系统故障警告等，如图 5-34 所示。

一、驾驶人信息显示

汽车已经成为人们出行必不可少的交通工具，其作用在人们生活中越来越重要。相对于驾驶人而言，对于驾驶人信息模块，也就是仪表，我们一定要充分了解。驾驶人信息模块的作用是为驾驶人显示汽车各系统运行时的状态，如图 5-35 所示。

图 5-34 汽车信息显示和警告系统

图 5-35 驾驶人信息模块

1. 文字信息显示

文字信息的显示器为驾驶人提供不同的辅助信息。如图 5-36 所示，仪表文字信息显示为"钥匙插入、按停车键"。

如图 5-37 所示，仪表文字信息显示：车门开启状态。

如图 5-38 所示，仪表文字信息显示：无后座安全带使用。

图 5-36 文字信息显示

图 5-37 显示车门开启状态

图 5-38 显示无后座安全带使用

2. 维修信息显示

为了确保驾驶人能够在适当的时候接受维修服务，会在满足维修间隔的实际条件前，显示维修信息提示驾驶人，以免超出维修间隔。

（1）维修时间

当车辆行驶至需要维修保养的时刻，驾驶人将从仪表信息模块中得到维修时间信息的通知。

在满足任何维修间隔条件时，显示"定期时间保养"的文字信息，维修间隔时间取决于下列条件（图 5-39）：
- 车型。
- 发动机。
- 市场。

（2）超出维修时间

在已经超过维修间隔时间时，驾驶人将从驾驶人信息模块（Driver Information Module，DIM）中得到已超出维修时间信息的通知。

图 5-39　维修时间

当满足下列条件时，仪表信息模块将显示"保养超过时限"的文字信息，如图 5-40 所示：
- 达到保养间隔的距离条件 1250 km 后。
- 达到保养间隔时间条件的 1 个月后。
- 达到发动机保养间隔时间条件的 100h 后。

图 5-40　超出维修时间

二、警告灯

当 DIM 上有各种不同的警告灯，例如安全带警告灯、故障警告灯等。

1. 红色警告灯

当出现影响安全或行驶性能的严重故障时，红色警告灯就会亮起。图 5-41 所示为 XC60 仪表的安全带警告灯。

此功能显示车辆当前存在的故障。在警告灯亮起之后，会随之显示一条文字信息，向驾驶人提供有关警告灯亮起原因的额外信息。

2. 黄色警告灯

如果车辆存在故障，但暂时不会影响安全，DIM 就会亮起黄色信息灯，以提示驾驶人注意。图 5-42 所示为 XC60 仪表的故障警告灯。

图 5-41　安全带警告灯

在黄色信息灯亮起之后，会随之显示出一条文字信息，向驾驶人提供有关信息灯亮起原因的额外信息。

仪表指示灯是提示车辆各功能的状况，如灯光信号灯、转向信号灯、驻车灯等。

警告灯具有警示功能，一般警告灯在驾驶人进行相应动作后熄灭，如燃油指示灯、车门状态指示灯、安全带指示灯等。

图 5-42　故障警告灯

在起动发动机后，车辆自检会点亮故障灯片刻后熄灭，如果故障指示灯常亮，表明车辆已经出现故障或者异常，如发电机故障指示灯、ABS 故障指示灯、变速器故障指示灯等。

仪表板图标含义见表 5-1。

表 5-1 仪表板图标含义

 机油量警告灯	发动机故障灯	安全气囊警告灯	车身稳定控制系统关	车身稳定控制系统指示灯
机油压力警告灯	制动系统警告灯	冷却液温度报警指示灯	巡航控制指示灯	防抱死制动系统
转向指示灯	远光灯指示灯	前照明指示灯	前雾灯指示灯	后雾灯指示灯
车门未关闭指示灯	车辆保养提示灯	安全带指示灯	后窗加热指示灯	清洗液液位低障灯
钥匙未被识别指示灯	发动机关闭指示灯	换档指示灯	发动机舱盖打开指示灯	燃油表/加油口盖位置
驾驶人疲劳指示灯	下坡行驶辅助指示灯	制动踏板未踩下指示灯	车身太低警告灯	冷却液液位过低警告灯
自动变速器报警信号灯	自适应前照灯系统关闭	减振器调节指示灯	钥匙未在车内指示灯	主动车身控制系统
车窗防夹功能指示灯	自动驻车制动指示灯	盲区监测指示灯	车道保持指示灯	燃油经济性指示灯

（续）

电子转向盘锁止警告灯	超出限速警告灯	发动机转速低指示灯	运动模式指示灯	制动温度过高警告灯
踩制动/离合踏板指示灯	汽车需要维修警告灯	灯泡损坏故障灯	燃油滤清器警告灯	轮胎压力监测指示灯
胎压低警告灯	可调空气悬架指示灯	驻车辅助指示灯	DTC、DSC指示灯	坡道起步辅助警告灯
车辆稳定控制系统	天窗防夹功能指示灯	传动系统警告灯	升档提示灯	变速器温度过热警告灯
低压轮胎位置指示灯	牵引力控制系统	系统信息指示灯	智能卡式遥控钥匙系统	自适应前照灯
动力转向警告灯	冷却液温度低指示灯	电子转向助力系统	制动片磨损警告灯	转向系统警告灯
点火警告灯	空调滤清器故障灯	灯泡损坏故障灯	发动机转速高指示灯	车距警告灯
发动机动力部分损失	HDC坡道车速控制系统	限速警告指示灯	燃油不足警告灯	发动机功率控制系统
安全气囊警告灯	点火警告灯	燃油液位低警告灯	制动系统警告灯	转向锁止系统故障灯

（续）

任务三　虚拟驾驶舱

虚拟驾驶舱是由奥迪提出的从本质上改变汽车的显示理念，通过全数字化的显示方式，整合车辆信息、导航、娱乐等各种功能，为驾驶人提供全面的功能与体验。这也就意味着，传统的仪表板被高清的数字显示屏所替代，所有的车辆和行驶信息都将通过仪表板显示屏呈现给驾驶人，令驾驶人在驾驶过程中查看信息更加安全和方便，如图 5-43 所示。

（1）组合仪表

将所有信息直接展示在驾驶人眼前。

虚拟驾驶舱将一个中央 MMI 显示屏的功能和一个传统组合仪表的功能整合到单独的 TFT 显示屏上了。所有这些功能和服务内容都用漂亮而直观的图形详细地展示出来。驾驶人可在传统显示模式和信息娱乐显示模式两种显示模式中选择。

根据选择的模式，会呈现不同的显示类型。如果是传统显示模式，那么圆仪表（比如车速表和转速表）就处于最显著的位置；如果是信息娱乐显示模式，那么导航、电话、Audi Connect 或者媒体信息就处于最显著的位置。至于车外温度、时钟时间、行驶里程以及警告和提示符号等显示，在这两种模式中都处于固定位置，就是在虚拟驾驶舱的下边缘处，如图 5-44 所示。

图 5-43　虚拟驾驶舱

图 5-44　组合仪表

（2）快速、可靠和全数字

为了能快速而可靠地将这些内容展现出来，使用了四核 Tegra 30 芯片。这款图形处理器每秒能处理 60 帧图像，这就保证了车速表和转速表指针能极为精确地指示出相应内容。

虚拟驾驶舱可以展示不同的信息，从通过倒车摄像头来的辅助系统图片到动态的车辆信息都行。

（3）直观而智能的操作

在操作时，"使用愉悦"理念非常重要，由此才出现了虚拟驾驶舱以及新型智能式 MMI 操纵结构。

一方面驾驶人可以通过改进了的 MMI 来操纵虚拟驾驶舱，另一方面还可以通过多功能转向盘来下命令。

奥迪公司首次将一个高清晰度显示屏作为中央显示器使用，这个创新的正式名称就叫奥迪虚拟驾驶舱。

该显示屏分辨率为 1440×540 像素，显示屏对角线长度达到惊人的 12.3in，即 31.2cm。

奥迪虚拟驾驶舱取代了以前使用的那种传统仪表显示的组合仪表，是奥迪 TT（型号 FV）上的标配。另外，奥迪虚拟驾驶舱也取代了中控台上的 MMI 显示单元。导航地图和所有其他信息内容现在就直接显示在转向盘后面的奥迪虚拟驾驶舱上了，如图 5-45 所示。

如果驾驶人需要的话，导航地图可以扩展到整个显

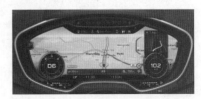
图 5-45　虚拟驾驶舱

示面上，同时车速表和转速表就变小了。可以通过多功能转向盘或者中控台上的 MMI 操纵单元来操纵该系统。

1. 虚拟驾驶舱的种类

引入了虚拟驾驶舱，就可以明显减少组合仪表种类的数量。

1）温度在北美洲是采用华氏度计量并显示的。因此北美洲市场上的冷却液温度显示刻度看起来与其他市场上就不一样了，因为其他市场使用的是摄氏度。由于冷却液温度显示并不是展示在可自由编程的组合仪表显示屏上，而是在一个特定区域且有固定的符号的，所以北美洲的组合仪表与其他市场的就有区别了，如图 5-46 所示。

2）在中国市场燃油表指示如图 5-47 所示。

图 5-46 温度在北美洲是采用华氏度计量

图 5-47 在中国市场燃油表指示

3）北美洲市场上的有些警告符号与其他市场的警告符号不同。这些警告符号显示在组合仪表显示屏上方的单独显示栏内，因此组合仪表就不同。

①北美洲市场的警告符号栏如图 5-48 所示。

②中国市场的警告符号栏如图 5-49 所示。

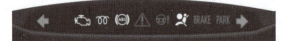

图 5-48 北美洲市场的警告符号栏

图 5-49 中国市场的警告符号栏

2. 虚拟驾驶舱显示模式

- 传统显示模式。
- 信息娱乐显示模式。

1）传统显示模式从外观上看，非常像以前的组合仪表。显示内容的布置以及显示大小也与传统的组合仪表外观基本一致，如图 5-50 所示。

2）而采用信息娱乐显示模式时，两个圆仪表之间的中间显示面明显扩大了，因为圆仪表这时都变小了。显示面变大有助于显示信息娱乐信息和车辆信息，如图 5-51 所示。

图 5-50 传统显示模式

图 5-51 信息娱乐显示模式

3）可以在这两个显示模式间来回切换，操纵多功能转向盘上的 VIEW 按键即可实现切换。

多功能转向盘有两种：
- 入门型多功能转向盘（图 5-52），这是标配。
- 高端型多功能转向盘（图 5-53），这是选装。

图 5-52　入门型多功能转向盘　　　　图 5-53　高端型多功能转向盘

3. 虚拟驾驶舱主功能

虚拟驾驶舱的内容和功能被细分为主功能。一部分主要功能是组合仪表内控制单元 J285 内软件的要素；另一部分则属于信息电子控制单元 1-J794 的软件功能范畴了。但是，因为奥迪 TT 上没有单独的 MMI 显示屏，所有显示内容都显示在虚拟驾驶舱上。信息电子控制单元 1-J794 上实现的主功能显示要通过 LVDS 线传送至组合仪表内控制单元 J285 并输出到奥迪虚拟驾驶舱上。

具体主功能见表 5-2。

表 5-2　虚拟驾驶舱主功能

车辆（车载计算机）	电话	提示	导航	音色
地图	Radio	Audi Connect	媒体	MMI 的设置

4. 主菜单

主功能可以通过所谓的主菜单来选择。调出主菜单后，所有可用的主功能都会显示在中间显示区处。

通过中控台处的 MMI 操纵单元上的 MENU 按键来调出主菜单。奥迪 TT 上有两种不同的操纵单元，但是 MENU 按键都是在同一个位置，如图 5-54 所示。

在基本型操纵单元上，通过翘板开关可以调用下述主功能，如图 5-55 所示：
- 主功能"CAR"（车辆）。
- 主功能"TONE"（音色）。
- 主功能"Radio"（收音机）。
- 主功能"Media"（媒体）。

在 MMI touch 操纵单元上，通过翘板开关可以调用下述主功能，如图 5-56 所示：
- 主功能"NAV/MAP"（导航或地图）。
- 主功能"TEL"（电话）。
- 主功能"Radio"（收音机）。

- 主功能"Media"(媒体)。

图 5-54　MENU 按键

图 5-55　基本型操纵单元

图 5-56　MMI touch 操纵单元

有些主功能也可以通过 MMI 操纵单元上的两个翘板开关直接调用,到底可以直接调用哪些主功能,这取决于具体的操纵单元,如图 5-57 所示。

按压 MENU 按键后,主菜单就出现在虚拟驾驶舱上了,这时总是采用信息娱乐显示模式来显示的。在主菜单上就可以选择可用的主功能了。

当选择了某个主功能后,主菜单就从中间显示区消失了,而所选择的主功能就出现在显示屏上了,如图 5-58 所示。

以信息娱乐显示模式显示出的主菜单也可以通过 VIEW 按键切换到传统显示模式。这时倒是能显示出主菜单,但是由于空间受限了,可能就无法选择主功能了。如果您试图选择主功能,那么虚拟驾驶舱会自动切换回传统显示模式,如图 5-59 所示。

图 5-57　MMI 操纵单元结构

图 5-58　以信息娱乐显示模式显示出的主菜单

图 5-59　以传统显示模式显示出的主菜单

(1) 不同显示内容的显示区划分

以传统显示模式和以信息娱乐显示模式显示时的虚拟驾驶舱划分,所有显示内容都是有的,只是大小和位置可能不同。

以传统显示模式显示时,虚拟驾驶舱的划分如图 5-60 所示。

以信息娱乐显示模式显示时,虚拟驾驶舱的划分如图 5-61 所示。

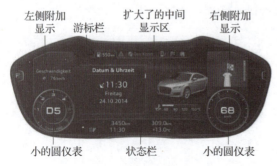

图 5-60　传统显示模式显示

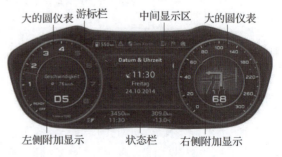

图 5-61　信息娱乐显示模式显示

（2）中间显示区的显示

中间显示区指两个圆仪表之间的显示面。这个显示区在信息娱乐显示模式时的面积要比传统显示模式时的面积大，因为圆仪表相应地缩小了。

正因为是这样，所以在信息娱乐显示模式时标示的是"扩大了的中间显示区"，而在传统显示模式时只说是"中间显示区"。

至于要在中间显示区显示什么内容，这个由自己通过选择主功能来确定。比较理想的是在信息娱乐显示模式时使用整个显示面或者展示行车地图，如图 5-62 所示。

图 5-62　信息娱乐显示模式时使用整个显示面

（3）闪光和警告符号栏

闪光和警告符号栏不会被转移到虚拟驾驶舱的显示面上。它是个单独的显示栏，在显示屏上方，有规定的符号。这些符号的后面是发光二极管，可以使得相应的符号亮起，如图 5-63 所示。

显示栏中的警告灯见表 5-3。

图 5-63　闪光和警告符号栏

表 5-3　显示栏中的警告灯

与废气排放相关的故障警告灯	柴油机预热灯	防抱死制动系统指示灯	中间指示灯，注意显示出的文字提示内容	安全气囊或者安全带张紧系统故障警告灯
中间指示灯，注意显示出的文字提示内容	电动机械式转向系统故障警告灯	制动系统故障警告灯	电动机械式驻车制动器故障警告灯	自动驻车故障警告灯

（4）游标栏

游标栏（也可称为选项卡）是组合仪表上的一个显示栏，其上有各种游标。在索引卡片上，游标就是卡片上凸出的那部分，用于检索。用户可以用奥迪 TT 的组合仪表显示屏上的游标来选择各种主功能，如图 5-64 所示。

图 5-64　游标栏（一）

游标栏中最多可以显示六个游标。每个游标后面伴随着一个或者多个主功能。在选择了相应的游标后，主功能会显示在中间显示区。

游标栏中的头五个游标都固定对应着一个或者多个主功能。第六个游标对应着剩下的三个主功能。

虚拟驾驶舱的游标见表 5-4。

表 5-4　虚拟驾驶舱的游标

第 1 游标	主功能"车辆"（也包括了车载计算机）
第 2 游标	主功能"提示"（只有在确实有提示时才会显示）
第 3 游标	主功能"Radio"（收音机）和"Media"（媒体）
第 4 游标	主功能"电话"
第 5 游标	主功能"导航"和"地图"
第 6 游标	主功能"音色""Audi Connect"或者"MMI 设置"

当通过主菜单选择了对应的三个主功能中的某一个后，可变游标会首次出现在游标栏上。可变游标一直保留在游标栏上，直至点火开关被关闭为止。如果在此期间激活了这三个主功能中的另一个，那么游标上的符号也会做相应切换。

至于具体通过可变游标选择了哪个主功能，从游标上显示的主功能符号即可看出。

另外，在某些游标上还会显示状态信息，见表 5-5。

表 5-5　游标显示的状态信息

第 1 游标	当前选择的是"车辆"这个主功能，车辆还可以再行驶 550km
第 2 游标	至少有一个车辆提示信息，因为显示出提示游标了
第 3 游标	选择了 CD 播放器作为当前的音频源
第 4 游标	电话已就绪，接收场强足够大
第 5 游标	导航游标上的目的地标识旗表示上次用过"导航"这个主功能。选择这个游标表示要输入目的地，也可以让这个游标处显示出地图符号。如果上次使用了"地图"这个主功能，这个游标处就会显示出地图符号
第 6 游标	在"音色""Audi Connect"或者"MMI 设置"这三个主功能中，"Audi Connect"是最后使用的

举例如下：

- 显示可达里程（在车辆游标上显示）。
- 如果音频输出被关闭了，那么显示静音符号（在音频游标上显示）。
- 如果没安装电话，那么显示被划掉的电话符号（在电话游标上显示）。

游标栏如图 5-65 所示。

5. 虚拟驾驶舱上的其他显示

包括氛围照明亮度调节菜单（图 5-66）和主动式车道辅助系统的系统状态显示（图 5-67）。

虚拟驾驶舱上的倒车摄像头图像显示如图 5-68 所示。

图 5-65　游标栏（二）

图 5-66　氛围照明亮度调节菜单

图 5-67　主动式车道辅助系统的系统状态显示　　图 5-68　倒车摄像头图像显示

6. 警告和故障信息显示

如果自诊断功能诊断出车辆某部件有故障的话，相应的控制单元内会记录下一个故障。根据识别出的故障情况，也会给驾驶人发出相应的提示信息。在这种情况下，组合仪表内控制单元 J285 会激活相应的警告灯，必要的话还会在组合仪表上给出文字提示。

将要显示的文字提示信息会挤走最后显示的内容（就是不让后者显示了），并会在显示屏上停留 6~10s。

如果在这个显示期间驾驶人操纵了奥迪虚拟驾驶舱的某个操纵元件，那么这个文字提示内容会提前消失，但是约 2s 的最短显示时间还是会保证的。

在传统显示模式和信息娱乐显示模式时，故障信息的显示都是相同的。由于文字提示内容不需要驾驶人做什么就显示出来了，因此也被称作弹出式显示（图 5-69、图 5-70）。

图 5-69　传统显示模式的故障提示信息　　图 5-70　信息娱乐显示模式的故障提示信息

由于故障提示内容是很重要的，所以提示内容在第一次显示完后，用户必须能随时将其调出来。

调出时，用户需选择游标栏上的"提示"游标，或者在主菜单上选择"提示"这个主功能。

如果驾驶人面临着多个故障提示内容，那么驾驶人可以通过多功能转向盘左侧滚轮或者 MMI 操纵单元上的旋压钮来将其一个接一个显示出来。如果存在多个故障提示内容，那么可以通过文字信息右边的滚动条来识别。

传统显示模式时"提示"游标中的故障信息如图 5-71 所示。在信息娱乐显示模式时"提示"游标中的故障信息如图 5-72 所示。在信息娱乐显示模式时，故障信息右侧的显示面用于故障的动画模拟显示。

图 5-71　传统显示模式"提示"游标中的故障信息　　图 5-72　信息娱乐显示模式"提示"游标中的故障信息

此外，存在的故障信息会在状态栏以相应的符号交替显示。存在的故障提示信息在"提示"游标上以一个三角警告符号来呈现。如果在该游标上展示的是一个扳手符号，那表示现在有一个保养信息,但是无警告提示。如果既没有警告提示,也没有保养信息,那么游标列表中就不会显示"提示"游标。

7. 虚拟驾驶舱的构造

奥迪虚拟驾驶舱在某个部件出故障时不能换件,只能整体更换。但有个例外,就是组合仪表上的扬声器。该件可作为备件来订购,不必打开虚拟驾驶舱即可更换该件,如图5-73所示。

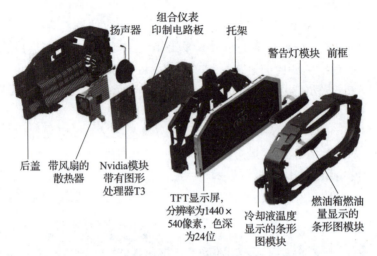

图5-73 虚拟驾驶舱的构造

8. 组合仪表电路连接图(图5-74)

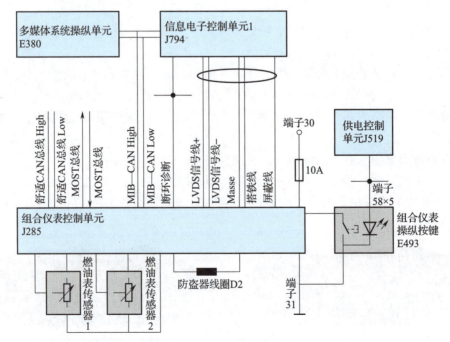

图5-74 组合仪表电路连接图

下面的导线接在组合仪表内控制单元 J285 上：

（1）供电导线

- 用端子 30 供电的导线；该导线用 10A 熔丝来保护。
- 一根搭铁线。

（2）总线导线

- 两根舒适 CAN 总线导线（用于与其他控制单元进行通信和数据交换）。
- 两根 MIB—CAN 总线（用于与信息电子控制单元 1 J794 和多媒体系统操纵单元 E380 进行通信）。
- 两根 LVDS 信号线（用于从信息电子控制单元 1 J794 接收图像数据）。
- 两根 MOST 总线的光纤导线；在新奥迪 TT 上，MOST 总线只用于刷新组合仪表内控制单元 J285。J285 通过信息电子控制单元 1 J794 上卡槽内的 SD 卡来刷新。
- 断环诊断线（用于通过 MOST 总线主控制单元即信息电子控制单元 1 J794 来为 MOST 总线用户进行诊断）。

（3）已连接的部件的单独的导线

- 两根导线，接燃油表传感器 1。
- 两根导线，接燃油表传感器 2。
- 一根搭铁线，接两个燃油表传感器。
- 两根导线，接防盗器线圈 D2（在应急起动时需要使用；这时需要把车钥匙按住在标记处）。
- 一根导线，接组合仪表操纵按键 E493（该按键用于重置日行驶里程表）。
- 两根搭铁线，接信息电子控制单元 1 J794。
- 一根导线，用于在 LVDS 信号线和信息电子控制单元 1 J794 之间实施屏蔽。

任务实施

对技术员要求：

- 接收/检查修理单。
- 接收用于修理的订购零件。
- 在允许的时间内进行工作。
- 向技师领队确认工作完成。

技师领队：

- 对技术难度高的工作向技术员提供指导和帮助。

一、拆装仪表

1. 拆装准备

安装转向盘套（图 5-75）、座椅套（图 5-76）和地板垫（图 5-77），安装格子栅布（图 5-78）和翼子板布（图 5-79）。

图 5-75 安装转向盘套

图 5-76 安装座椅套

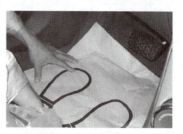
图 5-77 安装地板垫

图 5-78 安装格子栅布

图 5-79 安装翼子板布

2. 组合仪表的拆卸步骤

1）断开蓄电池负极。

2）拆下仪表板组合仪表装饰板总成（图 5-80）。

3）拆下 4 个仪表板组合仪表下装饰板螺钉（图 5-81），取下仪表板组合仪表下装饰板（图 5-82）。

4）撬开转向柱下装饰盖（图 5-83），将转向柱上装饰盖取下。

5）拆下 2 个组合仪表螺钉（图 5-84），断开电器部件插头（图 5-85）。取下组合仪表。

图 5-80 拆下仪表板组合
仪表装饰板总成

图 5-81 拆下 4 个仪表板
组合仪表下装饰板螺钉

图 5-82 取下仪表板组合
仪表下装饰板

图 5-83 撬开转向柱下装饰盖

图 5-84 拆下 2 个组合仪表螺钉

图 5-85 断开电器部件插头

3. 组合仪表的安装步骤

1）连接电器部件插头，将组合仪表放入，安装 2 个组合仪表螺钉，紧固至 2.5N·m。

2）安装转向柱上装饰盖。

3）安装 4 个仪表板组合仪表下装饰板螺钉。
4）安装仪表板组合仪表装饰板总成。
5）连接负极接线柱。

二、检查仪表的工作状态

1. 检查仪表的工作状态

检查仪表的工作状态如图 5-86 所示，如果有故障，排除即可。

2. 检查警告灯的工作状态

检查机油压力警告灯、制动液压不足警告灯、制动系统故障警告灯等工作是否正常。如果有故障警告应该排除故障，如图 5-87 所示。

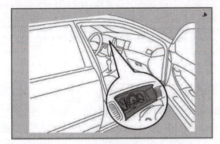
图 5-86　检查仪表的工作状态

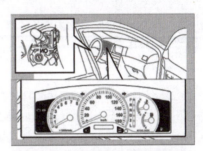
图 5-87　检查警告灯的工作状态

拓展阅读

李书福白手起家，创办吉利集团。吉利集团是中国第一家生产轿车的民营企业。

2010 年 3 月 28 日，吉利控股集团董事长李书福在沃尔沃总部所在地——瑞典哥德堡市，与福特汽车公司正式签署了收购后者旗下沃尔沃轿车公司 100% 股权的协议。工业和信息化部部长李毅中见证了签约仪式，并称"这是迄今中国民营企业收购海外汽车资产最大案例，也是中国汽车工业发展史上的一个里程碑"。

这是一次整体式收购。根据协议规定，吉利不仅收购沃尔沃的全部股权，也买到了沃尔沃的核心技术、专利等知识产权和制造设施，还获得了沃尔沃在全球的经销渠道。最终交易价格为 18 亿美元，这个价格不到 10 年前福特购买沃尔沃时价格的三分之一。1999 年，福特从沃尔沃集团购得沃尔沃轿车公司，其交易价格为 64 亿美元。

沃尔沃是欧洲著名的豪华汽车品牌，被誉为"世界上最安全的汽车"，在汽车安全和节能环保方面，有许多独家研发的先进技术和专利。

吉利的收购巨资从何而来？这是受到外界广泛关注的话题之一。据悉，吉利收购沃尔沃的价格加上福特提出的沃尔沃未来运营所需要的 15 亿美元流动资金，吉利至少要拿出 30 亿美元。

吉利并购沃尔沃项目新闻发言人袁小林表示，吉利的"资金拼盘"来源通过子公司吉利汽车控股有限公司筹集，也包括由中国、美国银行提供的贷款和瑞典、比利时政府担保的低息贷款。这些资金最终帮助吉利完成壮举。

维修车辆交付

业务人员

- 准备将更换的零部件给客户查看。
- 准备为所有的费用开出发票。
- 检查车辆是否清洁,进行维修质量检查,检查是否已经取下座椅垫、地板垫、转向盘罩、翼子板布、前罩。
- 电话通知客户,以便确认车辆准备交付。
- 向客户说明工作。
  ◇ 确认工作已经顺利地完成。
  ◇ 将更换的零部件展示给客户看。
  ◇ 说明完成的工作以及益处。
  ◇ 提供详细的发票说明:零部件、人工和润滑剂的费用。

步骤一 资料准备

1)书面确认是否每件维护保养工作已经完成。
2)检查工单上客户提出的所有项目是否已达到客户的要求。
3)核对维修费用,确认原始估价与实际是否相符。

步骤二 车辆清洗

1)洗车。
2)清洁车内饰物。

步骤三 内部交车

告知服务顾问车辆停放处,将车辆和钥匙交给服务顾问。

步骤四 交车

若客户不在休息区等候,服务顾问接到车辆后应立即与客户取得联系,约定交车的时间、方式及结账事宜等。如果联系不到客户,服务顾问需发短信通知,并在随后的 30min 或 1h 再次尝试联系客户,告知客户具体情况。

若客户在休息区等候,服务顾问需将打印出的结算单放在书写夹板上,找到在客户休息室的客户,通知客户在其方便的时间进行交车,并确认付款方式。

服务顾问需引导客户前往交车区,拆除车罩与防护套,以便客户验车。与客户一同验车,确认满意度。

步骤五 结算准备和费用说明

1. 结算准备

在客户验车完毕并表示对作业质量满意后,服务顾问需打印费用结算清单,将所发生的材料费和工时费逐项列出。

2. 费用说明

1）服务顾问需向客户说明每项费用，并回答客户提出的问题，消除客户的疑问。

2）如果客户对费用不满或有不理解的内容，服务顾问可以及时请服务经理协助向客户解释。

3）确认没有问题后，请客户在"车辆维修结算单"上签字确认。

步骤六　完成结账

1）完成结账手续。

2）当面回访客户满意度。

步骤七　交车与送别客户

1. 交车

需向客户说明有关下次保养里程及今后车辆使用方面的建议。

2. 送别客户

服务顾问送客户到汽车旁，引导客户驶出停车位，目送客户车辆驶出店面。

任务评价

一、填空题

1. 汽车电器仪表均集中安装在驾驶室转向盘前方的_____上。
2. 在汽车仪表板上，装有各种检测_____和_____装置，用来监视和测量汽车行驶过程中各系统和主要部件的_____。
3. 现代汽车仪表主要有_____表、_____表、_____表、_____表、_____表、发动机转速表和车速里程表等。
4. 机油压力表简称油压表或机油表，用以显示发动机工作时_____机油压力，以防因缺机油而造成拉缸、烧瓦等重大事故发生。
5. 冷却液温度表的作用是指示_____的温度，正常情况下，冷却液温度表指示值应为____~____℃。
6. 燃油表用来指示汽车油箱中的_____量。传感器一般为_____式，安装在_____中。
7. 转速表按其结构不同可分为_____式和_____式两种。_____式转速表由于指示精确、结构简单、安装方便等优点，被广泛应用。

二、判断题

1. 电流表串联于电路中，用来指示充放电电流值，监视充电系是否正常工作。（　　）
2. 发动机转速表的作用是使驾驶人可以正确地选择换档时机、防止发动机超速运转。（　　）
3. 电子转速表获取转速信号的方式有三种：从点火系统获取脉冲电压信号、从发动机的转速传感器获得转速信号、从发电机获取转速信号。（　　）
4. 车速传感器由变速器驱动，可产生与汽车行驶速度成正比例的电压信号。电子电路对车速传感器送来的电信号进行整形和触发处理，输出一个用来表示车速的数字信号，然后就可以用电子指针型车速表或数字型车速表显示车速了。（　　）
5. 警告装置基本上都是由警告灯开关和仪表板上相应的橙色警告灯组成。（　　）
6. 警告装置的作用：当被监测的系统或总成不正常时，开关自动接通而使指示灯发亮，用以提醒驾驶人注意。如机油压力警告灯、车门未关好警告、制动液压不足指示灯、燃油不足警告灯、制动系统故障警告、防盗警告等。（　　）

三、选择题

1. 燃油表是显示油箱内油量的仪表，单位是 L（升）。指针指向"（　　）"或"（　　）"，表示满油，指向"（　　）"或"（　　）"，表示无油。
   A. 0　　　　　　　　B. F　　　　　　　　C. E　　　　　　　　D. 1/1
2. 汽油发动机电子式转速表都是用接收（　　）产生的脉冲信号作为触发信号，并将此信号转换为可显示的转速值。发动机转速越快，点火线圈产生的脉冲次数越（　　），表上显示的转速值就越（　　）。
   A. 大　　　　　　　　　　　　B. 点火线圈中初级电流中断时
   C. 多　　　　　　　　　　　　D. 发动机的转速传感器
3. 仪表板中最显眼的是（　　），它用于指示汽车行驶速度和累计行驶里程数。车速里程表实际上由两个表组成，一个是（　　），另一个是（　　）。（　　）有磁感应式与电子式两种。
   A. 车速表　　　　　　　　　　B. 车速里程表
   C. 里程表　　　　　　　　　　D. 发动机转速表
4. 燃油传感器的电阻会随着燃油油面高度的增加而阻值（　　）。
   A. 减小　　　　B. 增大　　　　C. 不变　　　　D. 改变
5. 仪表系统主要由（　　）和（　　）组成，警告装置主要由（　　）和（　　）组成。
   A. 警告灯开关　　　　　　　　B. 红色警告灯
   C. 仪表　　　　　　　　　　　D. 传感器

项目六

辅助电器设备

汽车售后服务顾问和维修技师是汽车4S店的门面，会给车主留下深刻的第一印象和难忘的最后印象。车主在车辆维修预约、进店保养和维修、离开汽车4S店阶段，对汽车4S店需求心理预期各不相同。汽车4S店的工作人员只有把握了客人需求心理，依据需求心理的变化跟进服务，才能主动超前地提供恰当的服务，令车主产生惊喜的消费体验，从而留下良好的印象。

项目描述

王先生的一辆奥迪A7轿车，行驶里程将近8万km。在一次事故后，他发现自己的车接通点火开关后，刮水器个别档位（低速、高速或间歇档）和洗涤器不工作，电动后视镜不能进行控制，按动开关无任何反应；按下操纵按钮，车窗有时能升降，有时不能升降；电动座椅也不起作用。

在加速时，仪表板上出现故障报警信息（预碰撞安全系统故障！请到经销商店检查），如图6-1所示。王先生把车开到××4S店进行检查维修。

小明："王先生，您好，欢迎光临××4S店。我是服务顾问小明，这是我的名片，很高兴为您服务。"小明按要求对车辆进行了环车检查，如图6-2所示。

图6-1 仪表显示信息

小明："王先生，仪表板出现（预碰撞安全系统故障！请到经销商店检查）故障报警信息，我让专业技师为您的车做仔细的检查"。

根据王先生的反映，专业技师对该车进行了检查。车辆起动后，仪表板信息显示（仪表板：故障！警告信息受损，请联系服务站）不正常故障信息。刮水器个别档位（低速、高速或间歇档）和洗涤器不工作，电动后视镜不能进行控制，按动开关无任何反应；按下操纵按钮，车窗有时能升降，有时不能升降；电动座椅也不起作用。

图6-2 环车检查

维修技师先检查了熔丝，熔丝完好。再检查开关，发现开关上的插接件松脱，结合后再试，还是有一侧后视镜不动，车窗和座椅也没有任何改善。于是开出维修单给顾客，将车交维修车间进一步检测和修理。

项目分析

在排除刮水器个别档位（低速、高速或间歇档）和洗涤器不工作，电动后视镜不能进行控制，按动开关无任何反应；按下操纵按钮，车窗有时能升降，有时不能升降；电动座椅也不起作用等故障时需要掌握以下技能：

故障进行检修之前，会看系统电路图，要确定是电器故障还是机械故障。

应按如下步骤进行检查：

1）先检查熔丝。
2）接通点火开关，检查继电器。
3）检查刮水器开关插接线。
4）用电压表或试灯检查开关闭合时电动机上的电压。

要想完成对以上故障的检查和维修，必须要学习系统的专业知识，才能进行检查和维修。按照实际维修项目的要求，结合职业院校学生实际的学习特点，按照由简单到复杂，层层递进的知识走向，最终将该项目划分成以下三个任务来完成：

任务一　辅助电器设备
任务二　自适应巡航控制系统
任务三　智能车道保持系统

学习目标

知识目标

- 能掌握辅助系统结构的分类。
- 能掌握辅助系统构造。
- 能掌握辅助系统工作原理。
- 能掌握空调故障诊断的基本方法。
- 能掌握辅助系统故障诊断的基本流程。

技能目标

- 能正确对辅助系统分类。
- 能独立进行辅助系统的分解和组装。
- 能正确区分空调系统的人为故障和自然故障。
- 掌握空调系统故障诊断的基本测量技能。
- 掌握汽车不同类型辅助系统故障诊断流程的方法和排除技巧。

素养目标

- 严格执行故障诊断规范，养成严谨科学的工作态度。

- 养成团队协作精神。
- 能够接受新的知识。
- 能够而且愿意探索新事物,有学习愿望,有求知欲。
- 阅读资料划出关键技术点,归纳整理出故障诊断方法。
- 能够清晰、友好且有趣地向他人口头转述信息。
- 能够完成棘手的任务。
- 树立目标并制订实现目标的计划。
- 客观公正地自评和评价他人。
- 能够与合作伙伴良好地交流和相互理解。
- 能够养成自觉遵守技术标准和要求规定、规范操作、安全、环保、"6S"作业的好习惯。
- 能够养成劳动光荣、创造伟大的思维和创新意识。

随着汽车工业的发展,汽车上的辅助装置越来越多,性能越来越完善,与此同时也越来越复杂。有代表性的几个装置是风窗刮水装置(图6-3)、清洗与除霜装置、电动座椅、电动门窗、电动后视镜、中控门锁及汽车防盗系统等。

图6-3 风窗刮水装置

知识引导

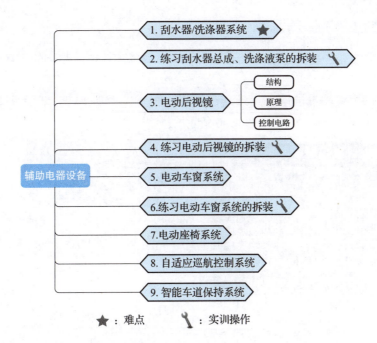

★:难点　🔧:实训操作

相关知识

汽车电器设备除了前面任务中介绍的电源系统、起动系统、照明与信号系统和空调系统之外，还包括辅助电器设备，如图6-4所示，它们提高了汽车行驶的安全性、可靠性和舒适性。

图6-4　汽车上的辅助电器设备

任务一　辅助电器设备

为了保证汽车在雨天或雪天时驾驶人有良好的视线，确保行车安全，在汽车的风窗玻璃上装有刮水器。刮水器的作用是刮除汽车风窗玻璃上的雨水、雪或灰尘，确保驾驶人有良好的视线，电动洗涤器与其配合工作，如图6-5所示。

一、刮水器／洗涤器系统

刮水器和喷洗器系统是下雨时，通过消除风窗玻璃和后窗玻璃上的雨滴保持视野清晰的系统。

该系统可以用喷洗器清除风窗玻璃的污垢。最近，某些车型有刮水器转速随车速而变，刮水器在下雨时自动运行，如图6-6所示。

图6-5　刮水器确保行车安全

图6-6　刮水器在下雨时自动运行

刮水器／洗涤器系统是汽车的标准配置，主要用于清洗和刷除风窗玻璃上的雨水、雪和灰尘，以保证驾驶人的视觉效果。有的汽车前照灯也有刮水器／洗涤器系统，以保证雨雪天气尤其是夜间的行车安全。电动刮水器／洗涤器系统在汽车上的位置如图6-7所示。

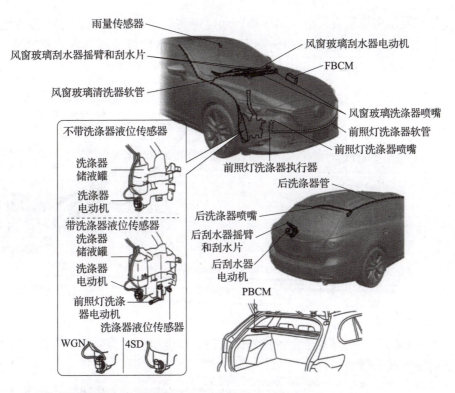

图 6-7 电动刮水器／洗涤器系统

刮水器和喷洗器系统包括下列部件，如图 6-8 所示：

1）前刮水器摇臂／前刮水片。

2）前刮水器电动机和连杆。

3）前喷洗器喷嘴。

4）喷洗器液槽（在喷洗器电动机中）。

5）刮水器和喷洗器开关（在间歇刮水器继电器中）。

6）后刮水器摇臂／后刮水片。

7）后刮水器电动机。

8）后刮水器继电器。

9）刮水器控制单元（乘员侧 J/8 ECU）。

10）雨量传感器（图 6-9）。

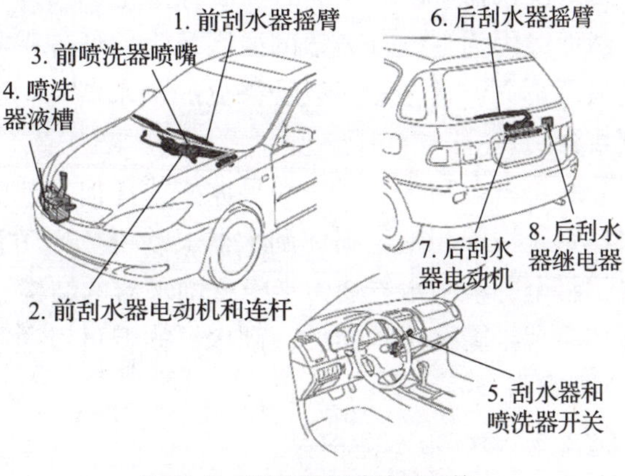

图 6-8 刮水器和喷洗器系统

1. 刮水器系统组成

汽车上采用的刮水器根据其动力不同分为真空式、气动式和电动式。目前在汽车上广泛采用的是电动刮水器。其开关具有高速档、低速档及间歇档，而且在每个工作档位关断开关时，刮水器臂都有自动复位的功能。

电动刮水器主要由电动机、传动机构和刮水片组成，图 6-10 所示为电动刮水器的组成。

电动刮水器是由微型直流电动机驱动，通过传动机构，使风窗玻璃外表面的刮水片来回摆动。刮水片是一种橡胶合成物，刮水器摇臂处的压紧弹簧将刮水片紧紧地压在玻璃上，以扫除风窗玻璃上的雨水、雪或灰尘。

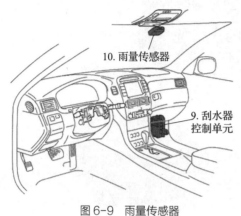

图6-9 雨量传感器　　　　　图6-10 电动刮水器的组成

（1）刮水器摇臂/刮水片

刮水器的结构是一把附着于金属杆的橡胶刮刀，金属杆称为刮水器摇臂。刮水器通过刮水器摇臂进行弧形移动。

因为橡胶刮刀用弹簧压在风窗玻璃上，刮水器通过移动刮水片擦拭风窗玻璃。由电动机和联动齿轮产生弧形移动。

因为橡胶刮刀附着于刮水器，橡胶刮刀会由于使用和日照温度等等原因老化，定期更换橡胶刮水片是必不可少的。

传统刮水器可以从车辆的前面看得见。

然而，因为空气动力学的原因及为保证齐平的表面和广阔的视野，新式刮水器隐藏在发动机罩下面。部分是可以看得见的刮水器称为半隐藏刮水器，什么也看不见的称为全隐藏刮水器。

装有全隐藏刮水器时，如果冰冻或任何其他的情况，刮水器不能移动，强制性地运用刮水器系统清除积雪会损坏刮水器电动机。为防止这一情况，大多数的车型装了手动控制装置，将全隐藏刮水器变为半隐藏刮水器的结构。

切换到半隐藏刮水器后，刮水器摇臂可以通过向图中箭头指示方向移动实现锁定，如图6-11所示。

（2）刮水器和喷洗器开关

刮水器开关在转向盘管轴上，在此位置，驾驶人任何时候均可运行它。刮水器开关有OFF（停止）、LO（低转速）和HI（高转速）及其他位置，可以切换这些运动方式。

喷洗器开关在许多情况下与灯光控制开关组合在一起。因此，它有时称为组合开关。在配备后刮水器的车型中，后刮水器开关在刮水器开关上，在ON和OFF之间切换，如图6-12所示。

某些车型在后刮水器上有INT位置。在最新的车型中，ECU安装在用于MPX（多路通信系统）的复合开关中。

间歇刮水器继电器在开动刮水器时进行间歇运行。最近，广泛使用一种带内装继电器的刮水器开关。

(1)

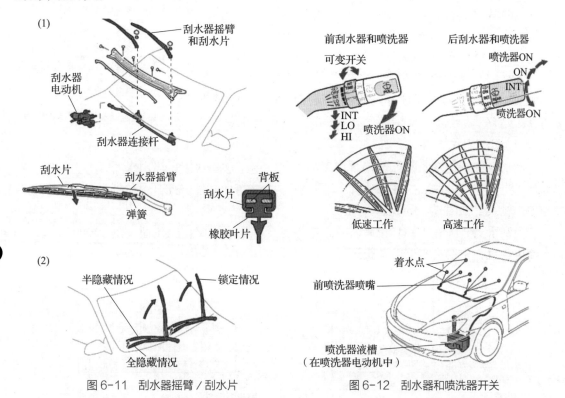

图 6-11 刮水器摇臂/刮水片　　图 6-12 刮水器和喷洗器开关

间歇刮水器有一个小继电器和包括电阻和电容的晶体管电路。此内部继电器根据刮水器开关的信号控制流到刮水器电动机的电流，使刮水器电动机间歇运行。

（3）电动机

刮水器电动机包括电动机本身传动装置。传动装置对电动机输出减速，如图 6-13 所示。

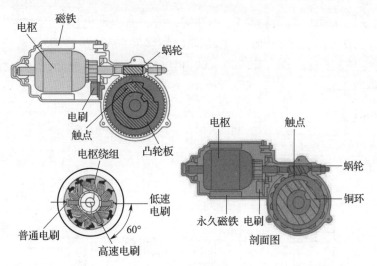

图 6-13 电动机

铁氧体型刮水器电动机用三种电刷：低速电刷、高速电刷和普通刷（供搭铁）。在减速部分有一凸轮开关，因此刮水器将每次停在同样的位置。

- 低速运行：当电流从低速电刷流入电枢绕组，产生大的电动势，结果是电动机低速旋转。
- 高速运行：当电流从高速电刷流入电枢绕组，产生小的反电动势，结果是电动机高速旋转。

电动刮水器的电动机绝大多数都是永磁式电动机，其结构简单、体积小、可靠性好，故广泛使用，永磁式电动机如图6-14所示。

图6-14 永磁式电动机

（4）凸轮开关

刮水系统有把刮水片停在固定位置的功能。由于这一功能，当刮水器开关关掉时，刮水片肯定停在风窗玻璃的底部位置，"凸轮开关"执行此功能。此开关包括一只缺口凸轮盘和三个触点，如图6-15所示。

当刮水器开关在Lo/Hi位置时，蓄电池电压施加到线路，电流通过刮水器开关进入刮水器电动机，引起刮水器电动机运行，如图6-16所示。

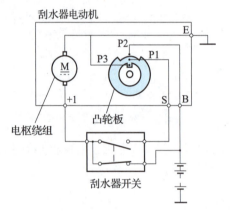

图6-15 凸轮开关

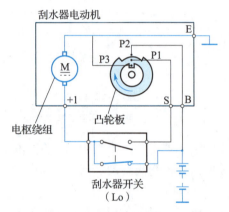

图6-16 刮水器开关在Lo/Hi位置时

刮水器开关一关闭，如果触点P2不在缺口处，蓄电池电压作用于线路，并且电流通过触点P2到P1进入刮水器电动机，电动机继续运转，如图6-17所示。

然后，触点P2通过凸轮盘旋转到了缺口处，电流不流入线路，刮水器电动机将停止转动，如图6-18所示。

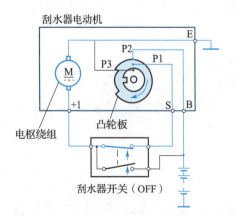

图6-17 电流通过触点P2到P1进入刮水器电动机

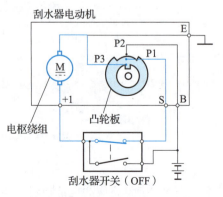

图6-18 刮水器电动机将停止转动

（5）喷洗器泵

发动机舱中的喷洗器液罐装有喷洗液。喷洗器液罐由半透明的树脂制成，通过喷洗器液罐内部喷洗器泵的运行喷射喷洗液，如图6-19所示。

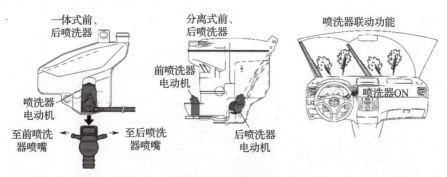

图6-19 喷洗器泵

喷洗器泵有叶轮泵（叶轮型），燃料泵也用这种泵。

带有后喷洗器的车辆主要有两种系统：一种是喷洗器液罐为前喷洗系统和后喷洗器系统两者使用，另一种有两个喷洗器液罐分别用于前后洗冲系统。

还有两种类型，一种通过使用喷洗器泵操作阀门切换喷洗器喷嘴供前后喷洗器，另一种是一个喷洗器液罐有两个泵分别用于前后喷洗器。

2. 刮水器系统工作原理

永磁式电动刮水器工作原理是永磁式电动机的动力经一个蜗轮传动机构进行减速增矩，通过3个电刷产生两种速度。常规速度是通过安置在相反位置的两个电刷来实现的。高速时，第三个电刷开始工作，可以减少它们之间产生有效反电动势的电枢绕组数目，从而减小阻力，增加速度。

（1）高/低速运转

接通点火开关后，把电动刮水器开关拨到"2"档（低速档），电流流向为：蓄电池正极→熔断器→点火开关→电动刮水器开关→电刷Lo→电枢→电刷→搭铁→蓄电池负极，如图6-20所示。

这时电枢在永久磁铁的磁场作用下而转动，此时磁场强，转速低。

当变速开关拉到"3"档（高速档）位置时，电流流向为：蓄电池正极→熔断器→点火开关→电动刮水器开关→电刷Hi→电枢→电刷→搭铁→蓄电池负极。由于电刷Hi比电刷Lo偏转了90°，使电枢磁通发生了歪曲，所以合成磁场被削弱，电动机转速就随着升高，如图6-21所示。

当刮水器停止工作时，为了不影响驾驶人的视线，刮水片应能够自动回到风窗玻璃的下部。为此，在刮水器系统中一般都装有自动复位功能装置。

当刮水器开关推到"0"档时，如果刮水片没有停到规定的位置，这时自动停位器触点与触点B接触，电流继续流入电枢，其电路为：蓄电池正极→熔断器→点火开关→熔丝→自动停位器触点与触点B接触→电动刮水器开关→电刷Lo→电枢→电刷→搭铁→蓄电池负极，电动机以低速运转直至蜗轮旋转到特定位置，这时自动停位器的触点和触点A接触，电路中断，使刮水片停在规定的位置。与此同时，电枢由于惯性而感应电流，产生

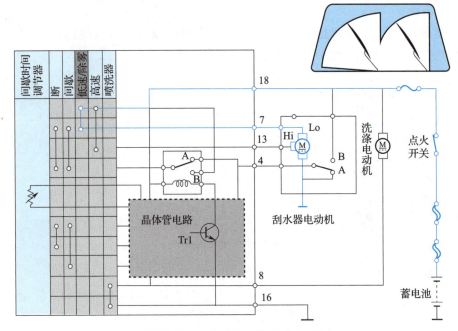

图 6-20 永磁式电动刮水器低速档

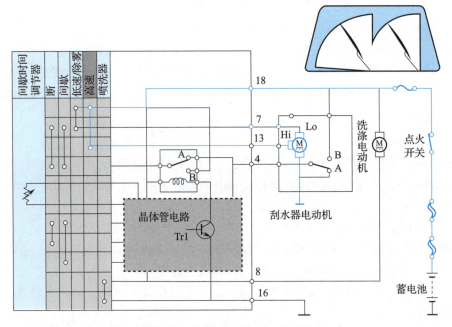

图 6-21 永磁式电动刮水器高速档

制动力矩,电动机迅速停止转动,如图 6-22 所示。

(2)间歇控制

汽车在小雨或雾天行驶,如果用前述刮水器的一般速度刮拭,就会使风窗玻璃上的微量水分和灰尘形成一个发黏的表面。这样,不仅不能将风窗玻璃刮拭干净,相反会使玻璃模糊不清,留下污斑,从而影响驾驶人的视线。有时还会引起刮水片颤动,刮伤玻璃。因此,现代汽车刮水器都加装了电子间歇控制系统,如图 6-23 所示。

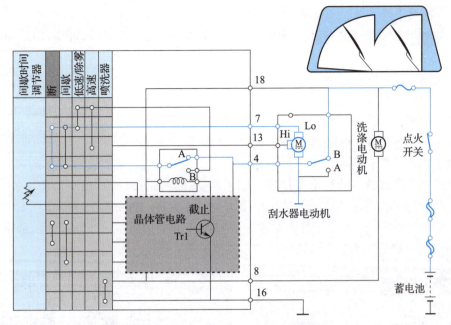

图 6-22 永磁式电动刮水器自动复位

在遇到上述天气时，开动间歇开关，使刮水器按一定周期自动间歇工作，即每一次后停止 2~12s，这样可使驾驶人获得更好的视线。

接通点火开关后，把电动刮水器开关拨到"1"档（间歇档），电流流向为：蓄电池正极→熔断器→点火开关→间歇继电器→电动刮水器开关→电刷 Lo→电枢→电刷→搭铁→蓄电池负极，如图 6-24 所示。

图 6-23 刮水器间歇继电器

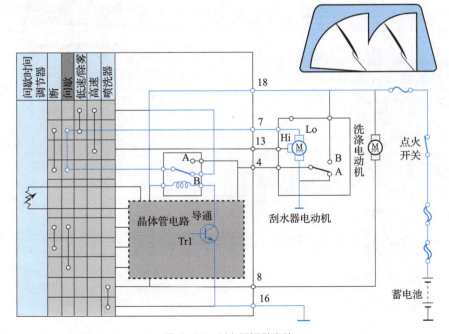

图 6-24 刮水器间歇电路

（3）电动刮水器开关

刮水器和风窗洗涤开关布置在转向盘右下方，如图6-25所示。

图6-25 电动刮水器开关

1）刮水器开关。刮水器开关为旋钮式开关，有"MIST""OFF""间歇""Lo"及"Hi"四个位置。旋钮处于"OFF"位置时，刮水器电路断开，刮水器不工作；旋钮处于"MIST"位置时，洗涤器电动机通电，洗涤器喷嘴向风窗玻璃喷出洗涤液，刮水器电动机电路接通，刮水器低速运转，刮水片慢刮；旋钮处于"Lo"位置时，刮水器电动机电路接通，刮水器低速运转，刮水片慢刮；旋钮处于"Hi"位置时，刮水器电路高速档接通，刮水片作快速刮扫运动，如图6-26所示。

2）风窗洗涤器开关。将洗涤器喷水开关操纵杆向上抬时，洗涤器电动机通电，洗涤器喷水喷嘴向风窗玻璃喷出洗涤液，以利于风窗玻璃的清洗，如图6-27所示。

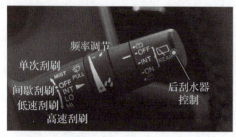

图6-26 风窗刮水器开关

图6-27 洗涤器喷水开关

洗涤器电路很简单，如图6-28所示。它是一个单线串联电路。工作时接通冲洗开关，电动机驱动清洗泵工作，把洗涤液从储液罐中吸出，经吸液阀从喷嘴喷洒到风窗玻璃上。

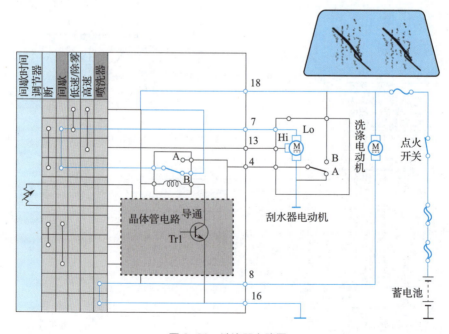

图6-28 洗涤器电路图

（4）雨量传感器

有很多汽车在刮水器系统中设有雨量传感器，以使驾驶人在下雨时无需手动控制刮片的运动速度，而由雨量传感器感知雨量的大小从而控制刮水片的运动速度，以使驾驶者可以集中精力开车。

雨量传感器和光强度识别传感器通常组合一体，如图 6-29 所示，装配在车内后视镜的安装底座内。

大多数的雨量传感器使用的是光学系统，由发光二极管、光电二极管、电控单元（ECU）等组成，当光线以小角度照射到折射率高和折射率低的材料之间的界面时，光束就会被全反射。光线从发光二极管到光电二极管一共被反射 4 次。

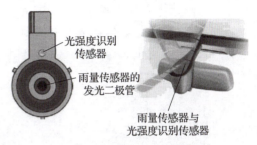

图 6-29　雨量传感器及安装位置

如果风窗玻璃变得脏或湿，一部分光线会投射出风窗玻璃，接收到的光由雨量传感器进行评估，并转化为一个信号值。雨量传感器中的微控元件会检测信号的变化，并通过 K 总线传给 ECU，以启动合适的间隙时间，从而自动控制刮水片的运动速度。

部分车型的刮水器加装有电子调速器，该调速器附带雨量感应功能，能根据雨量的大小自动调节刮水器摆臂的摆动速度，雨大时刮水器摇臂转得快，雨小时刮水器摇臂转得慢，雨停时刮水器摇臂也停止转动。奥迪 A6 汽车使用的刮水器就具有根据雨量大小自动调节刮水器摇臂转动速度的功能。

二、电动车窗系统

轿车都配置了电动车窗装置。此配置大幅度地降低了驾驶人手动操作车窗的烦恼，提高了车辆的舒适性、快捷性，如图 6-30 所示。

驾驶人坐在驾驶座上，即可利用控制开关使全部车窗玻璃自动升降，操作简便，且有利于行车安全。

电动车窗可使驾驶人和乘客坐在座位上，利用开关使车门玻璃自动升降，操作简单、便利，有利于行车安全。电动车窗主要由车窗电动机、车窗升降调节器和控制开关等组成，如图 6-31 所示。

图 6-30　电动车窗

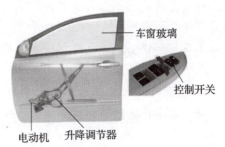

图 6-31　电动车窗控制

电动车窗的核心元件是玻璃升降器，其升降的基本原理是：在每个车门内设置一个可变换运转方向的直流串励电动机，通过转换开关，使电动机运转，由于车窗的动作是双向

（升降）的，所以采用直流双向电动机——即工作电流方向不同，电动机的转向不同，如图 6-32 所示。

- 每个车门各有一个电动机，通过开关控制电动机的电流方向，从而控制车窗玻璃的升降。
- 当电动车窗开关操作时，电动车窗电动机旋转。
- 车窗开闭是把电动车窗电动机的旋转运动转换成上下运动打开或关闭车窗，如图 6-33 所示。

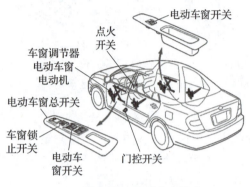

图 6-32 电动车窗组成

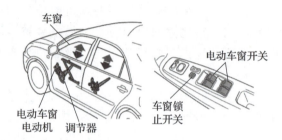

图 6-33 电动车窗系统作用

1. 电动车窗系统的功能

（1）手动开/关的功能

当电动车窗开关被推或拉到一半时，车窗打开或关闭直至开关被松开。

（2）单触式自动开/关功能

当电动车窗开关被推或拉到底时，车窗全开或全关。

（3）车窗锁止功能

当车窗锁止开关打开时，除驾驶人车窗，所有车窗打开和关闭功能失效，如图 6-34 所示。

（4）防夹保护功能

在单触式自动关窗期间，如果异物卡在车窗内，此功能自动停止电动车窗并将车窗玻璃向下移动大约 50mm。电动车窗防夹功能的作用即释放被夹住的人或物，从而保护人或物安全，特别是儿童的安全。

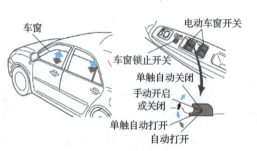

图 6-34 电动车窗系统的功能

- 电动车窗控制模块通过电动机位置传感器判断是否夹到人或物。
- 如果判断出夹到人或物则驱动电动机向相反方向转动，使电动车窗玻璃回到最低位置后并使电动机停止运转，如图 6-35 所示。

（5）无钥匙电动车窗功能

如果驾驶人车门不打开，在点火开关开到 ACC 或 LOCK 位置后大约 45s 内，此功能允许电动车窗系统的操

图 6-35 防夹保护功能

作，如图6-36所示。

（6）电动车窗舒适功能

电动车窗舒适功能是在车辆门锁处于关闭或开启状态下，通过遥控器发射的信号实现电动车窗的开启或关闭，如图6-37所示。

- 遥控器发出一个开启或关闭信号，遥控接收器接收。
- 遥控接收器通过LIN将信号传递给免钥匙车辆模块。
- 免钥匙车辆模块通过CAN传递给中央电子模块。
- 中央电子模块通过CAN将信号传递给两前门电动车窗控制模块。
- 前门控制模块通过LIN将信号传给后门控制模块。
- 电动车窗模块接收到信号后开启或关闭所有电动车窗。

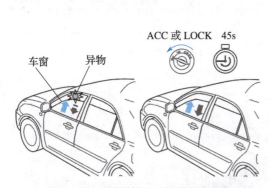

图6-36　防夹保护和无钥匙电动车窗功能

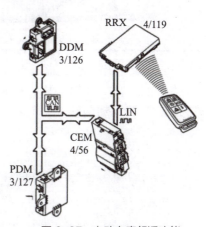

图6-37　电动车窗舒适功能

2. 电动车窗系统组成

电动车窗系统由下列元件组成，如图6-38所示：

1）车窗调节器。

2）电动车窗电动机。

3）电动车窗总开关（由电动车窗开关和车窗锁止开关组成）。

4）电动车窗开关。

5）点火开关。

6）门控开关（驾驶人侧）。

3. 电动车窗系统元件结构

（1）车窗开闭调节器

电动车窗电动机的旋转运动被转换为上下运动，打开和关闭车窗。

车窗由车窗开闭调节器提升臂支持，它用X臂支持，车窗开闭调节器均衡器臂与其相连。车窗用X臂高度的改变来打开和关闭，如图6-39所示。汽车车窗升降调节器的常见类型有绳索式、X臂式。

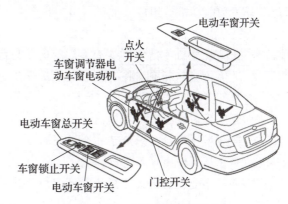

图6-38　电动车窗系统组成

1）X臂式玻璃升降调节器。如图6-40所示，它是用X臂式来实现换向作用的。X臂式上连有螺旋弹簧。当车窗下降时，连接在扇形齿轮上的螺旋弹簧卷起来，被卷绕的弹簧必然储存能量，当车窗升高时，弹簧松开，释放能量，协助升高车窗。弹簧的作用力补偿车窗的重力。没有螺旋弹簧，车窗下降可能需要较小的力量，但升高时则需要更大的力量。螺旋弹簧的作用就是使车窗上升或下降时驱动电动机承受相同的负荷。当电动机转动时，通过蜗轮蜗杆减速并改变旋转方向，使X臂式转动并带着车窗上下进行升降。

图6-39　车窗开闭调节器

图6-40　X臂式玻璃升降调节器

2）钢丝式玻璃升降调节器。如图6-41所示的钢丝式玻璃升降调节器使用柔性齿轮。车窗连在钢丝的一端，当电动机转动时，通过蜗轮蜗杆机构将动力传给小齿轮，小齿轮又使钢丝移动，通过拉动钢丝带动车窗升降。

图6-41　钢丝式玻璃升降调节器

3）电动车窗机械机构。电动车窗机械结构主要是由玻璃升降调节器固定器、升降装置、开关和电动机等组成，如图6-42所示：
- 升降装置由螺栓连接到固定器上。
- 升降装置的关键零件是滑块，滑块连接玻璃，同时在滑道上滑动。
- 滑块的变形和磨损将会导致玻璃滑动阻力增大。

电动车窗固定器如图6-43所示：
- 固定器由螺栓固定在车门上。
- 部分车辆固定器采用了非金属材料。
- 非金属材料固定器重量较轻。
- 采用非金属材料固定器的刚性不亚于采用金属材料的固定器。

图6-42　电动车窗机械机构

图6-43　电动车窗固定器

（2）电动车窗电动机

电动车窗电动机正向或反向转动，驱动车窗开闭调节器。电动车窗电动机由三部分组成：电动机、传动机构和传感器。通过开关操作，电动机正向和反向转动。传动装置将电动机旋转传输到车窗开闭调节器。传感器由用于控制防夹功能的限位开关和速度传感器组成。

电动车窗一般使用双向永磁式电动机，每个车窗一般安装一个电动机。按下或抬起电动车窗开关，电动机正向或反向转动，通过传动机构将动力传给车窗升降调节器，使车窗玻璃升高或降低，如图 6-44 所示。

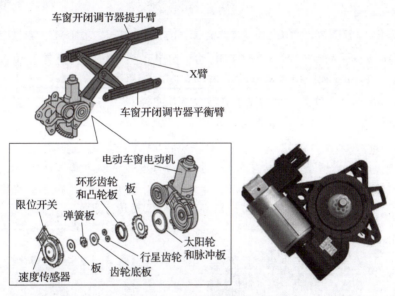

图 6-44 双向永磁式电动机

1）电动车窗电动机控制。车辆电动车窗由相应的电动车窗控制模块控制。每一个控制模块都具有网络通信的功能。
- 电动车窗控制模块通过 CAN 网络与车辆其他模块通信。
- 后门电动车窗控制模块通过 LIN 网络与同侧的前门控制模块通信。
- 通过信息查询系统诊断电动车窗系统时，信息查询系统进入前门的电动车窗控制模块就可以查询后门模块的故障码、参数和做后门的启动和进阶，如图 6-45 所示。

2）电动车窗电动机结构。电动车窗电动机是永磁式直流电动机。该直流电动机的转子有正极和负极两条线路。电动车窗控制模块通过改变两条线路的极性来实现电动机的正转和反转，从而实现电动车窗的上升和下降。
- 如图 6-46 所示，电动机与控制模块一体安装。
- 电动机由直流电动机、减速装置、控制模块组成。
- 电动机轴上装有磁轮，磁轮是位置传感器的信号发生轮，位置传感器给控制模块提供电动机的转速和位置信号。

3）电动机控制工作原理。电动车窗升降工作原理是由电动车窗模块根据输入的信号驱动电动机的正转与反转，从而实现电动车窗的上升和下降。

- 电动车窗控制模块的输入信号有电动车窗开关信号、儿童保护开关信号和遥控器信号。
- 控制模块根据输入信号控制电动机的升降,如图6-47所示。

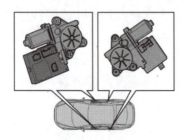 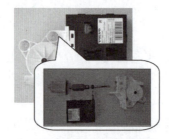 

图6-45 电动车窗模块　　图6-46 电动车窗电动机与控制模块一体　　图6-47 电动机控制工作原理

4)电动机位置传感器。部分车辆在电动车窗电动机中配有传感器。位置传感器用来判断电动机的运转位置和转速,通常称为电动车窗电动机位置传感器。

- 如图6-48所示,位置传感器安装在控制模块电路板上。
- 带有磁性的信号发生轮安装在电动车窗电动机转子轴上。
- 电动机转动就会在位置传感器中产生方形波的脉冲信号。
- 电动车窗控制模块根据位置传感器的信号判断电动机的位置与转速。

5)电动车窗电动机双位置传感器。

- 如图6-49所示,部分车辆电动机内部有两个位置传感器。
- 电动车窗电动机与控制模块分体安装时,位置传感器安装在电动机一侧。

 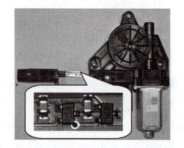

图6-48 电动车窗电动机位置传感器　　图6-49 电动车窗电动机双位置传感器

(3)电动车窗总开关

- 电动车窗总开关控制整个电动车窗系统,如图6-50所示。
- 电动车窗总开关驱动所有电动车窗电动机。
- 车窗锁止开关使车窗的开关无效,驾驶人的车窗除外。
- 根据驾驶人侧的电动车窗电动机来的速度传感器和限位开关信号进行是否卡住的判断(带有防夹保护功能的车型)。

(4)电动车窗乘员控制开关

各电动车窗乘员控制开关分别驱动前部乘员和后面乘员车窗的电动车窗电动机。

电动车窗乘员控制开关分为前部开关(前排乘员)和分控开关(后排乘员),如图6-51所示。乘员控制开关只能控制对应的车窗的升降。

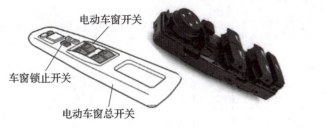

图6-50 电动车窗总开关　　图6-51 电动车窗乘员控制开关

（5）儿童保护开关

儿童保护开关用来锁定后部电动车窗。

- 当按下电动车窗儿童保护开关黄色指示灯会亮时，表示功能启用。
- 指示灯亮后，后门的电动车窗开关将无法开启或关闭该侧电动车窗，如图6-52所示。

图6-52 儿童保护开关

（6）门控开关

门控开关将驾驶人侧车门的打开或关闭信号（门打开：ON，关闭：OFF）传送到电动车窗总开关以便控制无钥匙电动车窗功能，如图6-53所示。

（7）滑动门凹凸面接合开关

凹凸面接合开关位于滑动门和车身上，如图6-54所示，滑动门关闭时，电源供电。打开滑动门将切断电源。

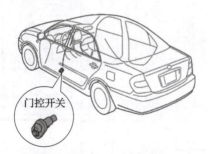

图6-53 门控开关　　图6-54 滑动门凹凸面接合开关

4. 手动开/关功能

1）当点火开关处于ON位置，将电动车窗开关拉到一半，手动的UP信号被输入到IC，并发生下述变化：

Tr：ON。

UP继电器：ON。

DOWN继电器：搭铁电路。

电动车窗电动机朝向上方向转动。当开关被松开时，UP继电器关掉，电动机停止，如图6-55所示。

2）当电动车窗开关被推到一半，手动DOWN信号被输入到IC，并发生下述变化：

Tr：ON。

UP继电器：搭铁电路。

DOWN继电器：ON。

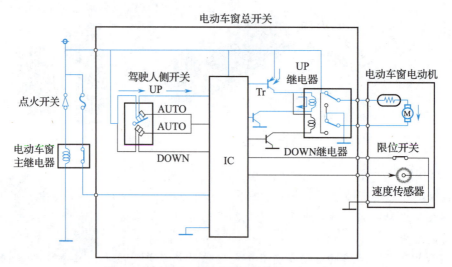

图 6-55 电动车窗开关拉到一半

驾驶人电动车窗电动机朝向下方向转动，如图 6-56 所示。

有些车型装备 PTC 热敏电阻或电路断路器，以防止过电流流经电动机。

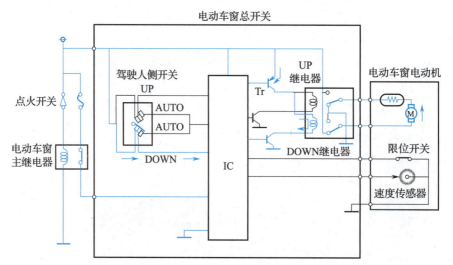

图 6-56 电动车窗开关被推到一半

5. 单触式开/关功能

当点火开关处于 ON 位置，电动车窗开关被拉到底时，一个自动 UP 信号被输入到 IC。因为 IC 有定时器电路并且当自动 UP 信号被输入时，此定时器电路将保持 ON 的情况最多 10s，所以即使在开关被松开后电动机也继续转动，如图 6-57 所示。

如果车窗完全关闭并且 IC 检测到来自电动车窗电动机的速度传感器和限位开关的电动机锁止信号，电动车窗电动机停止转动，如图 6-58 所示。自动关闭功能可以通过把电动车窗开关往打开方向打开一半来终止。

6. 防夹功能

通过两个元件检测车窗是否被卡住：电动车窗电动机中的限位开关和速度传感器。

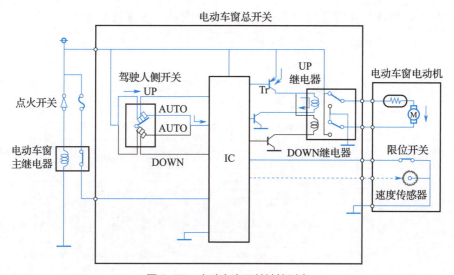

图 6-57 电动车窗开关被拉到底

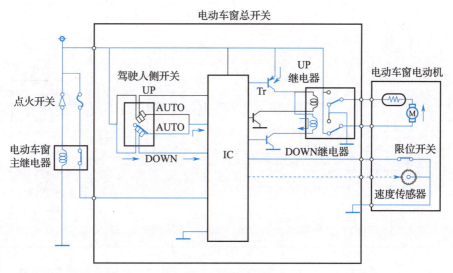

图 6-58 车窗完全关闭

速度传感器根据电动机转速发出一个脉冲信号，从脉冲信号波长的变化可以检测出车窗是否卡住。

限位开关根据齿圈的空段来判别是卡住情况下的脉冲信号波长改变，还是车窗已经完全关闭情况下的脉冲信号波长改变，如图 6-59 所示。

当电动车窗总开关从电动车窗电动机收到卡住信号时，它关掉 UP 继电器，打开 DOWN 继电器大约 1s，以使车窗玻璃退回大约 50mm，以防止车窗玻璃更进一步关闭，如图 6-60 所示。

- 可以通过在车窗和窗框之间插入一物体（例如锤柄）来检测防夹保护功能的运行。
  因为如果当车窗处于几乎要关闭的状态时，防夹保护功能不触发，因此用手试验会引发伤害。

在下面情况下，电动车窗电动机需要重置（到限位开关的初始位置）：
- 当车窗开闭调节器和电动车窗电动机断开时。
- 车窗没有装上，触发了车窗开闭调节器时。

- 执行了任何改变车窗关闭位置的操作,例如更换了车窗玻璃槽时。

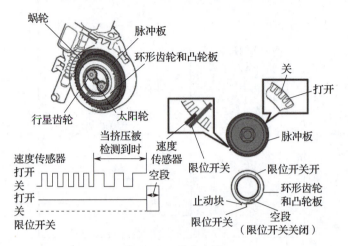

图 6-59 防夹功能

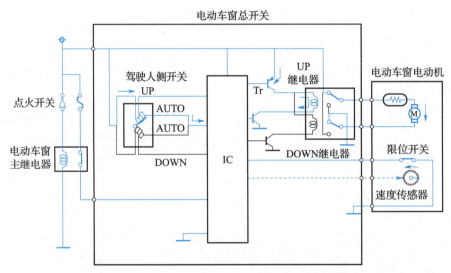

图 6-60 电动车窗总开关从电动车窗电动机收到卡住信号

电动车窗电动机重置方法如图 6-61 所示:
- 将电动车窗电动机和电动车窗总开关连接到车辆的线束。
- 将点火开关旋到 ON 位置,并操作电动车窗总开关,让电动车窗电动机在 UP 方向空转 4s 以上(旋转 6~10 圈)。
- 重置过程参考修理手册,因为步骤因车型不同而有异。

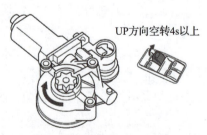

图 6-61 电动车窗电动机重置方法

7. 无钥匙电动车窗功能

无钥匙电动车窗功能根据门锁控制系统控制电动车窗主继电器工作,如图 6-62 所示。当点火开关从 ON 位到 ACC 或 LOCK 位置时,组合继电器检测到此变化,触发定时电路并保持电动车窗主继电器接通大约45s。

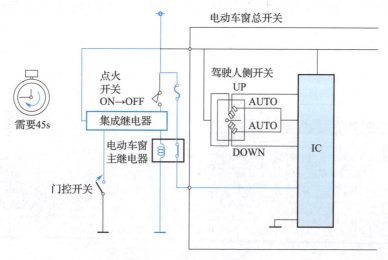

图6-62 无钥匙电动车窗功能

当组合继电器根据来自门控开关的信号检测到车门打开时,继电器关掉电动车窗主继电器。

有些车型在电动车窗总开关中有定时器电路,以控制无钥匙电动车窗功能。

三、电动座椅系统

汽车座椅的主要功能是为驾驶人及乘员提供便于操作、舒适又安全、不易疲劳的驾乘位置。电动座椅是指以电动机为动力,通过传动装置和执行机构来调节座椅的各种位置,给驾驶人提供便于操作、舒适而又安全的驾驶位置;为乘员提供不易疲劳、舒适安全的乘坐位置,如图6-63所示。

座椅的调节正向多功能发展,使座椅的安全性、舒适性、可操作性日益提高。目前常见有带电子控制调节系统的电动座椅和不带电子控制调节系统的座椅。带电子控制的电动座椅自动化程度高,它能够实现座椅前后滑动、座椅的前、后部垂直上下的调节,座椅的高度调节,靠背的倾斜度调节,枕垫的上下调节,以及腰垫的调节等。这种座椅是靠电子控制的,有的还有记忆功能。它能把驾驶人调定的座椅位置靠电脑存储下来,以作为以后调节的依据。驾驶人需要调节时,只要按一下按钮即可按记忆自动调节到理想的位置,如图6-64所示。

座椅是车辆与人接触最密切的部件,人们对轿车平顺性的评价多是通过座椅的感受体验得到的。因此,电动座椅是直接影响轿车品质的关键部件之一,如图6-65所示。

图6-63 汽车座椅

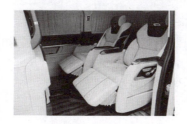

图6-64 多功能座椅

图6-65 电动座椅

1. 电动座椅功能特点

车辆上通常有两个前座椅配置电动调节功能,部分电动座椅还具有电动座椅位置存储记忆功能,如图6-66所示。

(1)电动座椅调节功能

电动座椅可调节的方向有:靠背倾斜角度调节、座椅整体前后移动调节、座椅整体上下升降调节、座椅椅垫前端上下调节,共八个方向,如图6-67所示。

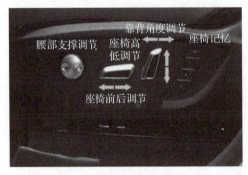

图6-66 电动座椅位置存储记忆功能

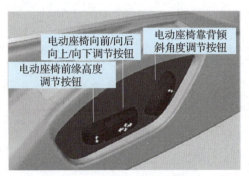

图6-67 驾驶人侧电动座椅开关

- 电动座椅在使用钥匙开启中控门锁后,即可进行电动调节。
- 车辆电气系统进入休眠后,电动座椅将不能进行调节。
- 电动座椅前缘的高度可以进行调节。
- 电动座椅向前/后以及向上/下可以进行调节。
- 电动座椅靠背倾斜角度可以进行调节。
- 多数车辆电动座椅开关安装在电动座椅模块上,开关与控制模块之间没有线束连接。

电动座椅开关除调节功能还可实现紧急停止功能。即车辆行驶时,座椅某一电动机在没有驾驶人指令的情况下错误开始运转,此时按住座椅按键中任何一键,座椅将停止移动。

(2)电动座椅记忆功能

电动座椅的存储与设定功能可适合不同驾驶人的位置要求,如图6-68所示。

- 电动座椅按钮可储存三个座椅位置。
- 每个遥控器对应一个存储位置。
- 电动座椅按钮存储位置与遥控器存储位置可以不重合。

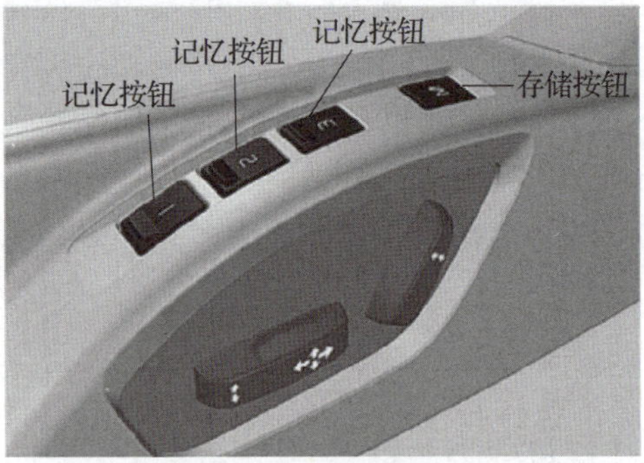

图6-68 驾驶人侧电动座椅开关记忆按钮

2. 电动座椅系统组成

电动座椅一般由电动机(包含前后调节电动机、高度调节电动机、倾角调节电动机、位置传感器、电动座椅模块)、调节开关、传动机构以及座椅等组成,部分车型电动座椅还带有座椅加热及通风等功能,如图6-69所示。

(1)电动座椅机械结构(图6-70)

- 座椅支架有螺栓固定在车辆驾驶室地板上。

- 联动装置由座椅电动机驱动。
- 座椅前后调节时，座椅在滑轨上移动。
- 电动座椅机械结构均有独立的零件编号。

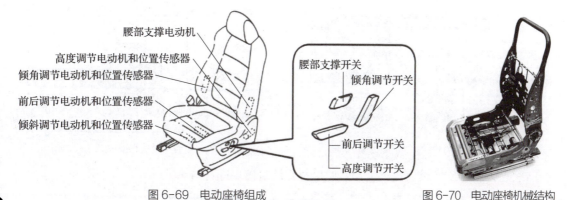

图6-69 电动座椅组成　　　　　　图6-70 电动座椅机械结构

电动座椅由若干个双向电动机、传动装置和座椅调节器、控制开关等组成，当按动某一按钮时，电流就由蓄电池出发，经过所操作的开关进入相应的电动机，最后到达搭铁点，电动机通入电流开始旋转，带动传动机构运动，进行调节；当驾驶人松开按钮后，调节动作终止。电动机的转动通过传动机构改变座椅的空间位置，如图6-71所示。

图6-71 电动座椅电动机和传动装置

（2）电动座椅开关

电动座椅开关根据集成方式分为开关与电动座椅控制模块一体式、开关与电动座椅控制模块分体式，一般包括两部分：靠背调节钮、整体及坐垫调节钮，如图6-72所示。

- 多数车辆电动座椅开关与控制模块集成为一体。
- 少数车辆电动座椅开关与控制模块分体。
- 分体式电动座椅开关可使用万用表进行测量与诊断。

（3）电动座椅位置传感器

电动座椅电动机中有位置传感器，位置传感器记录座椅的位置信号。

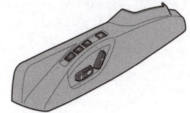

图6-72 电动座椅开关

- 如图6-73所示，电动座椅位置传感器安装在控制模块的电路板上。
- 带有磁性的把轮安装在电动座椅电动机转子轴上。

电动机转动就会在位置传感器中产生方形波的脉冲信号，电动座椅控制模块根据位置传感器的信号判断座椅的实际位置。

（4）电动座椅控制模块

通常两个前电动座椅有独立的控制模块；电动座椅控制模块通过 CAN 线进行通信，如图 6-74 所示。

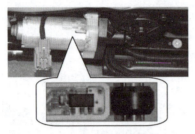
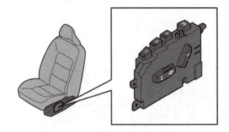

图 6-73　电动座椅位置传感器　　　　图 6-74　电动座椅控制模块

- 电动座椅控制模块通过 CAN 线与相关控制模块进行通信。
- 可使用 VIDA 的参数、启动、编程和进阶功能进行诊断。
- 对于产生故障码的电动座椅控制系统，可使用故障追踪功能对相关故障进行诊断。

（5）电动座椅电动机

电动座椅电动机有正极和负极两条线路，控制比较简单。控制模块可以通过改变两条线路的极性实现电极的正转与反转，从而实现电动座椅各个方向的调节，如图 6-75 所示。

- 通常一个电动座椅有四个电动机。
- 电动座椅每个往返的动作配置一个电动机调节。
- 带有记忆功能的座椅电动机配有位置传感器。
- 电动机可通过信息查询系统"启动"功能判断工作是否正常。
- 还可测量电动机电阻与工作电压，判断其工作是否正常。

电动机一般采用永磁式双向直流电动机。通过控制开关改变流经电动机内部的电流方向，从而实现转动方向的改变，如图 6-76 所示。

（6）传动装置

传动装置把电动机产生的动力传至座椅，电动机一般采用体积小、功率大的永磁型电动机，一般由装在左座侧板上或左门扶手上的开关控制，开关可使某一电动机按不同方向运动。开关接通后，电动机的动力通过齿轮、驱动轴使软轴转动，再驱动座椅调节器运动。电动机的数量取决于电动座椅的类型，通常两向移动座椅安装四个电动机，电动座椅使用的电动机数量可达八个，如图 6-77 所示。

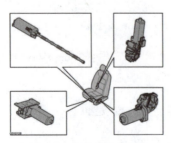

图 6-75　电动座椅电动机　　图 6-76　永磁式双向直流电动机　　图 6-77　电动座椅传动装置

1）高度调整。高度调整机构由蜗杆、蜗轮、齿条、心轴等组成，调整时，蜗杆在电动机的驱动下带动蜗轮转动，从而保证心轴旋进或旋出，实现座椅的上升或下降。

2）前后调整。纵向调整机构由蜗杆、蜗轮、齿条、导轨等组成，齿条装在导轨上。调整时，电动机转矩经蜗杆传至蜗轮，经导轨上的齿条，带动座椅向前或向后移动。

3）倾角调节。靠背调整机构由 2 个调整齿轮与连杆组成。调整时，电动机带动两侧的调整齿轮转动，调整齿轮与连杆联动，通过连杆的动作可调整靠背倾角。

（7）座椅

- 电动座椅为真皮或者仿皮座椅，如图 6-78 所示。
- 真皮/仿真座椅材料有一定弹性，不易变形，易于散热。
- 乘坐舒适，便于安装与拆卸。
- 灰尘只能落在真皮座椅表面，而不会深入到座椅深层，便于清洁。
- 不能使尖锐物品及酸碱液体接触座椅表面。

图 6-78　座椅

3. 电动座椅控制原理

电动座椅控制分为电动座椅位置调节、电动座椅的记忆功能。以下通过两个方面讲解电动座椅控制原理。

（1）电动座椅位置调节

电动座椅位置调节是由电动座椅模块，根据输入信号来驱动电动座椅各个方向的调节电动机来实现的，如图 6-79 所示。

- 输入信号有：电动座椅开关信号、遥控器信号。
- 电动座椅控制模块依据输入信号驱动电动座椅电动机正反转，实现电动座椅某一个调节方向的往复动作。
- 电动座椅电动机正转和反转可实现车辆电动座椅的功能有：座椅整体升降调节、座椅坐垫前端上升下降调节、座椅靠背前后调节、座椅前后调节。

（2）电动座椅记忆功能

电动座椅记忆功能分为座椅按键记忆功能和遥控器记忆功能。由于记忆按键与控制模块一体，所以座椅按键记忆功能的信号传递都在模块内部进行，这里就不再介绍。下面只介绍遥控器记忆功能的工作过程，如图 6-80 所示。

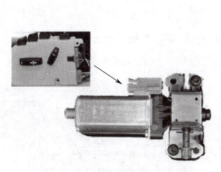

图 6-79　电动座椅位置调节功能

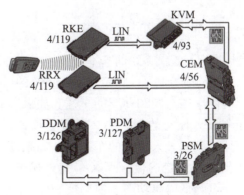

图 6-80　电动座椅记忆功能

- 车辆上锁时,遥控器发出一个上锁信号,上锁信号经过接收器 RKE、免钥匙模块 KVM、中央电子模块 CEM、由电动座椅模块接收到信号后存储驾驶人电动座椅的位置。
- 车辆解锁时,同一遥控器如果发出一个解锁的信号,经过信号的传递,电动座椅控制模块调整座椅位置至该遥控器记忆的位置。
- 每个遥控器发出的信号对应一个座椅位置。

任务二 自适应巡航控制系统

自适应巡航控制(Adaptive Cruise Control,ACC)系统是一种智能化的自动控制系统,它是在传统的巡航控制技术基础上发展而来的。自适应巡航控制系统与传统的车速巡航控制系统相比,在功能上有较大的扩展。

自适应巡航定速系统的基本功能为驾驶人可以选定并保持与前方车辆的车距,通过雷达探测感应器能探知本车与前方车辆的车距及前方车辆的车速,如果两车距离大于希望车距,车辆就会加速到由驾驶人事先设定的希望车速,如图6-81所示。

ACC系统是在定速巡航装置的基础上不断发展而来的,它最先是用在了2003年型的奥迪A8车上。如果"前面没车",那么可以使用驾驶人设定的期望车速来行车,这与定速巡航功能相当。如果前车很慢而导致本车不可能用期望车速来行驶,那么ACC系统可以使得两车保持驾驶人设定的期望车距。

图6-81 自适应巡航定速系统作用

"前面没车":使用驾驶人设定的期望车速来行车,如图6-82所示。

前面车辆的车速比本车的期望车速低:实现期望车距,如图6-83所示。

图6-82 "前面没车":使用驾驶人设定的期望车速

图6-83 前面车辆的车速比本车的期望车速低

一、自适应巡航控制系统

自适应巡航控制系统的基本功能是:保持驾驶人所选定的与前车的距离。

自适应巡航控制系统是定速巡航系统的进一步发展。车上装有一个雷达传感器,它用于测定与前车的车距和前车的车速。如果车距大于驾驶人设定的值,那么车就会加速,直至车速达到驾驶人设定的车速值。如果车距小于驾驶人设定的值,那么车就会减速,减速可通过降低输出功率、换档或必要时施加制动来实现,如图6-84所示。出于舒适性

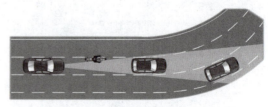

图6-84 自适应巡航定速系统作用功能

的考虑，制动效果只能达到制动系统最大制动减速能力的 25%。这个调节过程可以减轻驾驶人的劳累程度，因此可以间接提高行车安全性。在某些情况下，还是需要驾驶人来操纵制动器工作。

1. 自适应巡航控制系统的局限性
- 自适应巡航控制系统是一个驾驶人辅助系统，绝不可以将其看成安全系统。它也不是全自动驾驶系统。
- 自适应巡航控制系统在车速为 30~200km/h 时才工作。
- 自适应巡航控制系统对固定不动的目标无法作出反应。
- 雨水、浮沫以及雪泥水会影响雷达的工作效果。
- 当转弯半径很小时，由于雷达视野受到限制，所以会影响系统的功能。

2. 自适应巡航控制系统工作条件

为了能实现与相应车道上前行车辆保持与车速相关的恒定车距，ACC 调节软件必须知道下述信息：

1）与前车的车距，如图 6-85 所示。

2）前车的车速，如图 6-86 所示。

图 6-85　与前车的车距

图 6-86　前车的车速

3）前车的位置，如图 6-87 所示。

如果雷达同时侦测到多辆车，那么上述信息就被用来选择车辆，以便针对选择的车辆来进行相应的调节中，如图 6-88 所示。

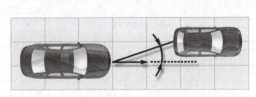

图 6-87　前车的位置

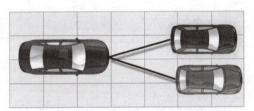

图 6-88　雷达同时侦测到多辆车

二、雷达技术

雷达技术被用来实现 ACC 基本功能。雷达波束的波长非常短，这相对于光学系统来说就有优势了。如有雾、雪花飞舞，雷达波束被吸收和被分散的程度明显就低多了。因此，其系统可靠性比光学系统要高。

雷达是一种给物体定位的电子手段。发射出去的雷达波束碰到物体表面后会被反射回来。

从发射信号到接收到反射信号所需要的时间取决于物体之间的距离，将再次接收到的反射波束与发射波束进行对比并分析。

1. 距离测量

发射器/接收器与物体之间距离同信号传递时间的关系，如图6-89所示。

示例：B中的距离是示例A中的两倍，那么B中反射信号到达接收器所需时间就是A中的两倍。

直接测量这个时间是很复杂的事，因此实际采用的是一种间接测量法，称为调频连续（等幅）波（FMCW）法。这种方法是将连续发射的超高频振荡波（其频率随时间变化）作为发射信号。这种方法是将连续发射的超高频振荡波（其频率随时间变化）作为发射信号。频率变化（调频）速率为200MHz/ms。

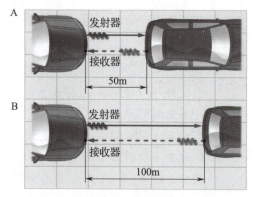

图6-89 距离测量

作为"运输工具"的载波信号频率在76~77GHz之间。通过这种方法就可以避免使用很复杂的直接测量时间的方式，只需简单地比较一下发射信号和接收（反射）信号的频率差就可以了，如图6-90所示表示的是±200MHz的载波信号通过频率调制时的频率变化。在调频信号振幅（信号强度）几乎保持恒定不变时，频率（单位时间内振动次数）却是在变化着的。在这两个图中，标有A的时间点的信号频率达到最大值（单位时间内振动次数最多）；标有B的时间点的信号频率达到最小值（单位时间内振动次数最少）。

发射信号和接收（反射）信号的频率差直接取决于物体之间的距离。物体之间的距离越大，反射信号被接收前所"运行的时间"就越长，于是发射频率和接收频率之间的差就越大，如图6-91所示。

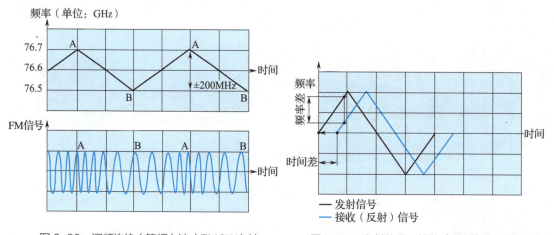

图6-90 调频连续（等幅）波（FMCW）法　　图6-91 发射信号和接收（反射）信号频率差

2. 确定前车的车速

要想确定前车的车速，需要应用一种物理效应，这种效应被称为"多普勒效应"。

对于反射发射出来的波的物体来说，它相对于发射出波的物体是处于静止状态还是运动状态，是有本质区别的。

如果发射出波的物体与反射波的物体之间的距离减小了，那么反射波的频率就提高了；反之，若距离增大，那么这个频率就降低。电子装置会分析这个频率变化，从而得出前车的车速。

(1)"多普勒效应"应用示例

当救护车驶近时,其警报声听起来是一种持续的高音调(高频)。当救护车越走越远时,我们听到的音调就降低了(频率渐变——低频),如图6-92所示。

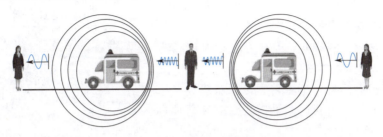

图6-92　多普勒效应示意图

(2)确定前车车速的示例

前车越走越快,与后车的距离增大了。根据"多普勒效应",接收(反射)的信号(Δf_D)的频率就降低了。

因此会导致在信号的上升沿(Δf_1)和下降沿(Δf_2)之间产生一个不同的差频,车距调节控制单元会分析这种差别,如图6-93所示。

3. 确定前车的位置

雷达信号呈叶片状向外扩散。信号的强度(振幅)随着与车上发射器的距离增大而在纵向(Y)和横向(X)降低,如图6-94所示。

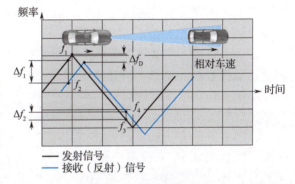

图6-93　确定前车车速

Δf: 发射信号$f_{1/3}$和接收信号$f_{2/4}$的频率差

要想确定车辆位置,还需要一个信息:就是本车与前车相对运动的角度。

为了获取这个信息,最新的奥迪车型上都装有发射/接收单元,该单元上配备有四个发射器和四个接收器。通过使用的信号强度与发射器距离的关系,再加上四个雷达射束,就可以准确确定出前行车辆的位置了。雷达射束在其边缘区是重叠的。

如图6-95所示,前面的车辆被雷达射束2和3同时侦测到了。在这个例子中,车辆大部分处于信号2的区域内,因此信号2的接收(反射)信号强度(振幅)就大于信号3的。各个雷达射束接收(反射)信号强度的关系就表达了这种角度信息。

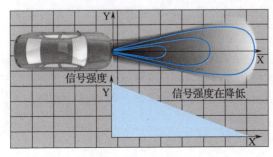

图6-94　雷达信号

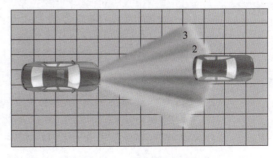

图6-95　确定车辆位置

4. 确定针对哪辆车来进行调节

在实际行车中（如在高速公路、多车道路面以及转弯时），在雷达的视野中一般会出现多辆车。这时就得识别：哪一辆与本车行驶在同一条车道上（或者说：本车应与哪辆车保持选定的车距），此时需要车距调节控制单元先来确定车道。

这个过程是相当复杂的，是建立在很多传感器的测量数据基础上的。需要的信号有：转向角传感器、横摆率传感器信号、车轮转速传感器信号，对这些信号进行分析就可获得车辆在公路上转弯时的信息，如图 6-96 所示。

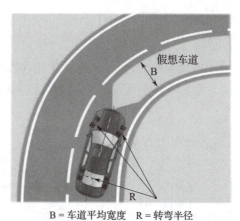

图 6-96 获得车辆在公路上转弯时的信息

在有相应装备的车辆上，由摄像头另外来识别车道识别线。由雷达探测到的公路护栏、道路分隔柱以及道路上其他车辆的运动方向，也能推断出车辆将要经过的道路情况。如果车辆配备有增强型导航系统的话，还会用预测的道路数据来确定道路情况。

这条"假想"车道是控制单元根据带有 ACC 系统的车的当前转弯半径 R 和确定的车道平均宽度 B 得出来的。雷达在本车道上探测到的离得最近的物体（车辆），就被认为是目标车辆（指本车就是针对这辆车来进行调节）。如果满足调节条件，那么本车就与这辆车保持所期望的车距。

在弯道不断变化或者驶入弯道及驶离弯道时，可能出现这样的情况：本车短时"失去"了目标（前车），或将相邻车道上的某车当成了目标。这就可能导致这样的情况：ACC 系统会使得车辆短时加速或减速。这种情况较少发生，其原因是没能准确查明道路情况。

示例：后车用 ACC 系统跟随着同一车道上的前车在行驶着。进入弯道时，后车直线驶向了相邻车道上的车，这就可能把这辆车当成了目标车辆。因此，就会出现短时调节过程，驾驶人会觉得这个调节不太对劲，如图 6-97 所示。这种调节特性是系统本身的原因，并不表示有故障。

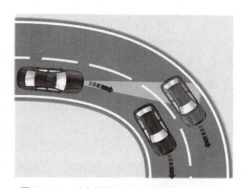

图 6-97 后车以规定的车距跟着前车行驶

5. 自适应巡航控制（ACC）系统的局限性

- 自适应巡航控制系统是一个驾驶人辅助系统，绝不可以将其看成安全系统。它也不是全自动驾驶系统。该系统减轻了驾驶人的工作量，但不能免除驾驶人应承担的责任！
- 自适应巡航控制系统仅在一定车速范围时（具体视车型而定）才能实施调节。
- 自适应巡航控制系统对固定不动的目标无法作出反应。
- 雨水、浮沫以及雪泥水会影响雷达和其余相关传感器（摄像头、超声波传感器）的工作效果。
- 当转弯半径很小时，由于雷达视野受到限制，所以会影响系统的功能。
- 车辆驶经隧道时，隧道壁会反射雷达波束。这个反射有时会干扰正常的调节。

三、ACC 系统参数

1. 作用距离和作用角

雷达波束的作用距离和作用角取决于雷达发射/接收单元的结构形式和数量，如图 6-98 所示。

对于奥迪 A6、A7 和 A8 车来说，这个作用距离（还能可靠地识别出目标时）大约为 200m；对于奥迪 A3、A4、A5、Q5 和 Q7 车来说，这个作用距离大约为 180m。起始探测范围是从距车前约 0.5m 时开始的，如图 6-99 所示。

最新的 ACC 系统使用带有四个发射器/接收器的发射和接收单元，其波束部分重叠。

图 6-98 雷达波束

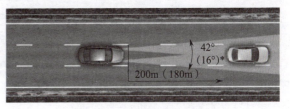

图 6-99 雷达波束作用距离

对于带有两个发射/接收单元的车，由于采用了双雷达结构，所以其雷达波束作用角明显增大了。车前 30m 处的探测宽度就达 16m，这比三车道的高速公路都宽了。因此 ACC 就可以提早识别出驶入本车车道的车辆了。相应的，ACC 也可以对制动过程和警告信息作出预见性反应。

2. 调节范围/车速范围

ACC 系统工作的允许调节车速范围（图 6-100 和图 6-101），取决于车型和国别。对于具体车型，下述内容是适用的：

（1）A4、A5、Q5

ACC 工作范围是 30~200km/h。在某些国家有限制（30~150km/h）。

（2）A3

车速范围取决于车辆装备情况。如果车辆装备有驾驶人辅助包（带有驾驶人辅助系统正面摄像头 R242），那么这个车速范围也是 30~200 km/h；在装备有自动变速器的车上，调节过程在需要时可一直持续到车停住为止；如果车辆未装备驾驶人辅助包，那么车速范围是 30~150km/h。

（3）Q7

ACC 工作范围也是 30~200km/h，调节过程在需要时可一直持续到车停住为止。

（4）A6、A7、A8

调节范围是 30~250km/h，调节过程在需要时也可一直持续到车停住为止。在某些国家有限制（30~150km/h）。

图 6-100 调节车速范围显示区

图 6-101 自适应巡航系统调节

3. 目标识别

对于所有奥迪车型上使用的 ACC 系统来说，在使用雷达传感器来识别目标时，如图 6-102 所示，下面的规则都是适用的：

图 6-102 使用雷达传感器来识别目标

1）ACC 对移动的物体或者被识别为移动的物体才会有反应。该系统虽然也能识别静止的物体，但是就其基本功能来讲，它是不会对静止的车辆、人、动物、横穿或者迎面来车做出反应的。当然，ACC 附加功能在调节过程中也会考虑到静止物体的。

2）这方面的一个例子就是停停走走功能，处于静止的 ACC 调节车和静止的前车之间有障碍物，该物已经被探测到了。在前车起步后，自动起步过程在这种情况下要做适当调整或者彻底被禁止。在这种情况下，是通过附加传感器来探测附近的静止障碍物的（摄像头、超声波传感器）。

四、系统部件组成

图 6-103 所示是奥迪 A8 上与 ACC 调节有关的所有控制单元。最复杂的调节过程涉及到 26 个控制单元，这些控制单元要交换大约 1600 个信息。

图 6-103 系统部件组成示意图

传感器（雷达发射器和接收器）与相应的控制单元是安装在同一个壳体内的（也被称为 ACC 控制单元）。这些件是不可拆开的，在售后服务中只能整体更换。该单元固定在一个支架上并可以调节，与车上的支架（保险杠）用螺栓拧在一起，如图 6-104 所示。透镜型的护盖中集成有加热丝。

四个雷达传感器不断地发射出雷达波，这些雷达波通过透镜型的护盖汇聚成束，如图 6-105 所示。接收到的雷达信号由控制单元来进行分析。集成的电加热装置在大多数行驶情况下，可以防止出现雪 / 冰沉积（冰雪会使雷达波束衰减）。

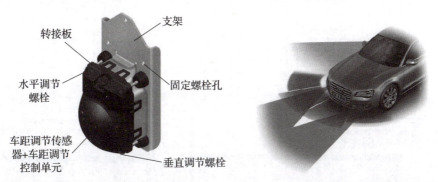

图 6-104　ACC 控制单元　　图 6-105　雷达传感器不断地发射出雷达波

如果识别出有调节的必要了，则会通过制动或者加速来让本车与前车保持驾驶人所选择的车距。根据需求，可以利用下述功能：

- 执行主动制动过程（由 ESC 制动单元来执行；在奥迪 Q7 上通过主动制动助力器来执行）。
- 根据需要降低或者提高发动机输出的转矩。
- 如果是自动变速器车，那么起动或者制止变速器换档过程。

车距调节控制单元与其他控制单元是通过数据总线来进行通信的。为此，ACC 控制单元通过一条专用数据总线与数据总线诊断接口（J533）连接在一起。在配有两个发射 / 接收单元和两个控制单元的 ACC 控制系统中，采用的是主从结构。控制单元 J428 为主，控制单元 J850 为从，如图 6-106 所示。

操纵杆在转向柱左侧。开关的位置由车距调节控制单元来读取，并启动相应的系统反应 / 系统调节，如图 6-107 所示。

图 6-106　控制单元 J428 和控制单元 J850　　图 6-107　自适应巡航系统操纵杆

五、系统功能

1. 联网—数据传送

部件作为传感器和执行元件参与奥迪 A6、S6、RS6、A7、S7、RS7、A8 和 S8 上的 ACC 控制功能。在相应的部件名称下面，简要地列出了这些部件发射或者接收的信息，如图 6-108 所示。

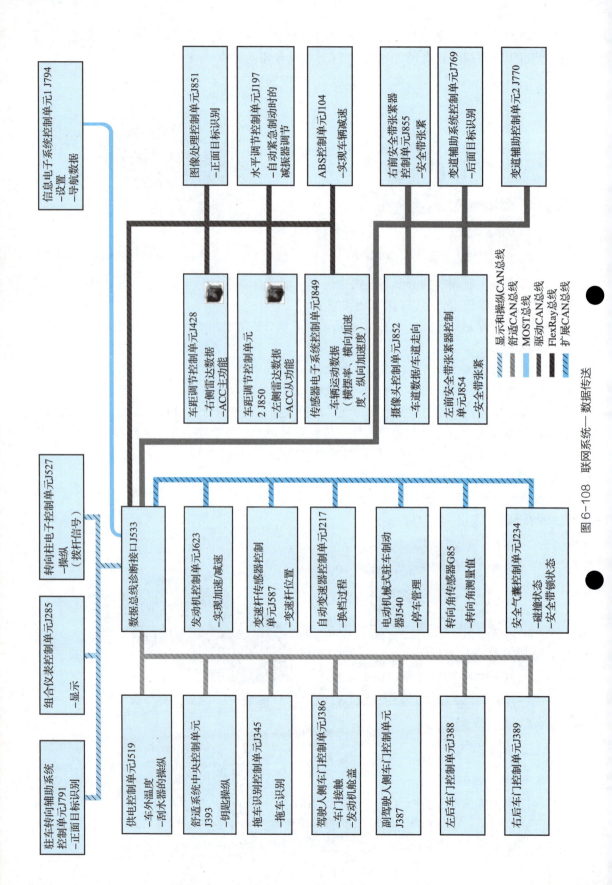

图6-108 联网系统—数据传送

2. 操作和驾驶人信息

重要的操纵功能都集成在拨杆上（车距自动调节按键 E357），使用转向盘左侧的自适应巡航系统操纵杆来进行操纵，如图 6-109 所示。

（1）接通 / 关闭 ACC

拨杆（操纵杆）有两个卡止位置。如果正常接通，就把拨杆向驾驶人方向拉动即可（ON）；关闭则需反向推动拨杆（OFF）。

图 6-109 自适应巡航系统操纵

起动发动机后，根据这个操纵杆的位置情况，ACC 系统会处于 BEREIT 模式（操纵杆在 ON）或 AUS 模式（操纵杆在 OFF 位置）。

通过操纵杆接通后，该系统也是处于 BEREIT 模式的。只有在设定了期望车速后，ACC 才会进入 AKTIV 模式，且在需要时才会执行调节过程。在接通了 ACC 后，电子稳定控制（ESC）和电子驱动防滑调节（ASR）功能也就都被激活了（如果它们先前已被驾驶人关闭）。这两个系统在接通 ACC 时是无法关闭的，如图 6-110 所示。

（2）设定期望车速

按下 SET 按键就可以将当前的车速作为所期望的巡航车速存储起来。一般来说，设置的期望车速应在 30km/h 以上。带有停停走走功能的车，在车速低于 30km/h 时也可以设定期望车速。随后车辆就会被加速至 30km/h，然后就按这个车速来调节了。如果车辆是带有两个 ACC 控制单元的且车速超过了 250km/h，这种情况下按压 SET 按键的话，车速就先降至 250km/h，然后就按这个车速来调节了。向上推操纵杆，可以提高期望车速；向下推操纵杆，可以降低期望车速（每次车速变化步长为 5 或 10km/h），如图 6-111 所示。

图 6-110 操纵杆位置

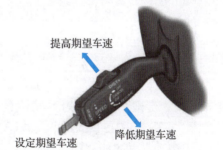

图 6-111 设定期望车速

当前的期望车速通过车速表上的发光二极管来指示，以及在操纵了 SET 按键后马上显示在中间显示屏的信息栏处，如图 6-112 所示。

（3）设定期望车距

本车与前车之间的车距可由驾驶人设定为四个级别，自适应巡航系统设定的车距取决于当时的车速。出厂时的默认设定车距级别是 3（即 DISTANZ 3）。

图 6-112 发光二极管呈暗红色发光状态

随着车速的提高，车距也增大。当车辆以恒定车速行驶时，设定的车距应遵守交通法规的要求。

操纵杆上的滑动开关就是用来设定巡航车距的，每推动一次该开关，车距就提高或降低一档。所选定的巡航车距就确定了车辆加速时的动力性能，如图 6-113 所示。

所选定的巡航车距短时显示在仪表板中央显示屏上，按键第一次按下时，中央显示屏就接通了，显示出的两车之间的横条数目就表示所选定的车距级别。起动发动机后，车距级别的基本设定可按驾驶人来进行调整，如图 6-114 所示。

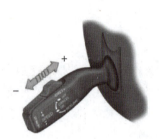

图 6-113　操纵杆上的滑动开关

DISTANZ 1	DISTANZ 2	DISTANZ 3	DISTANZ 4
时间间隔 1.0s	时间间隔 1.3s	时间间隔 1.3s "半速"	时间间隔 2.3s
动力学特性：运动型	动力学特性：标准型	动力学特性：标准型	动力学特性：舒适型
适用于：车辆呈密集队列缓慢前进和急速起步	适用于：车辆队列自由移动和舒适跟行	适用于：车辆队列自由移动和舒适跟行	适用于：乡村道路带挂车模式

图 6-114　所选定的巡航车距短时显示

3. 设定行驶程序

如果车上装备有奥迪 Drive Select（驾驶模式选择）系统，那么行驶程序就在 Drive Select 上来选择；否则就在收音机 MMI 上来选择。

通过选择特定的行驶程序/行驶模式，如图 6-115 所示，驾驶人可以在 ACC 调节过程中来对车辆加速特性和跟行特性施加影响有：

- efficiency（高效）。
- comfort（舒适）。
- auto（自动）。
- dynamic（运动）。
- individual（个性化）。

另外，选择了较大的车距，那也就是自动选择了较为舒适的加速特性。最大的加速是在选择了车距 1（DISTANZ 1）和行驶程序 dynamic（运动）时才能实现；最舒适的则是

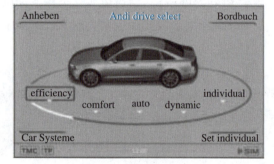

图 6-115　选择行驶模式

选择了车距 4（DISTANZ 1）时才能实现；在选择了 efficiency（高效）模式时，是最节省燃油的，且加速也比较舒适；在选择了 individual（个性化）模式时，驾驶人可以自由选择期望的加速与其他系统设置（发动机、变速器、转向器）的配合。

（1）设定提示音音量

锣音信号会将各种系统状态通知驾驶人，视觉和声音信号都有。在 A3、Q3、Q5、Q7 和 A4、A5 车上，这个锣音信号的音量可以由驾驶人在收音机 MMI 上来调节。有三种设置可供选用："低""中""高"。

如果激活设置中的 aus（关闭），那么声音信号就听不到了（无声了），即使是关闭了锣音，出于功能方面的原因，也不是所有锣音信号都被关闭了。现在，A6、A7 和 A8 车上的锣音信号的音量是自动适配的。

（2）系统状态显示

指示灯和组合仪表中间显示屏上的显示为驾驶人提供系统状态信息。当前的期望车速由车速表上的发光二极管环来显示，如图 6-116 所示。

（3）要求驾驶人接管车辆

为了让驾驶人安心且感到舒适，在使用 ACC 控制基本功能来实现期望车距的自动制动过程中，其最大制动减速度被限制到最大可能制动减速度的约 40%。在某些情况下，这个制动减速不足以保持规定的车距，这时就需要驾驶人来"协助"了。具体说，就是通过视觉和声音警告信息来要求驾驶人接管车辆并实施制动，如图 6-117 所示。

图 6-116　为驾驶人提供系统状态信息

图 6-117　要求驾驶人接管车辆

ACC 是个驾驶人辅助系统，它是用来减轻驾驶人负担的。驾驶人可随时施加影响。主动式的 ACC 控制调节过程，可以通过施加制动来中断。同样，可以"猛踩"加速踏板来提高 ACC 已经设定了的车速和加速度。

六、自适应巡航控制工作原理

1. 关闭自适应巡航系统（BEREIT 模式）

向车的行驶方向轻触操纵杆就关闭了自适应巡航系统，这时的模式就从 AKTIV/üBERTRETEN 切换到 BEREIT。显示巡航车速的发光二极管仍在工作，松开后拨杆又自动回到 ON 位置，如图 6-118 所示。踏下制动踏板也可关闭自适应巡航系统。

2. 激活自适应巡航系统（RESUME）

如果自适应巡航系统已经被关闭且处于 BEREIT 模式，那么向驾驶人方向拉拨杆就可以激活自适应巡航系统，如图 6-119 所示。前提条件是已经设定了巡航车速。

图 6-118　关闭自适应巡航系统（BEREIT 模式）

图 6-119　激活自适应巡航系统（RESUME）

3. 自适应巡航控制工作原理

后车驾驶人已经激活自适应巡航控制系统,并选定了巡航车速 v 和巡航车距 D_w,后车已经加速到了选定巡航车速,如图 6-120 所示。

后车识别出前车与自己行驶在同一条车道上,于是后车通过收加速踏板,必要时也会施加制动来减速,直至两车之间的距离达到设定的巡航距离,如图 6-121 所示。

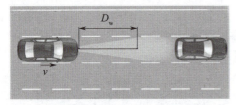

图 6-120　选定了巡航车速 v 和巡航车距 D_w

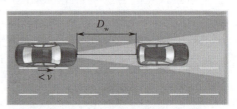

图 6-121　后车识别出前车与自己行驶在同一条车道上

如果这时有另一辆车(摩托车)闯入两车之间,那么自适应巡航系统施加的制动就不足以使后车和摩托车之间的距离达到设定的巡航车距,于是就有声、光报警信号来提醒驾驶人:应踏下制动踏板施加制动,如图 6-122 所示。

如果前车驶离车道,那么雷达传感器会侦测到这一情况,于是后车又开始加速,直至达到设定的巡航车速,如图 6-123 所示。

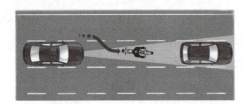

图 6-122　摩托车闯入两车之间

图 6-123　前车驶离车道

4. 状态图

状态图如图 6-124 所示。

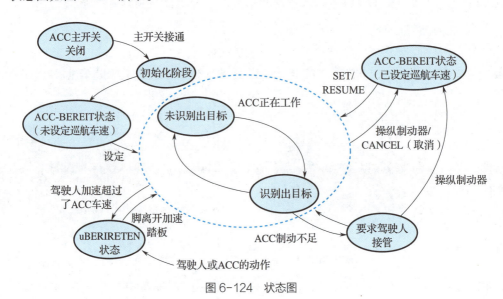

图 6-124　状态图

5. 系统一览图

系统一览图如图 6-125 所示。

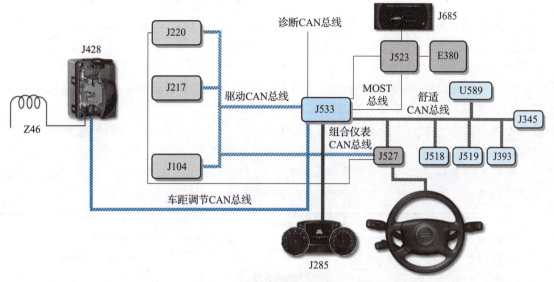

图 6-125　系统一览图

J428—车距调节控制单元　J220—多点喷射控制单元　J217—自动变速器控制单元　J104—ESP 控制单元
J533—数据总线诊断接口（网关）　J285—组合仪表内带显示屏控制单元
J527—转向柱电器控制单元 / 转向角传感器 G85　J523—信息显示和操纵控制单元

七、ACC 附加功能

1. 制动警告

（1）制动警告功能

制动警告在危险情形时会警示驾驶人。这种危险发生的典型原因可能是前车突然实施了强力制动，或者是本车高速行驶时靠近了前面行驶得非常慢的车了。另外，没能与前车保持必需的车距，其危险性也是很高的。即使 ACC 没有激活或者已经关闭，制动警告也仍处于激活状态。

制动警告功能是靠雷达信号来识别危险情形的。如果车上装备有驾驶人辅助系统正面摄像头 R242，在评估危险情形时也会参考视频信息的，如图 6-126 所示。

制动警告可实现两种警报情形：

制动警告通过分析雷达信号，识别出：在一个较长的时间段内，本车与前车的车距太小了（小于选择车距级别 1 时所实现的车距了）。前车的强力制动可能导致撞车了。

图 6-126　制动警告

在这种情况下，制动警告功能会发出警报来提醒驾驶人。显示屏上会有一个指示灯被激活并呈红色在闪烁，如图 6-127 所示。

（2）跟车行驶警告（预警）

如果本车与前车之间的车距快速减小，再这样下去只能通过避让或者不舒适的制动来避免撞车的话，就会触发跟车行驶警告。这就需要驾驶人立即做出反应。根据危险程度，这个警报会激活警告灯和中间显示屏上的显示以及锣音信号，如图6-128所示。

图6-127 制动警告功能会发出警报来提醒驾驶人

在这种情况下，需要驾驶人去主动进行制动，以便将制动能力提高到一个较高值（＞最大减速能力的40%）。如果驾驶人不理会这个警告，车距调节控制单元就会通过ESC控制单元，在最后还能实施制动（以避免撞车）前一刻，短时形成一个制动压力（制动力），如图6-129所示。

驾驶人能明显感觉到这个警告耸车过程，这不是用于给车辆减速的，而是再次提示驾驶人：你必须立即作出反应，以避免与前车碰撞。

图6-128 跟车行驶警告

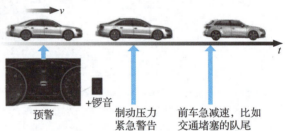

图6-129 短时形成一个制动压力（制动力）

如果驾驶人对制动压力紧急警告不予理睬，那么系统会通过自动制动干预来提供帮助。下面就讲述从警告到自动全制动过程中系统按时间顺序（阶段1~4）的反应。如图6-130所示，一辆配备有ACC和Audi Pre Sense Plus的奥迪A8正以高速接近前面一辆行驶缓慢的大型货车。在本例中，奥迪A8的其他的Audi Pre Sense功能（比如安全带张紧器），就取决于具体车型的使用了。

Phase 1（阶段1）

ACC控制单元内的制动警告已经识别出碰撞的危险现在增大了，且准备激活用于提示驾驶人的视觉和声音警报。如果随后无法通过舒适制动方式或者避让来避免碰撞的话，就会触发这个警报，如图6-131所示。至于到底何时触发警报，这取决于驾驶人的驾驶风格。调查表明：通过驾驶风格可以来判断出驾驶人注意力的集中程度。例如：以运动方式来驾车的话，需要频繁地踏加速踏板和变换车道，这就可推断出驾驶人注意力是很集中的了。

图6-130 从警告到自动全制动过程中系统按时间顺序（阶段1~4）的反应

图6-131 提示驾驶人的视觉和声音警报

于是，警告出现的比注意力不集中的驾驶人开车时要晚一些。这时，ESC 控制单元就接到一个任务：要求在制动系统内主动建立起一个约为 2bar 的制动压力。这个措施的目的是：减少随后一旦使用制动器时的时滞。制动衬块这时就会贴到制动盘上，会对制动盘进行清洁或者使之干燥。这个功能类似于 ESC 控制单元的"制动盘刮洗"功能，该措施的目的是：降低制动系统反应的延迟时间，并通过让制动衬块接触制动盘的方式来清洁/干燥制动盘，如图 6-132 所示。

图 6-132　在制动系统内主动建立起一个约为 2bar 的制动压力

同时，液压制动辅助系统（HBA）的触发极限标准，是根据车辆周围的交通情况而改变着的。现在，由于潜在的撞车危险性很大，所以即使制动踏板的踏动速度非常小，也会触发液压制动辅助系统。为了准备迎接马上到来的运动式驾驶状态（比如避让或者急速制动），自适应空气悬架（AAS）会将减振器设置到最大阻尼力状态（要配备这种相应的装备），如图 6-133 所示。

- 视觉和声响警告。
- 制动系统预加压。
- 减振器设置。

Phase 2（阶段 2）

如果驾驶人不理会这个警告，车距调节控制单元就会在最后还能实施制动（以避免撞车）前一刻，短时形成一个制动压力（制动力），驾驶人能明显感觉到这个警告性制动耸车过程。这只是再次提示驾驶人：你必须立即做出反应（避让、制动）。如果随后驾驶人执行了紧急制动（就是急速踩下制动踏板），那么液压制动辅助系统（HBA）在必要时会提供帮助，如图 6-134 所示。

图 6-133　自适应空气悬架（AAS）　　图 6-134　液压制动辅助系统（HBA）

液压制动辅助系统（HBA）的灵敏度界限值在阶段 1 中已经按照潜在的危险性降低了。如果驾驶人踏下制动踏板的力非常小，以至于没能达到计算出的必需的车辆制动效果，那么 ESC 就会对此施加额外所必需的制动压力。那么此时的制动压力建立就会是这样的（就是要按达到这样的目的来建立制动压力）：本车在前车后面一点儿停住或者是尽量降低车速以至于跟行前车没危险了。如果需要，可以实现最大减速值（指相应路面物理条件许可的）：

- 制动压力。
- 部分制动（约 30%）。
- 减小安全带的松旷。
- 部分制动（约 50%）。

- 关闭车窗/滑动天窗。
- 转向灯紧急闪烁。

如果在出现警告耸车后驾驶人没有采取制动，那么 ACC 就通过 ESC 自动执行制动。在开始时这个制动压力建立可产生中等程度减速（持续约 1.5s），约是最大可能减速的 30%。在开始这个自动制动时，通过 Audi Pre Sense（预防保护系统）来收紧安全带，以便有效拉住驾驶人，如图 6-135 所示。

图 6-135 ACC 通过 ESC 自动执行制动

Phase 3（阶段 3）

通过 ESC，使得制动压力升至最大减速能力的约 50%。通过转向灯紧急闪烁来提示后面车辆现在有危险情况。由于现在碰撞的可能性很高，通过 Audi Pre Sense（预防保护系统）将已打开的车窗/滑动天窗尽可能关闭，这其实是为了提高驾驶室的稳定性，在紧急情况下保护乘员（防止异物进入），如图 6-136 所示。

- 部分制动（约 50%）。
- 关闭车窗/滑动天窗。
- 转向灯紧急闪烁。

Phase 4（阶段 4）

如果这时驾驶人仍没有做出反应且以这个较高的剩余车速行驶已无法避免撞车了，那么就在马上要碰撞的时刻点前，还会再次提高制动压力。Audi Pre Sense（预防保护系统）还会激活安全带张紧器，如图 6-137 所示。

图 6-136 将已打开的车窗/滑动天窗尽可能关闭

图 6-137 激活安全带张紧器

这时通过驾驶人已经无法阻止碰撞了，但是通过全制动可以将车速继续降至 12km/h 以下。尽管驾驶人没有主动去避免碰撞，制动警告功能还是会将碰撞车速总计降至 40km/h 以下。驾驶人不主动干预就不会阻止碰撞，但是通过使用制动警告功能可以大大缓解碰撞的严重程度。

- 激活安全带张紧器。
- 全制动。

与 ACC 基本功能不同之处在于：制动警告功能对静止的物体也会做出反应。在这种情况下，会出现视觉和声音警报以提醒驾驶人，必要时还会出现警告耸车。但是当车速高于 30 km/h 时不会出现自动制动过程。当车速低于 30 km/h 时，会激活"低速时全减速"。

视觉/声响方面的车距警报/撞车警报，以及奥迪制动警告装置（Audi Braking Guard），可以根据需要在 MMI 上关闭。驾驶人可以将制动警告功能整个系统都关闭，也可以只将车距警告和跟行警告关闭。激活 ESC 运动模式或者越野模式，那么制动警告装置也就关闭了，如图 6-138 所示。

2. 带有行驶换道辅助系统（Side Assist）

车上装备有行驶换道辅助系统（Side Assist），那么在计算 ACC 调节过程时就要考虑到车后雷达传感器的数据。如果识别出左侧相邻车道可以换道（没车），必要时自动制动介入会稍晚点进行。

ACC 这时在"等着"驾驶人去决定是否进行换道。这种调节策略的目的是：不让驾驶人过早地"进入制动状态"，只在必须调整时才进行调整（保持驾驶舒适性），如图 6-139 所示。

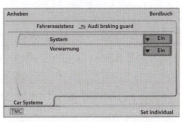

图 6-138　激活 ESC 运动模式

3. 停停走走系统

在最新的带有 ACC 的奥迪车上，可以实现停停走走功能。与奥迪 Q7 上的 ACC 一样，上述车也可以自动实施制动，直至车停住。

但有个前提条件：目标车辆（就是前行车辆）在本车停住之前，必须处于运动中。在探测到目标的那个时刻点，不会针对静止的目标（比如停住的车辆）去进行调节的。

如果 ACC 侦测到的前行车辆停住了，那么 ACC 车辆也会自动制动到停止状态（不用驾驶人来操纵）。如此实现的减速状况取决于车速。当车速低于 50km/h 时，最大减速度可达约 4m/s²。距离停住的最后 2~3m，车辆是用约 2km/h 的速度"爬行"走完的。与前车的车距保持在 3.5~4m。

如果前车在短时停住后又开始前进了，那么 ACC 车（就是本车）也会自动加速。为实现本功能所需要的制动，是由 ESC 制动压力建立功能来实现的，如图 6-140 所示。

图 6-139　雷达识别车道

图 6-140　前车在短时停住后又开始前进

起步准备的持续时间取决于车型，可以通过操纵操纵杆（位置 RESUME）延长一个固定的时间值，如图 6-141 所示。

如果 ACC 通过主动制动过程将车辆停住，那么在下述情况下会自动拉紧电动驻车制动器并关闭 ACC，如图 6-142 所示：

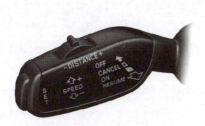

图 6-141　操纵操纵杆

图 6-142　电动驻车制动器

- 停车时间超过了 3min。
- 打开了驾驶人车门。

- 系统故障。
- 如果在车辆停住时松开驾驶人安全带，那么奥迪 A3 和 S3 会关闭 ACC；奥迪 A6、S6、RS6、A7、S7、RS7、A8 和 S8 不再会自动起步了。

ACC 的起步准备状态显示在中间显示屏上，以提示驾驶人。这个显示内容有个前提条件：驾驶人应已系上安全带了，如图 6-143 所示。在某些市场，无法通过操纵操纵杆来延长起步准备时间来实现自动起步。

图 6-143 ACC 的起步准备状态显示在中间显示屏上

4. 起步监控

在 ACC 车再次自动起步前，ACC 车与前车之间的区域一直处于"被监控状态"。如果识别出有障碍物，那么就会发出视觉和声音警告。车辆还是会起步的，但是车辆运动会非常缓慢。这就使得驾驶人有足够的时间通过制动或者避让来对障碍物作出反应。

通过三个独立系统来监控车前区域：雷达触感器、摄像头 R242、驻车辅助超声波传感器。如果带有 ACC，其超声波传感器是以另一种模式来工作的，就是在大约 4m 的距离处仍能识别出物体，如图 6-144 所示。

如果没收到摄像头或者超声波传感器的信号，车仍会再次自动起步，但是加速会很慢。如果这两个信号都没收到，那么就不会允许车辆自动起步。系统随后会自动关闭，并要求驾驶人接管车辆控制。

5. 与停停走走系统组合使用的起步辅助功能

停停走走这个功能也可以与起步辅助功能组合在一起用。起步辅助功能可以独立于 ACC，任何时间均可接通/关闭此功能，如图 6-145 所示。

图 6-144 三个独立系统监控车前区域

图 6-145 起步辅助功能

如果接通了起步辅助功能，且停停走走功能在车辆静止时也激活了，那么起步辅助功能就不动声色地在后台运行着（类似于"准备状态"）。

如果在车辆静止且激活了起步辅助功能时关闭了 ACC，那么起步辅助功能会再次开始工作并将车辆保持在静止状态。

6. 车速很低时的全减速

在车速低于 30 km/h 且有撞车危险时，会对车辆自动实施制动。ACC 所侦测到的测量数据就是识别撞车危险的基础。在奥迪 A6、S6、RS6、A7、S7、RS7、A8 和 S8 上，评估撞车危险时还要考虑摄像头 R242 的图像信息。这个评估是由车距调节控制单元内的一个相应软件来完成。该控制单元通过传送一个要转换的规定减速值（约为 $8m/s^2$），来

"委托"ESC 控制单元去实施制动。ESC 控制单元将会在车轮制动器上产生一个相应的制动压力,如图 6-146 所示。

7. 超车辅助

该功能可以帮助驾驶人顺利完成超车。接通了的转向灯信号会被 ACC 理解成驾驶人想要超车。

本车在完全离开自己车道前以及到达"前面无车"状态前,就已经开始加速。这种情况与驾驶人在"正常"行车时的操作是一样的。该功能会根据具体情形来激活,如图 6-147 所示。

图 6-146　车速很低时的全减速

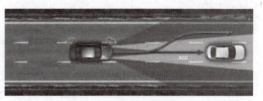

图 6-147　超车辅助

8. 弯道辅助

ACC 使用导航系统的预测道路数据来实现这个功能。如果识别出前面有弯道,ACC 就会计算车速,以便让车辆平安驶过此弯道。如果实际车速超过了计算出的规定车速,那么弯道辅助功能就会被激活。通过降低驱动力矩(利用发动机牵引力矩)可将车辆到达弯道入口时的车速最多降低 10~15km/h,如图 6-148 所示。

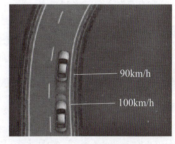

图 6-148　弯道辅助

9. 弯道行驶的调节特性

如果 ACC 识别出车辆的横向加速度超过了计算出的规定值,那么车速就会相应降低。在图 6-149 所示的例子中,所设定的期望车速为 120km/h 且本车行驶在前面没有慢行车的弯道上(也就不需要调节期望车距了)。在弯道行驶过程中,ACC 控制单元根据测出的横向加速度计算出固定车速为 110km/h。通过降低牵引力矩来使得车速被限制到 110km/h。在确定规定车速时,会考虑到挂车模式和所选的行驶程序的。

10. 制止右道超车

在 ACC 正在工作且前面没车时,右道超车/驶过只有在不超过特定车速时才是不受限制的。在随后的 10km/h 的车速范围以内,只能以受限的相对车速驶过前车(就是超车)。

这时该功能就激活,不再允许在右车道驶过/超车。随时都可以中止该功能,具体方法是:用操纵杆(RESUME)来手动加速、踏下加速踏板或者提高设定的期望车速,如图 6-150 所示。

11. 变道辅助

要想实现这个功能,必须装备有 Audi Side Assist(奥迪行驶换道辅助系统)和摄像头 R242。制动干预针对本车后面的交通情况和超车道占用进行适配。摄像头侦测车道标识线。下面就两种典型的行车状况来说明该功能。

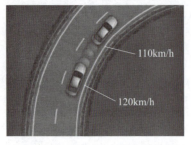

图 6-149 弯道行驶的调节特性

图 6-150 制止右道超车

行车状况 1

ACC 车以明显的速度优势（车速比前车高很多）驶近前车，且驾驶人拨动了转向灯操纵杆表示要换道了（转向指示灯亮起了）。本车后部的行驶换道辅助系统雷达传感器识别出：本车后方的左侧车道是空着的（没车）。

同样，ACC 在本车前方的左车道上也没发现有车。摄像头识别出断续的车道标识线。ACC 从这些输入信号中推断出下列信息：

- 现在超车没危险，因为本车后面的左车道上没有跟行车。
- 换道时可以不必降低车速，因为本车前面的超车道上没有其他车。
- 超车是允许的，因为有断续的车道标识线，驾驶人也就能可靠地执行超车过程了。

在达到设定的期望车距时，ACC 不会将车辆制动到跟行而不超车时设定的车速。于是就可以非常顺利而舒适地完成换道了，如图 6-151 所示。

行车状况 2

ACC 车以明显的速度优势（车速比前车高多了）驶近前车，且驾驶人拨动了转向灯操纵杆表示要换道（转向指示灯亮起）。本车后部的 Audi Side Assist 雷达传感器识别出：本车后方的左侧车道被占用（有车），如图 6-152 所示。

图 6-151 雷达传感器识别出：本车后方的左侧车道是空着的（没车）

图 6-152 雷达传感器识别出：本车后方的左侧车道被占用（有车）

同样，ACC 在本车前方的左车道上也发现有车。摄像头识别出断续的车道标识线。ACC 从这些输入信号中推断出下面这些信息：

- 现在超车有危险了，因为本车后面的左车道上有跟行车。
- 换道时不降低车速是不行的，因为本车前面的超车道上有其他车。
- 超车是允许的，因为有断续的车道标识线，驾驶人也就能可靠地执行超车过程了。

在达到设定的期望车距时，ACC 会将车辆制动到低于上例的车速。在确定所需要的制动干预时，也会考虑到左车道上车辆的车速。

如果摄像头识别出线条式（不是断续连接那种的）的车道分界线，那么就认为不能进行换道，且制动干预，与不换道而保持原车道时的情形是一样的。

八、网络连接/CAN 数据交换

ACC 控制单元要从其他控制单元和传感器读取约 1700 个信号，如图 6-153 所示需要与哪些控制单元进行数据交换。

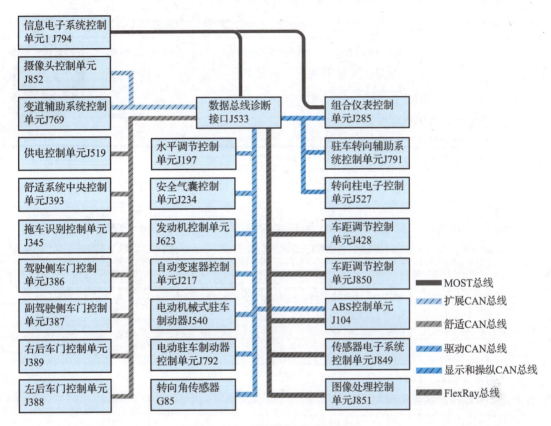

图 6-153　控制单元进行数据交换

九、车距调节传感器的调节

ACC 控制系统（车距调节右传感器 G259 和车距调节控制单元 J428/车距调节左传感器 G258 和车距调节控制单元 J850），都具有完备的自诊断能力。

识别出的事件与相应的环境条件存储在车上的故障存储器内，诊断地址是 13/8B。故障存储器内的记录内容与相应的故障查寻程序联系在一起。

1. 检查传感器

尽管雷达波束的传播特性是"很强劲的"，但是 ACC 也可能会因"视线"不佳而关闭，在仪表显示屏显示故障提示，如图 6-154 所示。其原因可能有多种：

- 天气条件恶劣影响了雷达波束的传播。这可能出

图 6-154　显示屏显示故障提示

现在水沫多、浓雾或者降雪时。这只能待天气好转时才能解决。
- 雷达传感器透镜型表面脏污。清洁后，ACC又可用了。清洁时，应使用一般汽车上用的商用清洁剂。
- 车辆行驶在 ACC 很少能接收到目标的地区。这种情况很少见，如行驶在靠近荒漠的地区。
- 在隧道内行驶时，有时隧道壁反射的信号会导致 ACC 关闭。

2. 车距调节传感器的更换/拆装

在传感器或者控制单元损坏时，只能整体更换 ACC 控制单元。不得将这两个件分离。安装好 ACC 控制单元后，需要调整传感器，如图6-155所示。

图 6-155　车距调节传感器

（1）车距调节传感器的调节

要想实现精确调节，那么首先就得精确调整传感器。这样做了以后，才会把同车道且在前面行驶的车辆认作是相关车辆（目标车辆）。

如果传感器在水平方向上没有精确调整好，那么就可能针对相邻车道上的车去进行调节了，这就弄错了。

如图6-156所示，奥迪A8车的保险杠更换过了，传感器装上后也没进行调节，由于错误地侦测到了右车道的车，因此ACC现在针对右车道上的轿车在调节车距，而不是针对本车道的货车在调节着车距。

在弯道行驶时容易出现这种根本不是我们想要的调节，尤其是左转弯弯道时更为明显。

在下述情况下，必须调节传感器：
- 调整/改变了后桥的轮距。
- 拆装过ACC单元（传感器和控制单元）。
- 拆装过前保险杠。
- 松开或调整过前保险杠。
- 前保险杠有损伤，造成保险杠受过较大的力。
- 水平失调角超过了 $-0.8°\sim+0.8°$ 。

如果车辆配备了两个ACC控制单元（车距调节右传感器G259和车距调节控制单元J428/车距调节左传感器G258和车距调节控制单元J850，两个传感器都要调节。这时要先调节传感器G259（它起主控作用），如图6-157所示。

图 6-156　错误地侦测到了右车道的车

车距调节右传感器G259和
车距调节控制单元J428（主）
车距调节右传感器G258和
车距调节控制单元J850（从）

图 6-157　车辆配备了两个 ACC 控制单元

ACC单元用三个双头螺栓固定在支撑板上，这个支撑板用螺栓与保险杠刚性连接在一起。这种双头螺双的末端有球形头，球形头与塑料制的球节壳安放在支撑板上的容纳坑中。螺栓的螺纹拧入到传感器塑料件（卡夹）内。这三个螺栓中的两个（A、B）用于调节传感器，第三个（C）与传感器壳体连接在一起，是不可调的。

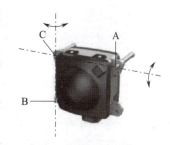

图6-158 螺栓（A、B）用于调节传感器

通过拧动螺栓（A或B），传感器到支撑板的距离就会发生变化，且传感器会绕着一个轴转动［这个轴由不可调螺栓（C）和一个没有拧动的可调螺栓（B或A）组成］，如图6-158所示。

于是，传感器在水平方向上和垂直方向上就可以单独进行调整了（彼此无联系）。调整时（拧动螺栓），要使用调整工具VAS6190/2。

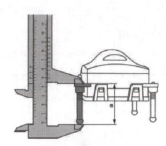

图6-159 正确调节双头螺栓的长度

要想准确调节车距调节传感器，首先必须正确调节双头螺栓的长度，如图6-159所示。

（2）调整车距调节传感器

雷达信号测出与前车的车距约为130m，如果传感器在水平方向上偏离正确位置1°，那么在130m处就会产生2.1m的偏差，如图6-160所示。因而，在极端情况下，本车就可能按照相邻车道上的一辆车来调节车距。

在下述情况下，必须对传感器进行机械调节：
- 后桥附近的底盘设定发生变化。
- 更换了传感器、传感器支架、保险杠横梁及前端板。
- 损坏（例如撞车后）。

这个调整需要在车轮定位仪器上来完成，如图6-161所示。

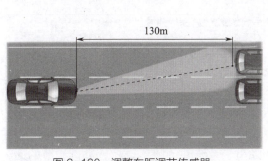

图6-160 调整车距调节传感器

图6-161 调整雷达

> **提示** 自适应巡航系统的所有元件始终都处在被监控中，出现的故障会被存入故障存储器内。

可以用如图 6-162 所示的专用工具调节传感器。

调整过程的基本原理与相应的 ACC 系统和车型是没有关系的：

车前的反射镜是这样放置的：它与车辆行驶的几何轴线成直角。这个几何轴线表示后桥的转动方向，也就表示出车辆在直线行驶时的运动方向了。反射镜的精确定位需要使用底盘测试台并输入车辆相应的输入参数。

要想确定雷达传感器位置是否在规定范围内，并不需要执行完整的车轮定位工作（即底盘测量）。为此执行一个"快速操作"就够用了（就是通过测量后桥上的车轮轮距，以便实施轮辋跳动补偿）。

图 6-162　专用工具

随后，车距调节控制单元会启动雷达传感器，以便发送雷达波束以及接收反射镜反射的波束。

通常用车辆诊断仪来执行这个过程。如果传感器设置准确，那么反射的雷达波会准确地再次回到发射器的出发点。控制单元会分析距离出发点的偏差量并确定出这时的偏转角度，可通过车辆诊断仪来确定到底应将相应调节螺栓调节到什么程度。

准确调节的最重要的前提条件，就是将当反光镜定位在与车辆行驶的几何轴线成直角的位置处！如果这一步做得有问题的话，即使下面的步骤没问题，传感器的角度设置也会过大的。

发动机起动后，ACC 控制系统在完成了初始化后就会开始发送和接收信号了。在随后的行驶循环中（在 15 线接通时），ACC 控制系统一直在发射和接收着信号，即使驾驶人并未激活该系统也是这样的。另外，如果车辆配备有智能起停系统，那么在随后的停车循环中，ACC 控制系统继续发射和接收信号，如图 6-163 所示。

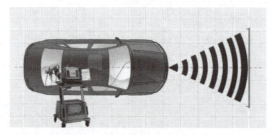

图 6-163　ACC 控制系统继续发射和接收信号

通过分析下述重要信息，系统会识别传感器的偏转量（调节量）：
- ACC 识别出的物体（公路护栏，其他车辆）。
- 横摆率（车辆绕竖轴线的转动）。

直接作用在 ACC 控制单元边缘区域的力，有时会导致双头螺栓的球头被从支架的塑料球节壳中压出。比如在冬天时驻车，保险杠撞到了雪堆上，就可能出现这种情况。如果出现这种情况，那么调节角度可能会很大，以至于系统都关闭了。随后进行调节的话，大多数情况下也不会起作用。因此，每次调节传感器前，必须检查它是否可靠固定。

用车辆诊断仪可以读出传感器水平偏置角（调节角）的测量值，这数据对于售后服务评价系统性能是非常重要的。偏差达到 0.8° 就能明显感觉到有调节的必要了，应该去有资质的服务站执行此项工作。偏差要是达到 1.4°，那么系统就关闭了，并会在车辆故障存储器内留下记录。

任务三 智能车道保持系统

车道保持辅助系统可以帮助驾驶人将车辆保持在原车道上行驶，用一个摄像机来识别车道边界线，如图 6-164 所示。当因驾驶人疏忽或精力不集中而使车辆可能要驶离车道边界线（车辆可能要就要驶离车道了），那么将通过转向盘振动来提醒驾驶人，如图 6-165 所示。如果在车辆越过车道边界线之前打了转向灯，则将不会发出警告，因为系统认为驾驶人是有意要变道。

车道保持辅助系统是一种驾驶人辅助系统，它可以对驾驶人提供帮助。但是驾驶人始终要对车道保持负责。

图 6-164 用一个摄像机来识别车道边界线

图 6-165 通过转向盘振动来提醒驾驶人

一、车道保持辅助系统功能

车道保持辅助系统（Audi Lane Assist）可以帮助驾驶人将车辆保持在原车道上行驶。

该系统用一个摄像机来识别车道边界线。车辆行驶时，如果车道保持辅助系统识别出车道两侧的边界线，那么该系统就处于"时刻准备工作"的状态，如图 6-166 所示。

如果车辆行驶中靠近了识别出的某条车道边界线（车辆可能就要驶离车道了），那么转向盘就会发生振动，从而对驾驶人进行提醒，如图 6-167 所示。如果在车辆横过车道边界线之前拨动了转向灯，那么就不发出这种振动提醒了，因为系统认为这是驾驶人要变道了。

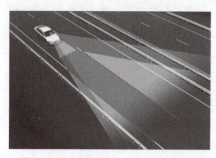

图 6-166 用摄像机来识别车道边界线

图 6-167 转向盘振动来提醒驾驶人

当接近或者横跨识别出的车道边界线时，这种振动提醒只发生一次。只有在第一次振动提醒发生后，车辆已经行驶到离这条车道边界线足够远且又接近这条边界线时，才会第二次出现这种振动提醒。

这样就可避免在车辆与某条车道边界线平行行驶时一直出现这种振动提醒的恼人

场面。

车道保持辅助系统是为高速公路和主干线公路而设计的，所以该系统在车速高于约 65km/h 时才会工作。环境条件恶劣时，比如车道脏污或者覆盖着雪、车道过窄、车道边界线不清晰（如高速公路施工时），那么该系统暂时会不工作。系统当前的状态会显示在组合仪表上。

1. 组合仪表上的指示灯

系统当前的状态会显示在组合仪表上，如图 6-168 所示。

图 6-168 系统当前状态显示在组合仪表上

指示灯可能出现的状态见表 6-1。

表 6-1 指示灯可能出现的状态

	如果组合仪表上的指示灯呈绿色亮起，这表示该系统已经接通且处于随时准备工作的状态
	如果组合仪表上的指示灯呈黄色亮起，这表示该系统已经接通，但因当前情况无法工作 在这种状态时，该系统不会提醒驾驶人。原因下面会进行说明
	如果组合仪表上的指示灯根本没亮，这表示该系统已经关闭了 要想激活该系统，必须操纵转向拨杆上的相应按钮

如果组合仪表上的指示灯呈黄色亮起，其原因可能如下：
- 只有一条车道边界线或根本没有车道边界线。
- 没能识别出车道边界线（比如因雪、脏污、潮湿或者逆光）。
- 车辆正在行驶的车道上的边界线多于两条（比如道路施工时的白色和黄色边界线）。
- 车速低于约 65km/h。
- 车道宽度小于约 2.5m 或大于约 5m。
- 转弯太急（转弯半径小于约 250m）。

对于装备有 Highline 型组合仪表的奥迪 A4 和 A5 Coupé 的车来说，组合仪表上还可以显示自适应定速巡航（ACC）和车道保持辅助系统的当前状态。

彩色显示屏上显示的示例见表 6-2。

表 6-2　彩色显示屏上显示的示例

（1）屏幕显示内容：		（2）屏幕显示内容：	
 识别出一辆车	• 自适应定速巡航系统：已激活，系统已识别出一辆车 • 车道保持辅助系统：未安装或已关闭	 系统关闭	• 自适应定速巡航系统：已关闭或启用备用模式 • 车道保持辅助系统：未安装或已关闭
（3）屏幕显示内容：		（4）屏幕显示内容：	
 系统已接通但未激活	• 自适应定速巡航系统：已激活，系统已识别出一辆车 • 车道保持辅助系统：已接通，但未激活（不会有振动提醒）	 系统已接通并已激活	• 自适应定速巡航系统：已激活，要求驾驶人来接管 • 车道保持辅助系统：已接通并已激活（会有振动提醒）
（5）屏幕显示内容：		（6）屏幕显示内容：	
 已接通已激活并提醒左侧	• 自适应定速巡航系统：已激活，当前没有识别出车辆 • 车道保持辅助系统：已接通，已激活（会有振动提醒）并提醒左侧	 已接通已激活并提醒右侧未安装 ACC	• 自适应定速巡航系统：未安装 ACC！ • 车道保持辅助系统：已接通，已激活（会有振动提醒）并提醒右侧

对于装备有 Lowline 型组合仪表的的车来说，就无法选装自适应定速巡航系统（ACC）了，ACC 必须配合 Highline 型组合仪表来使用。但是如果车上装备了车道保持辅助系统，其显示情况见表 6-3。

表 6-3　车道保持辅助系统显示

| 
车道保持辅助系统已关闭 | • 自适应定速巡航系统：未安装 ACC！
• 车道保持辅助系统：已关闭 | 
车道保持辅助系统已接通，但未激活 | • 自适应定速巡航系统：未安装 ACC！
• 车道保持辅助系统：已接通，但未激活（不会有振动提醒） |

 车道保持辅助系统已接通，已激活	• 自适应定速巡航系统：未安装 ACC ！ • 车道保持辅助系统：已接通，已激活（会有振动提醒）（两条车道边界线均未闪烁！当前没有警报提醒）	 车道保持辅助系统已接通，已激活	• 自适应定速巡航系统：未安装 ACC ！ • 车道保持辅助系统：已接通，已激活（会有振动提醒） 右侧车道边界线在闪烁，这表示车道保持辅助系统认为车辆可能要越过右侧的车道边界线了

2. 组合仪表中央显示屏上的文字信息

"Audi lane assist nicht verfügbar: Zur Zeit keine Sensorsicht"（车道辅助系统不可用：目前传感器什么也没探测到）如图 6-169 所示，原因如下：

1）摄像机的视窗外侧脏污或者结冰。在这种情况下驾驶人应清洁脏污处和冰冻。

2）摄像机的视窗内侧结有雾汽。在这种情况下应等一会，直至雾汽散尽。

3）因道路特性（比如覆盖着雪或者脏污）而导致车道边界线不易识别。

"Audi lane assist zur Zeit nicht verfügbar"（车道辅助系统目前不可用）会在发生临时故障时出现，如图 6-170 所示：

1）可稍后再试着启动该系统。

2）原因可能是控制单元内部的温度过高。

"Audi lane assist nicht verfügbar: Systemfehler"（车道辅助系统不可用：系统故障）出现时，表示需要到服务站去检修，车道辅助系统应在专业服务站进行检查，如图 6-171 所示。

图 6-169 车道辅助系统故障信息　　图 6-170 发生临时故障时信息　　图 6-171 车道辅助系统不可用的系统故障

其原因是：损坏的可能是控制单元、振动电动机或者是车道辅助系统按钮。如果控制单元内的状态是"系统没有校准"，也会出现这个显示内容。

3. 接通或关闭系统

车道辅助系统按钮集成在转向拨杆上，按压这个按钮就可以接通或关闭该系统，如图 6-172 所示。

系统当前状态由组合仪表上的指示灯来指示，如果指示灯亮，说明系统已接通；如果指示灯灭，说明系统已关闭。当前的激活状态会被存储起来，并会被分配给相应的车钥匙。

图 6-172 按钮集成在转向拨杆上

这就是说：当最后一次关闭点火开关时，如果车道保持辅助系统当时是处于接通状态，那么下次接通点火开关时，该系统仍然是接通状态。当然这有一个前提条件：就是下次行车使用的是同一把钥匙（即上次关闭点火开关时的那把钥匙）。

（1）设置警告提醒时刻

驾驶人自己可以来选定：是在无意中驶离车道前就提前进行警告提醒，还是在车辆已经接触车道边界线时才进行警告提醒。

在 MMI 上为这种设置提供了三种选择，可按下述来进入相应的子菜单：

- 按压 MMI 面板上的功能按钮 "Car"。
- 选择子菜单 "Systeme"（系统）。
- 选择 "Audi lane assist"（奥迪车道辅助系统）。
- 打开 "Warnzeitpunkt"（警告时刻）选项。
- 根据需要将警告时刻设置为 "früh"（提前）"adaptiv"（自适应）或 "spät"（滞后），如图 6-173 所示。

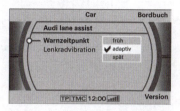

图 6-173　设置警告提醒时刻

1）früh（提前）：如果设置成这个状态，那么当车轮还没有接触识别出的车道边界线时就发会出警告提醒。具体何时发出警告提醒取决于车辆驶近车道边界线时的角度。如果车辆以很大的角度驶近车道边界线，那么在离边界线较远处就会发出警告提醒。如果车辆以很小的锐角驶近车道边界线，那么在车轮接触了车道边界线时才会发出警告提醒。

2）adaptiv（自适应）：设置成这个状态的话，警告时刻就会与道路情况和车速相适配。在弯道时晚些发出警告提醒，在直道时早些发出警告提醒，在窄路上比宽路上要晚些发出警告提醒。

3）spät（滞后）：设置成这个状态的话，那么当一个车轮压过识别出的车道边界线时才会发出警告提醒。

（2）设置转向盘振动

驾驶人在 MMI 上可以设置转向盘振动强度，分为三个等级，可按下述来进入相应的子菜单：

- 按压 MMI 面板上的功能按钮 "Car"。
- 选择子菜单 "Systeme"（系统）。
- 选择 "Audi lane assist"（奥迪车道辅助系统）。
- 打开 "Lenkradvibration"（转向盘振动）选项。
- 根据需要将转向盘振动设置为 "schwach"（弱）、"mittel"（中）或 "stark"（强）。

转向盘振动设置完成后，转向盘会以所设置的振动强度振动一次，使得驾驶人能够立即检查所设的强度，如图 6-174 所示。

在 MMI 中对车道辅助系统所做的设置在关闭点火开关后会被存储起来，并被分配给相应的车钥匙。在下次接通点火开关后，所用的车钥匙内的设置就会被激活。

4. 车道保持辅助系统控制单元（带有摄像头）

车道保持辅助系统控制单元与摄像头是一体的，因此也只能整体更换，如图 6-175 所示。

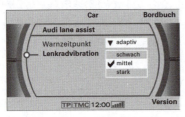

图 6-174 设置转向盘振动

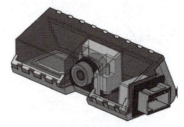

图 6-175 车道保持辅助系统控制单元与摄像头

所使用的影像摄取传感器以黑白影像模式来获取车前路面的情况,其分辨率是 640×480 像素。影像摄取传感器前面有一个 6mm 焦距的镜头。摄像头的视距最大为 60m。环境影响可能会降低视距。如果视距低于某个最小值,那么车道保持辅助系统会切换到"不可使用状态"。

(1)电子影像处理

影像摄取传感器所获得的黑白影像由一个影像处理软件进行分析,分析中首先要在影像上寻找车道边界线。如果识别出两侧的车道边界线,那么就会计算车道宽度和车道曲率。另外,该软件还会计算车辆在车道上的位置(就是车辆与左、右车道边界线的距离)以及车辆接近车道边界线的角度。

影像处理软件还会评估车道识别的好坏程度,根据计算值和已知的车辆尺寸就可确定警告提醒时刻。按 MMI 上警告提醒时刻的设置不同,采用不同的方法来进行计算。这些计算值也用于确定:因车道的形状是否必须暂时关闭车道保持辅助系统的功能,如图 6-176 所示。

(2)安装位置

车道保持辅助系统控制单元 J759 卡在一个支架上。该支架粘在前风窗玻璃上,由于这个支架位于前风窗玻璃上方的黑边后,所以在车外是注意不到该支架的。只能看到车道保持辅助系统摄像头的梯形视窗。摄像头视窗位于刮水器的刮水区,这样可在降雨或降雪时尽量降低视野受限的情况,如图 6-177 所示。

图 6-176 电子影像处理

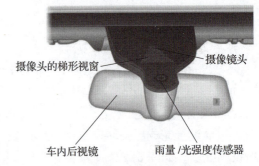

图 6-177 安装位置

因逻辑方面的原因,凡是带有车道保持辅助系统的车,也肯定装备有雨量/光强度传感器。

5. 车道保持辅助系统的前风窗玻璃加热器

为了去除摄像头视窗上的水雾和冰冻,车道保持辅助系统还装备有一个加热式的摄像头视窗,它与前风窗刮水器共同完成这个任务。车道保持辅助系统的前风窗玻璃加热器

Z67 是一种电阻膜，该膜直接粘在前风窗玻璃上。

该膜有两个插头，一个插头用于在前风窗玻璃加热器激活时从车道保持辅助系统控制单元 J759 获得供电，另一个插头与汽车搭铁点相连。这个电阻膜上有多个并联的电阻，电流流过时电阻就被加热，于是这些电阻就将风窗玻璃加热。那么前风窗玻璃上的水雾会消失，冰雪会融化，最后刮水器将其彻底清除。

电阻膜围绕在前风窗玻璃的一个区周围，车道保持辅助系统摄像头就通过这个区来探测车前环境状况，如图 6-178 所示。

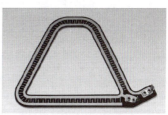

图 6-178　前风窗玻璃加热器 Z67

如果图像传感器获取的图像的对比度太弱，那么前风窗玻璃加热器 Z67 就被激活而工作。

如果图像对比度太差，那么就无法准确识别车道边界线，于是车道保持辅助系统就切换到"不发出警报提醒"状态。如果车道识别图像的对比度又足够了，那么前风窗玻璃加热器就又关闭。如果玻璃加热器没能清除视野障碍（如因脏污），那么组合仪表中央显示屏上会出现文字信息来提醒驾驶人。

6. 车道保持辅助系统的振动式转向盘

转向盘上装备有一个振动电动机，它可使转向盘产生振动，如图 6-179 所示。这个振动电动机安装在转向盘右下辐条内，转向盘的振动是因电动机上的不平衡配重旋转而产生的。

图 6-179　车道保持辅助系统的振动式转向盘

该电动机无法单独更换，因此如果振动电动机损坏了，必须更换整个转向盘。转向盘振动持续的时间长度取决于驾驶人的反应情况，一般在 1s 左右。配备车道保持辅助系统的车需要使用多功能转向盘，因为需要通过多功能转向盘内的电子系统来激活振动电动机。振动电动机必须装在四辐条式转向盘中。

7. 系统一览

系统一览如图 6-180 所示。

（1）车道保持辅助系统的前风窗玻璃加热器 Z67

车道保持辅助系统的前风窗玻璃加热器 Z67 直接由车道保持辅助系统控制单元来控制，这个控制只需要一个端子插头，该加热器在车内搭铁。

（2）车道保持辅助系统按钮 E517

车道保持辅助系统按钮 E517 信息由转向柱电子控制单元 J527 来读入，该按钮位于转向灯拨杆上。

（3）车道保持辅助系统的振动电动机

车道保持辅助系统的振动电动机由多功能转向盘控制单元 J453 来控制，该电动机安装在转向盘辐条内。

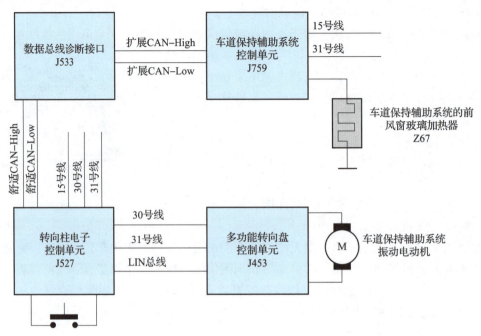

图 6-180 系统一览图

8. 通信结构

参与车道保持辅助系统功能的控制单元如图 6-181 所示。这些控制单元为车道保持辅助系统控制单元 J759 提供信息或从 J759 获得信息。

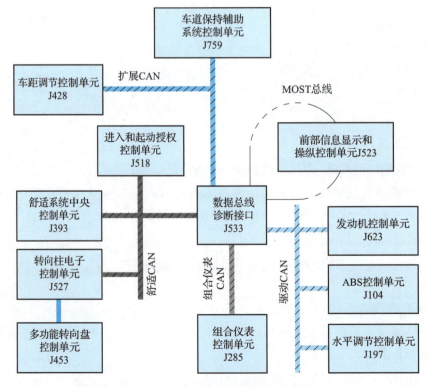

图 6-181 参与车道保持辅助系统功能的控制单元

（1）使用扩展 CAN 的用户

车距调节控制单元 J428：为了避免车道保持辅助系统和停车距离缩短系统 2 同时发出警告，如果停车距离缩短系统同时激活了制动系统，车道保持辅助系统的转向盘振动功能就会被压制（就是暂不工作）。

（2）使用舒适 CAN 的用户

1）进入和起动授权控制单元 J518：进入和起动授权控制单元发送的信息表示的是车上识别出的是哪把点火钥匙，车道保持辅助系统控制单元利用这个信息将存储的驾驶人设置分配给相应的点火钥匙。

2）舒适系统中央控制单元 J393：舒适系统中央控制单元发送的信息表示当前左、右转向灯是否已激活。

3）转向柱电子控制单元 J527：转向柱电子系统控制单元发送的信息表示车道保持辅助系统按钮是否已经按下。该控制单元从车道保持辅助系统接收这个信息：是否应激活振动电动机来提醒驾驶人。该信息随后会通过 LIN 总线传给多功能转向盘，从而激活振动电动机。

（3）使用 MOST 总线的用户

前部信息显示和操纵控制单元 J523：前部信息显示和操纵控制单元将关系到车道保持辅助系统的驾驶人设置方面的修改内容传给车道保持辅助系统控制单元，新的设置会被存储起来并分配给当前的车钥匙。

（4）使用驱动 CAN 的用户

1）发动机控制单元 J623：发动机控制单元发送的是当前的发动机转速。车道保持辅助系统需要使用这个转速值，因为前风窗玻璃加热的工作时间就取决于发动机当前是工作还是没工作（"发动机关闭"时是不会加热的）。

2）水平调节控制单元 J197：水平调节控制单元不断地将减振器的高度告知车道保持辅助系统，这个信息用于对摄像头高度以及摄像头纵、横摇角进行电子校正。

3）ABS 控制单元 J104：ABS 控制单元传送车速信号（用于激活或关闭车道保持辅助系统）以及横摆角速度。

（5）使用组合仪表 CAN 的用户

组合仪表控制单元 J285：组合仪表内控制单元接收车道保持辅助系统最新状态信息，以便接通组合仪表上的指示灯（黄色、绿色或关闭）。

该控制单元还接收这个信息：是否应显示文字信息，如果是，那么应显示什么样的文字信息。

二、主动车道保持辅助系统

新一代车道保持辅助系统被用在奥迪 A7 Sportback 上：奥迪主动车道保持辅助系统。奥迪 A7 Sportback 上的电控机械式转向系使新一代的引入成为可能。

主动车道保持辅助系统的改进如下：
- 通过电控机械式转向系实现系统的转向干预。
- 可以在 MMI 中关闭用于警告驾驶人的转向盘振动。
- 一种系统模式，通过持续的转向干预帮助驾驶人将车辆保持在车道中间。

- 一种系统模式，当接近车道边界线时帮助驾驶人不致因疏忽而驶离原来车道。
- 不再通过转向盘中的不平衡电动机，而是通过电控机械式转向系的电动机产生转向盘振动。
- 功能的主控制单元是图像处理控制单元J851，而不再是摄像头控制单元J852或车道保持辅助系统控制单元J759。

新一代车道保持辅助系统功能上的继续发展使其在仅识别出一条车道边界线时也能发出警告。此外，当在弯道中轻微压线时，即使压到或者短时间跨越车道边界线，也不会强行发出警告。

配备的一个更高品质的摄像头用于主动车道保持辅助系统。它具有更高的分辨率，并且能够区分黄色和白色的车道边界线，如图6-182所示。

图6-182 高品质的摄像头

1. 主动车道保持辅助系统的主动转向干预

可以在两种系统模式中进行选择：
- 模式转向干预"早"——它帮助驾驶人将车辆保持在车道中间。
- 模式转向干预"晚"——它帮助驾驶人不致因疏忽而驶离车道。

（1）系统模式：转向干预"早"

转向干预"早"模式帮助驾驶人将车辆保持在车道中间。在此模式下，主动车道保持辅助系统以朝向车道中间的转向力矩形式进行持续干预，如图6-183所示。

主动车道保持辅助系统所需的转向力矩在后文中称为系统转向力矩，它由助力转向电动机V187施加给转向系。而电动机V187则由助力转向系统控制单元J500控制开启。由图像处理控制单元J851给出所需要的转向力矩，该控制单元是奥迪主动车道保持辅助系统的主控制单元。

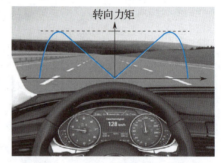

图6-183 转向干预"早"模式

在"早"模式中，一旦车辆不再处于车道中间时便会发生转向干预。转向干预的前提条件是：警告系统功能正常，而且没有操作转向信号灯。车辆离车道中心越远，系统转向力矩就越大。驾驶人觉察到作为转向建议的转向干预，而是否采纳该建议则由驾驶人决定。要想把车辆换到临近车道的话，则驾驶人的转向力矩必须大于反方向作用的系统转向力矩。

如果奥迪主动车道保持辅助系统确定驾驶人不接受转向建议并想要变换车道，则将收回系统转向力矩并终止转向干预。系统所施加的最大转向力矩确保驾驶人可以用力操控系统转向干预力矩。

> 提示 在系统模式转向干预"早"中，只有当识别出两根车道边界线时才会发生转向干预。

（2）系统模式：转向干预"晚"

转向干预"晚"模式帮助驾驶人不致因疏忽而驶离车道。在该模式中，只有当车辆快要接近车道边界线时才会引发主动车道保持辅助系统的转向干预,如图 6-184 所示。

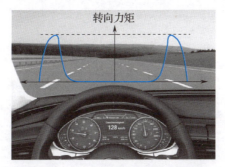

图 6-184 转向干预"晚"模式

如果驾驶人的转向力矩大于反方向作用的系统转向力矩,则车辆将继续朝相邻车道方向行驶。系统转向力矩将随之减小,直到最后数值为零。在这种情况下,系统认为驾驶人希望变换车道。在转向干预"早"和转向干预"晚"中的系统转向力矩的最大值相同。

2. 主动车道保持辅助系统的显示

组合仪表中有一盏功能指示灯用于显示当前系统状态。如果车辆配有平视显示器,则也可以在其上显示出三种不同的系统状态:

- 已打开并且可发出警告。
- 已打开但不可发出警告。
- 已关闭。

(1)系统状态:已打开并且可发出警告

当系统可以发出警告时,指示灯为绿色,如图 6-185 所示。

当系统已识别出两根车道边界线并且未发出警告时,两根车道边界线将显示为白色。在图示的图像中右侧车道边界线显示为红色,因为此时有从右侧驶离车道的危险。

此时如果在 MMI 中将主动车道保持辅助系统的"振动警告"设置为"开",则将同时通过振动转向盘来发出警告。此外,系统将朝车道中心的方向施加一个转向力矩,从而帮助驾驶人保持在车道内。

(2)系统状态:已打开但不可发出警告

当系统虽已打开但不能发出警告时,指示灯为黄色。在此状态下,既不会发生转向干预,也不会通过转向盘振动发出警告。如果系统当前不能发出警告,则两根车道边界线显示为灰色,如图 6-186 所示。

图 6-185 系统发出警告指示灯为绿色

图 6-186 系统虽已打开但不能发出警告指示灯为黄色

此种系统状态的原因可能如下：
- 车速低于 65km/h。
- 车道宽度小于约 2.5m 或大于约 4.5m。
- 没有车道边界线。
- 弯道过急。
- 驾驶人的双手未置于转向盘上。
- 未识别出相关的车道边界线。

未识别出车道边界线的可能原因：
- 施工现场标记。
- 车道上有积雪或脏污。
- 车道潮湿引起反光。
- 低空中的太阳或对向车流引起的眩光。

3. 主动车道保持辅助系统的操作

（1）打开和关闭

通过转向灯拨杆上的按键打开或关闭奥迪主动车道保持辅助系统的功能，如图 6-187 所示。

图 6-187　主动车道保持辅助系统开关

（2）MMI 设置：转向干预点

早：持续的转向干预帮助驾驶人将车辆保持在车道中间，系统转向力矩随着不断靠近车道边界线而增加。

晚：只有当车辆靠近车道边界线时才会发生转向干预，如图 6-188 所示。

（3）MMI 设置：振动警告

开：除了转向干预外，在越过车道边界线前将振动转向盘。

关：关闭振动警告，奥迪主动车道保持辅助系统只做转向干预，如图 6-189 所示。

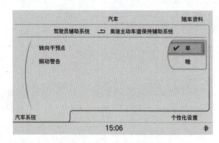　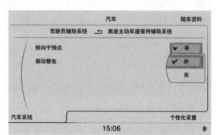

图 6-188　转向干预点　　　　图 6-189　振动警告

4. 辅助功能

（1）在脱把行驶时关闭功能

主动车道保持辅助系统的功能是帮助驾驶人保持住原来的车道。该系统以驾驶人始终将双手置于转向盘上为前提条件。通过转向力矩传感器 G269 所测得的转向力矩来识别脱把行驶。

如果确定为脱把行驶，则系统功能将暂时关闭。主动车道保持辅助系统的功能指示灯从绿色变为黄色。当驾驶人再次握住转向盘时，功能将重新开启，如图 6-190 所示。

（2）有意变换车道而不打转向灯

如果驾驶人变换车道时打转向信号灯，则系统将不作干预，因为它认定其为有意变换车道。然而，如果满足一定的前提条件，则主动车道保持辅助系统将有些不打转向灯的车道变换也视作是有意的。

这些前提条件是：
- 识别到道路前方有车辆行驶。
- 与前车保持超车所需的典型车距。
- 与前车的车速差别足够大。

在识别出这种情况时将没有系统警告或转向干预，如图6-191所示。

图6-190 在脱把行驶时关闭功能　　图6-191 有意变换车道而不打转向灯

（3）识别出相邻车道上有障碍物时的系统行为

如果离开本车车道后会直接带来车辆损伤的危险，那么因疏忽而离开本车车道的后果将尤其严重。比如当车道边界线旁即为护栏或者相邻车道上有车辆时，如图6-192所示。

为了识别这类情况，除了评估摄像头图像外，还要利用前部与后部泊车辅助系统以及自适应巡航控制系统（ACC）这两个驾驶人辅助系统的测量值。为了能使主动车道保持辅助系统具备该项辅助功能，车辆必须至少配有前部及后部泊车辅助系统。

图6-192 识别出相邻车道上有障碍物时的系统行为

如果车辆没有这项选配的系统，那么主动车道保持辅助系统将不具有这一辅助功能。如果车辆还额外配有自适应巡航控制系统（ACC），则对障碍物的识别将更加可靠。

如果识别到这种情况，主动车道保持辅助系统的反应方式是更早地发出振动警告，并要求驾驶人使用更大的力量才能克服系统的转向干预。

5. 车道偏离警告

当车辆有脱离本车车道的危险时，车道偏离警告系统会对驾驶人予以警告。车道偏离警告工作时有个前提条件：驾驶人事前并未激活相应转向灯来有意要切换车道了。

车道偏离警告系统使用转向信号，就是要区别当前这个偏离车道是驾驶人有意为之还是无意中出现的。只有当系统判断出这个车道偏离不是驾驶人有意为之的，才会发出警告。

车辆将要越过车道分界线时，警告有三种不同的形式：
- 系统会施加一个转向力矩而使得车辆向车道中间走。
- 转向盘上会有振动。

- 在功能显示中将相应的车道分界线染成红色。

警报机制说明：

- 如果自适应驾驶辅助系统的保持车道中间位置功能被激活了，那么在车辆马上就要越过车道分界线时就不会再有进一步的转向介入。让车辆向道路中间走的这个功能（即保持车道中间位置功能）是一种保护机制，它通过转向介入来防止车辆无意间偏离本车车道。
- 可在 MMI 上接通和关闭转向盘振动这个功能。在关闭了点火开关时，当前的设置被作为个性化内容存储起来。

（1）接通和关闭

车道偏离警告的接通和关闭是通过触屏下部的一个虚拟按键来实现的。如果功能符号上方有一个红色的杠，就说明车道偏离警告系统已被关闭了。车道偏离警告系统的关闭仅能持续一个 15 号端子循环，下次接通点火开关时，该功能就又被激活了（不论在关闭点火开关时该功能是接通还是关闭），如图 6-193 所示。

接通和关闭用的虚拟按键图标（图 6-194 和图 6-195）。

（2）显示

车道偏离警告的激活状态可通过组合仪表上相应的功能符号或者抬头显示上的显示来获知，见表 6-4。

图 6-193 车道偏离警告的接通和关闭用的虚拟按键位置

图 6-194 车道偏离警告已被接通

图 6-195 车道偏离警告已被关闭

表 6-4 车道偏离警告激活状态显示

	车道偏离警告已关闭
	车道偏离警告接通了，但未工作。其原因可能是车速过低了或者无车道分界线
	车道偏离警告接通了并在工作。当前只识别出了左侧的车道分界线，因此也就只能对车辆靠左侧脱离车道发出警告
	车道偏离警告接通了并在工作。当前识别出了左侧和右侧的车道分界线
	车道偏离警告接通了并在工作。当前识别出了左侧和右侧的车道分界线。由于车辆有靠右脱离车道的危险，于是会发出警告

6. 通信结构

为了能够实现主动车道保持辅助系统的功能，图像处理控制单元 J851 需要从多个控制单元中获取大量的信息。如图 6-196 所示描述了主动车道保持辅助系统与哪些控制单元交换信息，以及哪些是最主要的。

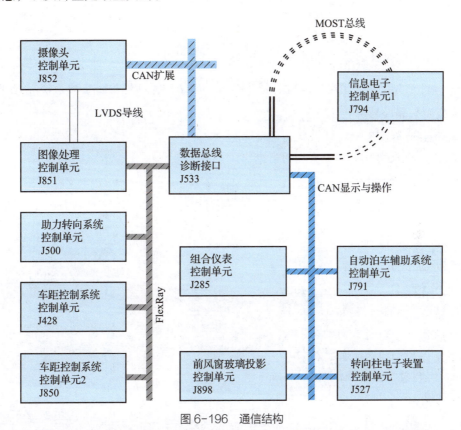

图 6-196　通信结构

主动车道保持辅助系统所需的控制单元：

（1）摄像头控制单元 J852
- 拍摄车辆前方区域，将图像传输给图像处理控制单元 J851。
- 搜索图像中的车道边界线，测定其准确位置和几何形状，并将这些信息传输给图像处理控制单元 J851。

（2）图像处理控制单元 J851
- 内部集成了主动车道保持辅助系统的功能软件。
- 将主动车道保持辅助系统所需的转向力矩信息发送给助力转向系统控制单元 J500，并在需要时发出振动警告。
- 要求组合仪表控制单元 J285 显示当前系统状态，并且根据需要显示消息和警告。
- 向前风窗玻璃投影控制单元 J898 传送当前系统状态，并在需要时要求它显示警告。
- 将通过 MMI 所作的设置保存到奥迪主动车道保持辅助系统中。存储内容将与所使用的车钥匙相匹配。

(3)助力转向系统控制单元 J500
- 根据图像处理控制单元 J851 的要求开启电控机械式转向系的电动机(产生所需的系统转向力矩并发出振动警告)。
- 读取转向力矩传感器 G269 并将转向力矩传递给控制单元 J851。

(4)数据总线诊断接口 J533
- 是多种数据总线系统的接口。

(5)转向柱电子控制单元 J527
- 读取用于打开和关闭主动车道保持辅助系统的按键,并将信息置于 CAN 总线上。

(6)组合仪表控制单元 J285
- 显示主动车道保持辅助系统的当前系统状态。
- 发出主动车道保持辅助系统的消息。

(7)信息电子控制单元 1 J794
- 通过控制单元 J794 能够对主动车道保持辅助系统进行设置。

任务实施

对技术员要求:
- 接收/检查修理单。
- 接收用于修理的订购零件。
- 在允许的时间内进行工作。
- 向技师领队确认工作完成。

技师领队:
- 对技术难度高的工作向技术员提供指导和帮助。

一、拆装刮水器总成

1)拆下风窗玻璃刮水器摇臂装饰盖(图 6-197),拆下风窗玻璃刮水器摇臂螺母(图 6-198)。抓紧刮水器摇臂的端部,从一边摇动至另一边,拆下两根刮水器摇臂(图 6-199)。

图 6-197 拆下风窗玻璃刮水器摇臂装饰盖

图 6-198 拆下风窗玻璃刮水器摇臂螺母

图 6-199 拆下两根刮水器摇臂

2)拆下发动机舱盖后密封条(图 6-200)。拆下 5 个进风口格栅板卡夹(图 6-201),取下进风口格栅板总成(图 6-202)。

图 6-200　拆下发动机舱盖后密封条　　图 6-201　拆下 5 个进风口格栅板卡夹　　图 6-202　取下进风口格栅板总成

3）松开刮水器电动机线束（图 6-203）。松开刮水器总成螺母（图 6-204），拆下刮水器总成（图 6-205）。拆下 1 个电动机螺母及 2 个刮水器电动机螺栓（图 6-206），取下刮水器电动机总成。

图 6-203　松开刮水器电动机线束　　图 6-204　松开刮水器总成螺母　　图 6-205　拆下刮水器总成

4）刮水器总成的安装步骤。

①安装风窗玻璃刮水器电动机总成，螺栓紧固至 10N·m。连接刮水器电动机线束，安装刮水器总成，螺栓紧固至 10N·m。

②安装进风口格栅板总成及 5 个进风口格栅板卡夹，安装发动机舱盖后密封条。

③找到前风窗玻璃下遮光区域中央带黑点的透明基圆，以透明基圆居中，将刮水器摇臂向下压到轴上，同时提起刮水器摇臂刮水片部位。安装刮水器摇臂螺母，紧固至 24.5N·m。安装风窗玻璃刮水器摇臂装饰盖。检查刮水器喷水情况。

图 6-206　拆下 1 个电动机螺母及 2 个刮水器电动机螺栓

二、拆装洗涤液泵

1）拆下左前轮胎和车轮总成，举升车辆，拆下 5 颗前轮罩衬板螺钉及 8 颗前轮罩衬板塑料固定件，取下前轮罩衬板（图 6-207）。

2）断开洗涤器泵电器插接器（图 6-208），排放风窗玻璃洗涤液（图 6-209）。

 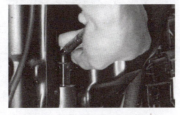 

图 6-207　取下前轮罩衬板　　图 6-208　断开洗涤器泵电器插接器　　图 6-209　排放风窗玻璃洗涤液

3）将洗涤器泵从洗涤液储液罐上拆下（图6-210），拆下洗涤液储液罐上的洗涤器泵端子密封件（图6-211）。

图6-210 将洗涤器泵从洗涤液储液罐上拆下

图6-211 拆下洗涤液储液罐上的洗涤器泵端子密封件

4）洗涤液泵的安装步骤。

①安装洗涤液泵端子密封件，安装洗涤液泵，连接洗涤器泵电器插接器，将洗涤器泵软管连接到洗涤器泵。

②安装前轮罩衬板，安装5颗前轮罩衬板螺钉，并紧固至2.5N·m，安装8颗前轮罩衬板塑料固定件。

③安装左前轮总成，放下车辆，加注洗涤液至洗涤液储液罐，检查洗涤器系统的工作是否正常。

三、电动车窗的拆装

1）使用车门装饰板卡子拆卸工具拆卸前侧车门装饰盖（图6-212），用十字螺丝刀拆下前侧门拉手螺栓（图6-213）。

2）向后拉动把手，使用一字螺丝刀撬下前侧门内把手螺栓装饰盖（图6-214），拆下前侧门内把手螺栓（图6-215）。

3）使用车门装饰板卡子拆卸工具拆下8个前侧门装饰件卡子（图6-216）。

4）向上拉动门锁固定件拉线使之分离（图6-217），断开电器插接器（图6-218），取下前门内饰板。

5）拆下2个前侧门装饰板支架螺栓（图6-219），取下前侧门装饰板支架。

6）将挡水板从车门上拉出（图6-220）。打开点火开关，将车窗置于车门大约一半处位置，关闭点火开关。

7）拆下前侧门车窗外侧密封条总成（图6-221），将电器插接器从车门上拆下。

8）松开车窗玻璃升降器窗框螺母（图6-222），向上拉起拆卸车窗玻璃（图6-223）。

图6-212 拆卸前侧车门装饰盖

图6-213 用十字螺丝刀拆下前侧门拉手螺栓

图6-214 撬下前侧门内把手螺栓装饰盖

项目六 辅助电器设备

图6-215 拆下前侧门内把手螺栓

图6-216 拆下8个前侧门装饰件卡子

图6-217 拆卸门锁固定件拉线

图6-218 断开电器插接器

图6-219 拆下2个前侧门装饰板支架螺栓

图6-220 将挡水板从车门上拉出

图6-221 拆下前侧门车窗外侧密封条总成

图6-222 松开车窗玻璃升降器窗框螺母

图6-223 向上拉起拆卸车窗玻璃

9）拆下5个前侧门车窗玻璃升降器螺钉（图6-224），拔下车窗升降器电动机插接器插头（图6-225），取出前侧门车窗玻璃升降器总成（图6-226）。

图6-224 拆下5个前侧门车窗玻璃升降器螺钉

图6-225 拔下车窗升降器电动机插接器插头

图6-226 取出前侧门车窗玻璃升降器总成

10）拆下3个前侧门车窗玻璃升降器电动机螺钉（图6-227），拆下前侧门车窗玻璃升降器电动机。

11）电动车窗的安装步骤。

①安装前侧门车窗玻璃升降器电动机总成及3个螺钉，紧固至9N·m。连接电动机插头。

②将前侧门车窗玻璃升降器总成安装至车门上，安装5个前侧门车窗玻璃升降器螺钉，紧固至9N·m。

图6-227 拆下3个前侧门车窗玻璃升降器电动机螺钉

③安装车窗玻璃,紧固前侧门车窗玻璃升降器窗框螺母至9 N·m。
④安装前侧门车窗外侧密封条总成。
⑤安装前侧门挡水板,将电器插接器插头穿过挡水板。
⑥安装前侧门装饰板支架和紧固件螺栓。
⑦安装门锁固定件拉线,连接电器插接器。
⑧安装前门内饰板,安装前侧门内把手螺栓及装饰盖。
⑨安装前侧门拉手螺栓及饰盖。
⑩打开点火开关,检验摇窗机工作是否正常。

拓展阅读

各地的汽车文化节如雨后春笋般崛起,网络上各式各样的车友会、车迷会颇成气候,车展上的概念车永远吸引着人们的眼球,F1的魅力更是引起众多观众对汽车的关注。近年来,"汽车文化""汽车时尚"等概念已不断被人们所提及。然而,究竟什么是"汽车文化"?

一、汽车文化的定义

文化是人类在社会历史实践过程中所创造的精神财富和物质财富,是人类行为的精神内涵。汽车是智慧的结晶,百余年来,汽车在满足人们代步需求的同时,也彻底改变了人们的生活方式和生活质量。汽车就是这样凝聚着人类物质文明及精神文明的成果,和谐地将科技和艺术相统一,积淀成现代社会特有的文化底蕴。人们在制造和使用汽车的活动中,赋予了汽车更为丰富的精神财富和文化内涵,形成了一种独特的文化现象——汽车文化。

广义上的汽车文化就是反映"汽车改变世界"和"世界改变汽车"的大文化。汽车文化以汽车产品及其产业为载体,渗透到经济社会各层面并构成互为关联的价值链,演绎人类社会一系列的行为、习俗、法规、准则、观念和价值观，形成影响汽车社会和汽车文明发展进程的文化形态。

二、汽车文化的主要表现形式

汽车从冰冷的金属走向赋予丰富汽车文化的灵性事物，这个过程不是一朝一夕能够形成的。纵观汽车百年历史，汽车品牌就像宝石般璀璨夺目，历经岁月的洗礼，熠熠生辉。从汽车的研发、汽车技术的突破、汽车的生产、汽车的销售、汽车消费者的态度、汽车的环保等诸多方面都折射着汽车文化丰富的内涵。可以说，汽车文化是一个动态的系统，其内容不断地丰富、不断地变化。

在总体上，汽车文化包括以下三个方面。

1. 汽车品牌文化

品牌反映了产品的定位、产品的价值取向、企业文化的积淀，品牌代表着企业的社会形象。创造一个知名品牌需要具有特色的名字、质量和技术上的知名度和美誉度。品牌是无价之宝，优秀的品牌和企业文化还对社会民众有着极强的文化号召力。

2. 汽车物化文化

汽车文化的物化载体，即汽车的结构、汽车的车身设计等。汽车设计本身就是文化的产物，它通过特有的方式传达技术的物化美，也体现商品社会中文化的审美心理和价值取向。在汽车产品的创新过程中，对汽车设计的认识不仅应表现在技术、工艺或工程层面，还应提升到艺术、文化的审美层面上。

3. 汽车边缘文化

汽车同其他文化中立结合形成了丰富多彩的汽车文化，汽车展会、汽车节庆、汽车博览、汽车竞赛、汽车杂志、汽车收藏、汽车模型、汽车网络、汽车影院、汽车金融、汽车俱乐部等，都从不同的角度体现着汽车文化。

维修车辆交付

业务人员
- 准备将更换的零部件给客户查看。
- 准备为所有的费用开具发票。
- 检查车辆是否清洁，进行维修质量检查，检查是否已经取下座椅垫、地板垫、转向盘罩、翼子板布、前罩。
- 电话通知客户，以便确认车辆准备交付。
- 向客户说明工作。
  ◇ 确认工作已经顺利地完成。
  ◇ 将更换的零部件展示给客户看。
  ◇ 说明完成的工作以及益处。
  ◇ 提供详细的发票说明：零部件、人工和润滑剂的费用。

步骤一　资料准备

1）书面确认是否每件维护保养工作已经完成。
2）检查工单上客户提出的所有项目是否已达到客户的要求。
3）核对维修费用，确认原始估价与实际是否相符。

步骤二　车辆清洗

1）洗车。
2）清洁车内饰物。

步骤三　内部交车

告知服务顾问车辆停放处,将车辆和钥匙交给服务顾问。

步骤四　交车

若客户不在休息区等候,服务顾问接到车辆后应立即与客户取得联系,约定交车的时间、方式及结账事宜等。如果联系不到客户,服务顾问需发短信通知,并在随后的半小时或一小时再次尝试联系客户,告知客户具体情况。

若客户在休息区等候,服务顾问需将打印出的结算单放在书写夹板上,找到在客户休息室的客户,通知客户在其方便的时间进行交车,并确认付款方式。

服务顾问需引导客户前往交车区,拆除车罩与防护套,以便客户验车。与客户一同验车,确认满意。

步骤五　结算准备和费用说明

1. 结算准备

在客户验车完毕并表示对作业质量满意后,服务顾问需打印费用结算清单,将所发生的材料费和工时费逐项列出。

2. 费用说明

1)服务顾问需向客户说明每项费用,并回答客户提出的问题,消除客户的疑问。

2)如果客户对费用不满或有不理解的内容,服务顾问可以及时请服务经理协助向客户解释。

3)确认没有问题后,请客户在"车辆维修结算单"上签字确认。

步骤六　完成结账

1)完成结账手续。

2)当面回访客户满意度。

步骤七　交车与送别客户

1. 交车

需向客户说明有关下次保养里程及今后车辆使用方面的建议。

2. 送别客户

服务顾问送客户到汽车旁,引导客户驶出停车位,目送客户车辆驶出店面。

任务评价

一、填空题

1. 中控锁系统的基本组成包括：_____等。
2. 遥控钥匙与 RKE 接收器之间信号传输的频率为_____。
3. PCC 通过以加密形式发送其识别号和代码至_____检查代码。
4. 当车外温度达到_____℃时，电动后视镜的加热功能将自动关闭。
5. 当向前行驶车速超过_____时，盲点信息系统自动工作。

二、不定项选择题

1. 在使用 2.0 代驻车转向辅助系统进行纵向驻车时，哪个（或哪些）回答是正确的？
   A. 只有当车辆驶过停车空位时的车速低于 40km/h 时，才会去识别这个停车空位
   B. 纵向停车空位至少要比车本身长 1.1m
   C. 转弯半径不小于 40m 时，驻车辅助系统仍能提供驻车辅助功能
   D. 纵向驻车时，原则上应避免将车停靠在马路牙子上
2. 在奥迪矩阵式 LED 前照灯上，哪个（或哪些）回答是正确的？
   A. 两个前照灯必须用售后专用的薄膜来贴上
   B. 前照灯会反射其灯光形状，于是就把非对称成分转移到路的另一侧了
   C. 通过关闭前照灯内相应的 LED，以便去掉非对称光成分
   D. 前照灯照程调节电动机将远光灯向下偏移，这样就不会炫目了
3. 哪种驾驶人辅助系统会利用奥迪矩阵式 LED 前照灯来单独操控远光灯 LED？
   A. 奥迪主动式车道保持辅助系统
   B. 奥迪夜视辅助系统
   C. 奥迪行驶换道辅助系统
   D. 倒车摄像头

三、简答题

1. 汽车进入防盗状态，有三种触发防盗的方式，它们分别是哪些？
2. 汽车防盗系统被触发后，会有三种解除防盗的方式，它们分别是哪些？

四、思考讨论题

人车沟通系统和无钥匙进入系统的不同和相同之处是什么？

项目七

空调系统

汽车售后服务顾问和维修技师是汽车 4S 店的门面，会给车主留下深刻的第一印象和难忘的最后印象。车主在车辆维修预约、进店保养和维修、离开汽车 4S 店阶段，对汽车 4S 店需求心理预期各不相同。汽车 4S 店的工作人员只有把握了客人需求心理，依据需求心理的变化跟进服务，才能主动超前地提供恰当的服务，令车主产生惊喜的消费体验，从而留下良好的印象。

项目描述

杨先生的一辆奥迪 A7 轿车，行驶里程将近 10 万 km。在一次事故后，进行了维修。接车时检查一切都正常。随着郑州的天气达到 30℃，发动车后打开空调系统出风口没有冷气，而吹出来的是热风，如图 7-1 所示。

在开车时仪表板上没有故障报警信息，杨先生把车开到××4S 店进行检查维修。

小明："杨先生您好，欢迎光临××4S 店。我是服务顾问小明，这是我的名片，很高兴为您服务。"小明按要求对车辆进行了环车检查，如图 7-2 所示。

图 7-1　出风口吹出来的是热风

小明："杨先生，我让专业技师为您的车做仔细的检查"。

根据杨先生的反映，专业技师对该车进行了检查。车辆起动后，打开空调，仪表板信息显示正常，没有故障信息。

维修技师先检查了熔丝，熔丝完好。再检查开关、鼓风机、空调控制面板也都正常。检查空调系统制冷剂压力也正常，需要要对空调系统进行一次系统的检查。于是开出维修单给顾客，将车交维修车间进一步检测和修理。

图 7-2　环车检查

项目分析

汽车空调制冷系统检修的基本操作一般包括控制系统检查与维修、制冷系统工作压力的检测、从制冷系统内放出制冷剂、制冷系统抽真空、制冷系统的检漏、加注和补充制冷剂、加注和补充冷冻油等。汽车空调的检修作业通常需要歧管压力计（又称压力表组）。

需要掌握以下技能：

故障进行检修之前，会看系统电路图，要确定是空调系统故障还是机械故障或电气系统故障。

应按如下步骤进行检查：

1）先检查熔丝。

2）接通点火开关，检查电气控制系统是否工作正常。

3）检查制冷剂压力是否正常。

4）用电脑检测仪检测控制系统是否有故障存在。

要想完成对以上故障的检查和维修，必须要学习系统的专业知识，才能进行检查和维修。按照实际维修项目的要求，结合职业院校学生实际的学习特点，按照由简单到复杂，层层递进的知识走向，最终将该项目划分成以下三个任务来完成：

任务一　空调系统空气分配

任务二　典型豪华轿车空调系统空气分配

任务三　二氧化碳制冷剂 R744

学习目标

知识目标

- 能掌握空调系统结构的分类。
- 能掌握空调系统构造。
- 能掌握空调系统工作原理。
- 能掌握空调故障诊断的基本方法。
- 能掌握空调系统故障诊断的基本流程。

技能目标

- 能正确对空调系统分类。
- 能独立进行空调系统的分解和组装。
- 能正确区分空调系统的人为故障和自然故障。
- 掌握空调系统故障诊断的基本测量技能。
- 掌握汽车不同类型空调系统故障诊断流程的方法和排除技巧。

素养目标

- 严格执行故障诊断规范，养成严谨科学的工作态度。
- 养成团队协作精神。
- 能够接受新的知识。
- 能够而且愿意探索新事物，有学习愿望，有求知欲。
- 阅读资料划出关键技术点，归纳整理出故障诊断方法。
- 能够清晰、友好且有趣地向他人口头转述信息。
- 能够完成棘手的任务。

- 树立目标并制订实现目标的计划。
- 客观公正地自评和评价他人。
- 能够与合作伙伴良好地交流和相互理解。
- 能够养成自觉遵守技术标准和要求规定、规范操作、安全、环保、"6S"作业的好习惯。
- 能够养成劳动光荣、创造伟大的思维和创新意识。

汽车空气调节装置简称汽车空调，用于把汽车车厢内的温度、湿度、空气清洁度及空气流动调整和控制在最佳状态，为乘员提供舒适的乘坐环境，减少旅途疲劳；为驾驶人创造良好的工作条件，是对确保安全行车起到重要作用的通风装置。汽车空调系统一般包括制冷装置、取暖装置和通风换气装置，如图7-3所示。

图7-3 汽车空调系统

知识引导

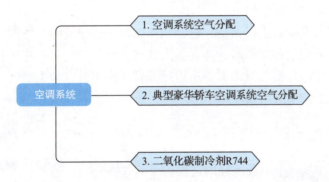

相关知识

汽车空调可以为车内乘客创造一个舒适的环境，从而提高汽车整体舒适性。汽车空调系统具有对汽车内部的温度、湿度、气流速度进行调节和净化空气的功能。除此之外，汽车空调还能去除车辆风窗玻璃上的雾、霜、冰、雪，给汽车驾驶人提供一个清晰的视野，确保行车安全，如图7-4所示。

图7-4 汽车空调的作用

任务一 空调系统空气分配

空调系统一般由下面几部分组成：压缩机、冷凝器、储液过滤器、膨胀阀、蒸发器、鼓风机等，如图7-5所示。

压缩机是空调制冷系统的心脏，它是使制冷剂R134a在系统内循环的动力源。它的作用是使R134a由低温低压气体压缩为高温高压气体。没有它，系统不仅不制冷而且还失去了运行的动力。压缩机的动力,大部分来自于汽车发动机。

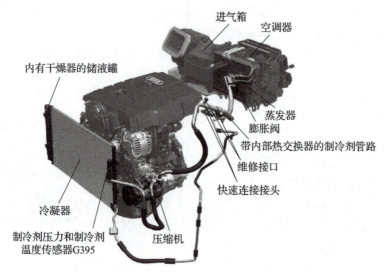

图7-5 空调制冷系统的结构

冷凝器的作用是将压缩机排出的高温高压制冷剂蒸气进行冷却,并使其凝结为液体,凝结时所放出的热量被排至大气中。

蒸发器的作用与冷凝器正好相反,它是制冷剂由液态变成气态(即蒸发)吸收热量的场所。车内湿热空气通过蒸发器时,蒸发器内液态雾状制冷剂吸收流经蒸发器的湿热空气热量蒸发而使空气冷却,湿气凝结成露水沿导流管排出车外,冷干空气经鼓风机作用循环于车内,最终体现了汽车空调制冷的作用。

一、空调制冷系统部件

空调系统的工作是一个不断循环的过程。在这个循环过程中,用到了一些部件,才实现了较好的制冷效果,这些部件主要有压缩机、冷凝器、液体膨胀装置和蒸发器等,各部件之间采用铜管和高压橡胶管连接成一个密闭系统。工作时制冷剂以不同的状态在这个密闭的系统内循环流动。基本组成部件如图7-6所示。

图7-6 空调制冷系统部件
1—高压维修阀 2—低压维修阀 3—A/C空调开关
4—膨胀阀和蒸发器 5—空调压缩机
6—冷凝器(含储液干燥罐)

1. 暖风与空调系统功能组

暖风与空调系统可以分成几个功能组,如图7-7所示。

- 制冷剂回路:

带有制冷剂压力/温度传感器G395与蒸发器温度传感器G308。

- 加热回路:

带有泵阀单元、两个独立的水阀加热系统以及两个热交换器温度传感器G306与G307。

项目七　空调系统

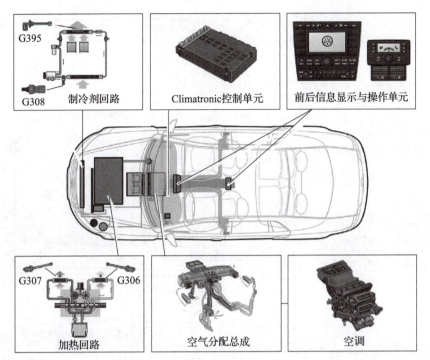

图 7-7　暖风与空调系统组成

- 空气分配总成：

带有可实现四气候区域的空调。

- 前后信息显示与操作单元。
- Climatronic 控制单元。

2. 制冷剂回路

制冷剂回路包括膨胀阀、外部调节式压缩机、冷凝器、蒸发器、储液干燥罐。

蒸发器下游通风口温度由蒸发器温度传感器 G308 检测。它确保在 0℃时关闭制冷功能，并与外部调节式压缩机一起，使蒸发器下游通风口温度在 0~12℃ 之间进行自适应控制，如图 7-8 所示。

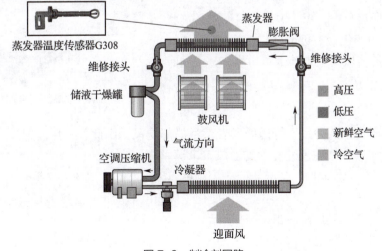

图 7-8　制冷剂回路

249

为了将从蒸发器出来的空气加热到所需温度，在热交换器中所需要的热量输出很少，从而节省了能耗与燃油。

3. 两个空调器制冷循环回路

受两个空调器所限，4C-Climatronic 空调的制冷循环回路有两个蒸发器，它们在管线中以并联方式连接。两个蒸发器由一个外部调节的压缩机驱动，如图 7-9 所示。

高度压缩的制冷剂在蒸发器前通过一个膨胀阀卸压。冷凝器装备了一个干燥筒。制冷循环回路通过专用闭锁接口连接。

为调节及识别制冷剂缓慢损耗，根据发动机型号，该设备拥有一个制冷剂温度传感器和一个与此分开的高压传感器。

V10 TDI 发动机还安装了可同时测量制冷剂温度和压力的组合传感器。

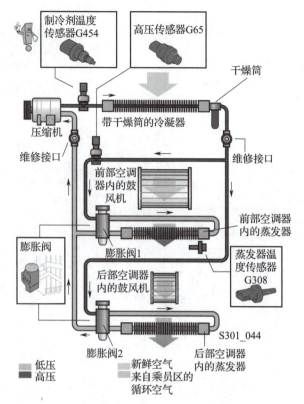

图 7-9 两个空调器制冷循环回路

二、通风方式

为了确保座舱内有舒适的空气，通风设计被分成四个基本功能。
- 间接通风。
- 直接通风。
- 带车窗起雾检测的除霜功能。
- 自动与手动空气再循环功能。

通过这种设计，各个座椅的通风与温度可以分别调节。在一段旅程中，由于温度或日照等环境状况会发生较大的变化，有可能在空调模式运行时，间接通风、直接通风与除霜等基本功能合并或同时运行，如图 7-10 所示。

图 7-10 空调模式运行

1. 间接通风

直接气流通常被认为是不舒适的或者感觉局部受风。因此，采用漫射送风，间接通风通过仪表板上方与 B 柱中尺寸宽大的通风口来送风。

当启用自动气候控制时，Climatronic 控制单元确定所需的内部空气是否可以用间接通风的方式就可以获得。当由于某个环境条件变化（例如由于日照而变热）必须打开其他通风口时，控制单元会将它们打开，如图 7-11 所示。

除了自动空气控制之外，间接通风的通风口也可以通过空调主菜单上的两个上部功能键打开或关闭。

2. 直接通风

信息娱乐系统上的功能键可以用来选择各种通风气流的流出方向,直接通风的通风口包括隐藏在仪表板后结构盖板中的胸部通风口、后信息显示与操作单元上的通风口以及 B 柱上的通风口。在按下相关功能键或者处于自动空调模式中的某些条件下,结构盖板会打开。同时,通风口的风门电动机也被驱动。

当结构盖板打开后,在鼓风机设置不变的情况下可以使用通风口上的按钮来减小气流,这不会关闭结构盖板,而是改变风门开度。按钮上的 LED 显示风门开度。用旋压按钮可以对鼓风机进行设置,从而对所有通风口进行无级调节,如图 7-12 所示。

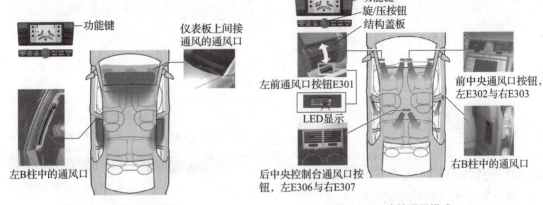

图 7-11 间接通风模式　　　　图 7-12 直接通风模式

3. 除霜功能

暖风与空调系统不仅有手动除霜功能还有自动除霜功能。此功能能够防止车窗起雾,从而提高驾驶安全性。

(1)带车窗起雾检测的自动除霜功能

空气控制通过测量风窗玻璃温度、空气湿度以及测量湿度位置的相关内部温度来检测风窗玻璃是否起雾。这三个信号都由后视镜基座中的空气湿度传感器提供。

如果车内空气中的水蒸气冷凝在车窗上,空调压缩机的输出功率与鼓风机转速都会自动增加,而且除霜风门会进一步打开。随后,干燥的空气经过蒸发器与热交换器从打开的除霜通风口送到风窗玻璃与前侧车窗。

在前排座椅下面的分配器壳体中有一个辅助加热元件,用以加热后部侧车窗的除霜通风口气流,如图 7-13 所示。

(2)手动除霜功能

车窗可能会迅速起雾,尤其是在环境温度低或车内空气湿度高(如由潮湿的衣服引起)的情况下。在这种天气与温度条件下,只使用自动除霜功能可能还不够,这时就必须用空气控制按钮组中的除霜按钮来手动选择除霜功能。

当按下除霜按钮后,除了除霜通风口其他通风口全部关闭,压缩机与鼓风机全部运行在高功率输出状态下,如图 7-14 所示。

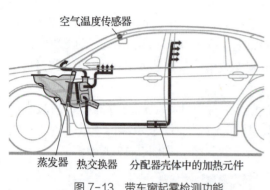

图 7-13　带车窗起雾检测功能

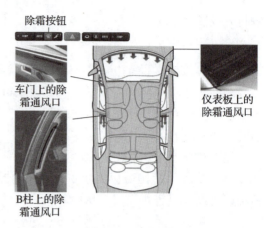

图 7-14　手动除霜功能

4. 空气再循环功能

现在的车辆不但具有手动空气再循环功能，而且还具有自动空气再循环功能，其手动功能可以用空气控制按钮组中的空气再循环按钮来控制。

（1）手动空气再循环功能

按下空气控制按钮组中的空气再循环按钮，就可将空气控制切换到空气再循环模式。进气风门关闭，同时空气再循环风门打开。这样可以阻止外界的异味进入汽车内部。再次按下此按钮，就可停止空气再循环模式。

空气控制按钮组如图 7-15 所示。

图 7-15　空气控制按钮组

手动空气再循环模式不会自动关闭。由于新鲜空气不会进入车内，所以不宜长时间使用此功能。

（2）自动空气再循环功能

通风室内的空气质量传感器一直在检查新鲜空气中的污染物浓度，在倒车或使用刮水/清洗功能时，如果检测到空气中污染物含量增加，空气控制自动切换到空气再循环模式，阻止汽车自己的废气等污染物进入车内。一旦污染物不再增加，空气再循环模式将立即自动中止。

在正常情况下，自动空气再循环功能是关闭的。用空气控制子菜单"Other"（其他）中的"Auto recirculation"（自动再循环）功能键可以打开此功能，如图 7-16 所示。

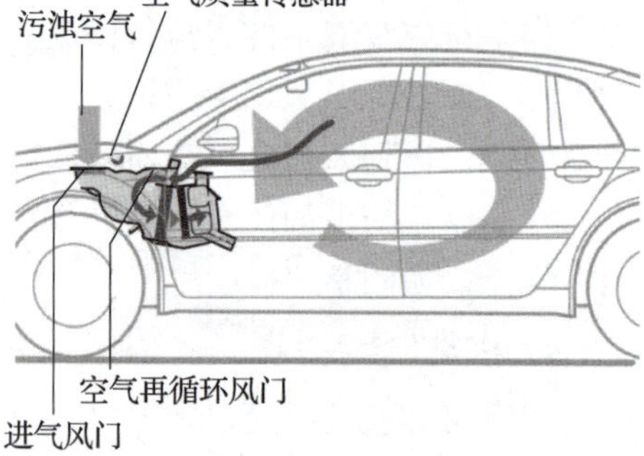

5. 4C-Climatronic（自动空调）

大众途锐的暖风和空调系统，可以满足对空调最苛刻的要求。

（1）空气调节区

通过 4C-Climatronic 可以将车内空间分为四个空气调节区，如图 7-17 所示，在这些空气调节区内能彼此独立地自动或手动调节以下参数：

图 7-16　自动空气再循环功能

- 温度。
- 气流分布。
- 风量。

（2）气流分布

其特征是有两个独立的空调器用于前部和后部座位的空气调节，前部空调器安装在仪表板下，其结构与其他型号相同。后部空调器位于行李舱内左侧饰板后。

因为使用了两个空调器，所以用于前后空气调节区的气流分布部件是彼此分开的，如图7-18所示。

其操作通过仪表板内和后部中控台内两个独立的操作单元进行，如图7-19所示。

图7-17 四个空气调节区

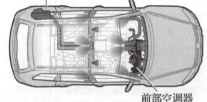

图7-18 前后空气调节区

图7-19 操作单元

在前部操作单元上可执行以下功能：
- 调节所有四个座位的温度。
- 调节气流分布。
- 调节前后鼓风机转速。
- 手动和自动循环空气功能。
- 自动进行空气调节。
- 与驾驶人的空气调节区同步。
- 后部按钮，用于温度调节、鼓风机转速调节和气流分布调节（两个后部空气调节区）。
- 除霜。
- Econ（经济模式）。
- 余热利用功能。
- 后风窗玻璃加热装置。
- 风窗玻璃电器加热装置。

后部操作单元的功能：
- 调节两个后部座位的温度。
- 调节气流分布。
- 调节后部鼓风机转速。
- 自动进行空气调节。

6. 2C-Climatronic（自动空调）

大众途锐中等舒适级别的空调系统。

（1）空气调节区

通过 2C-Climatronic 可以将车内空间分为两个空气调节区，即在自动运行模式下可以独立调节左右两侧车内空间的温度，但鼓风机转速和整个乘员区的气流分布需统一调节，如图 7-20 所示。

（2）气流分布

为使两个空气调节区彼此保持独立，将空调器安装在仪表板下。对四个座位进行空气调节的气流分布通道连接在这个空调器上。用于 B 柱出风口的空气通过前车门引入，如图 7-21 所示。

（3）操作和显示单元

2C-Climatronic 的显示和操作单元位于仪表板上，如图 7-22 所示。

图 7-20　车内空间分为两个空气调节区

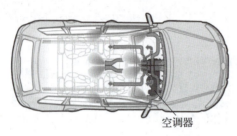

图 7-21　空气调节气流分布通道

图 7-22　显示和操作单元

可以使用以下功能：
- 调节左侧和右侧温度。
- 调节气流分布。
- 调节鼓风机转速。
- 手动和自动循环空气功能。
- 自动进行空气调节。
- 除霜。
- Econ（经济模式）。
- 余热利用功能。
- 后风窗玻璃加热装置。
- 风窗玻璃加热装置。

三、暖风 / 空调空气分配

空气的导向和分配取决于暖风 / 空调的具体结构以及所要求的行驶舒适性，如图 7-23 所示。

暖风 / 空调上的空气分配如图 7-24 所示。

根本的区别在于：
- 流入车内的气流是未分开式的。
- 进入车内左、右侧的气流是分开式的，较新的结构需要更多的传感器、执行元件和翻板。

项目七 空调系统

图 7-23 空气的导向和分配　　　　图 7-24 暖风 / 空调上的空气分配

很凉的新鲜空气流经蒸发器；蒸发器不工作，空调关闭，新鲜空气完全流经热交换器并被加热，如图 7-25 所示。

所有的暖风 / 空调，都具有以下基本结构。

- 外部空气入口。
- 循环空气入口（如果有）。
- 新鲜空气鼓风机。
- 蒸发器（用于给空气制冷）。
- 热交换器（用于给空气加热）。
- 翻板和通道（用于输送空气，比如脚坑、除霜、仪表板出风口）。

暖的新鲜空气流经蒸发器以便冷却下来。这个新鲜空气太凉了，因此一部分新鲜空气就被送经热交换器，以便达到出风口各自所需要的温度，如图 7-26 所示。

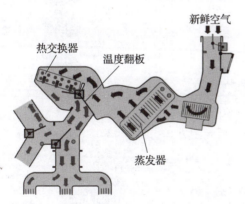 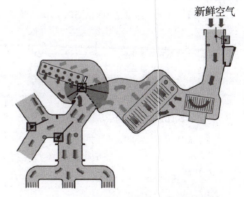

图 7-25 新鲜空气完全流经热交换器并被加热　　　　图 7-26 达到出风口各自所需要的温度

1. 空气分配——自动空调中分成两路

此处的空气分配是通过空调器空气侧的翻板来进行调节的，根据翻板的控制情况，气流被引向各个出风口。所有的翻板均由伺服电动机来操纵运动，翻板调节或者是按程序自动进行，或者是在操纵和显示单元上通过手动来进行，如图 7-27 所示。

车内左、右侧的温度是可以单独调整的（彼此是独立的），在空气分配器壳体中，气流分成冷、暖以及左、右气流。根据所需要的温度情况，温度翻板会为车内分配好冷、暖

255

气流所占的比例，如图 7-28 所示。

温度翻板由以下电动机来操纵运动：
- 车内左侧伺服电动机。
- 车内右侧伺服电动机。

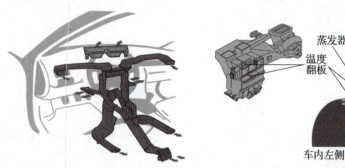

图 7-27 空气分配　　　　图 7-28 温度翻板

2. 电子调节式空调系统一览（车内左、右分离式空气侧温度调节）

左、右温度可设置成不同的值，其范围为 18~29℃，左、右温度分配用的温度翻板在空气分配器壳体内，如图 7-29 所示。

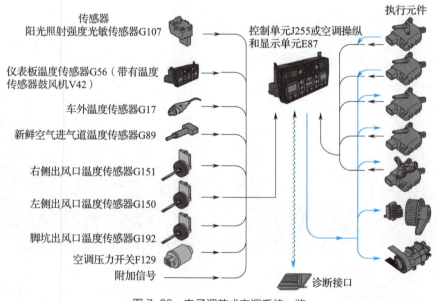

图 7-29 电子调节式空调系统一览

任务二　典型豪华轿车空调系统空气分配

大众辉腾将四区域座舱空气作为标准配置。

由于使用 4C-Climatronic，驾驶人和乘客都可以单独设定自己的空气而不管其他座位的情况。

Climatronic 控制单元自动控制各个独立的气候区域，同时驱动许多通风口与温度风门的控制电动机，如图 7-30 所示。

一、空气分配总成

成形塑料件将各个独立部件相连接并作为空气管道，它将全部气流从入口经由灰尘与花粉滤清器送到各个独立通风口，如图 7-31 所示。

图 7-30　空调系统

图 7-31　空气管道

仪表板中的胸部通风口位于电动和驱动的结构盖板后面，如图 7-32 所示。

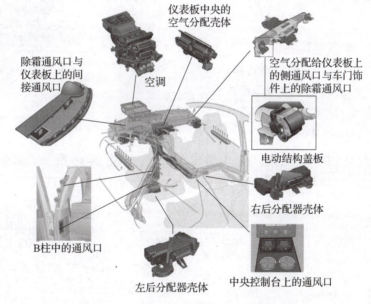

图 7-32　通风口

1. 车内的空气分配

新鲜空气鼓风机引导新鲜空气流经灰尘与花粉滤清器后送至蒸发器。流出蒸发器后，气流在空调中首次被分流：较大的气流流经热交换器，较小的气流越过热交换器送给空调中的冷风门。两个并排的热交换器设计可以产生左右两股气流给车内通风。用于车内左右两部分的两股气流温度主要由前排座椅处的温度设置确定。

空气流出热交换器后，空调和仪表板上的电动机驱动风门进一步向各个独立通风口分配气流。在此过程中，B 柱通风口和后部脚部空间通风口出来的空气可以用辅助加热元件加热，如图 7-33 所示。

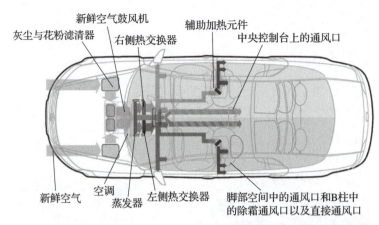

图 7-33 车内的空气分配

2. 空调空气分配总成

空气分配总成位于仪表板中间下部，空调的部件用于空气分配和温度控制，如图 7-34 所示。

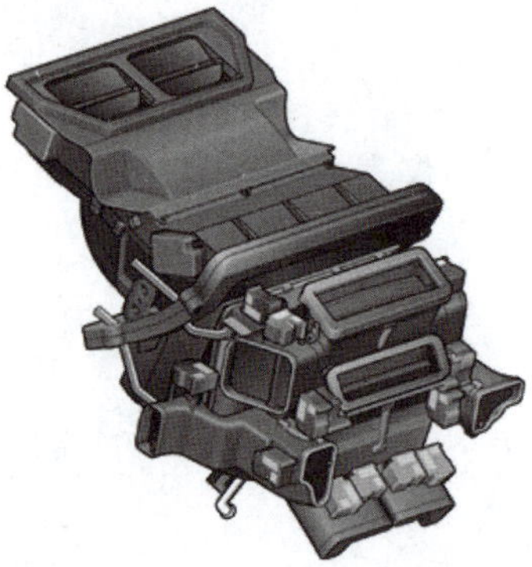

空气分配总成如图 7-35 所示：
- 新鲜空气鼓风机和控制单元。
- 蒸发器。
- 左右两个热交换器。
- 15 个驱动各种风门的控制电动机。
- 2 个位于热交换器后面的温度传感器。
- 1 个蒸发器下游的温度传感器。

图 7-34 空气分配总成

（1）空调上的风门

空气通过空调上的风门送到空气管道与通风口，如图 7-36 所示。每个风门的位置与开度决定了流出的空气量以及混合比。

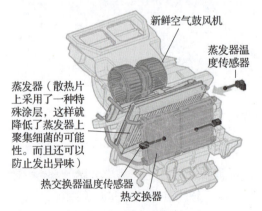

图 7-35 空气分配总成组成

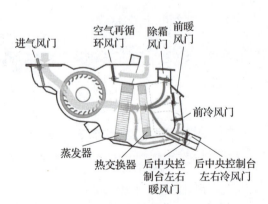

图 7-36 空气通过风门送到空气管道与通风口

图 7-37 所示为空调的所有风门。

（2）空调上的控制电动机

风门由电动机驱动，控制电动机上的电位计向 Climatronic 控制单元报告电动机的位置，也就是相应风门的位置。由于空间限制以及转矩要求的不同，所以采用了两款不同尺寸的控制电动机，如图 7-38 所示。

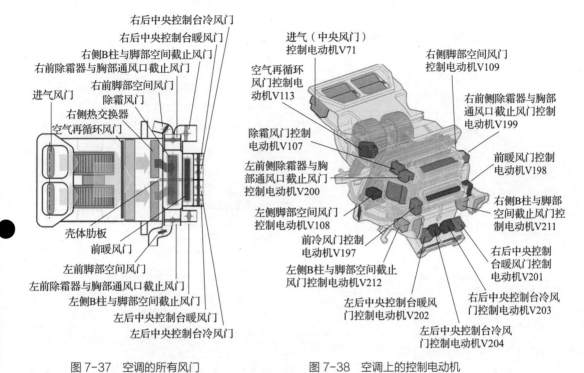

图 7-37　空调的所有风门　　　　图 7-38　空调上的控制电动机

（3）仪表板中央的空气分配壳体

该壳体直接安装在空调的暖风门之后并固定在仪表板上，来自空调的空气在空气分配壳体中混合，如图 7-39 所示。

根据风门位置，空气随后到达直接通风的两个中央通风口以及仪表板上侧的间接通风口。风门和通风口位置如图 7-40 所示。

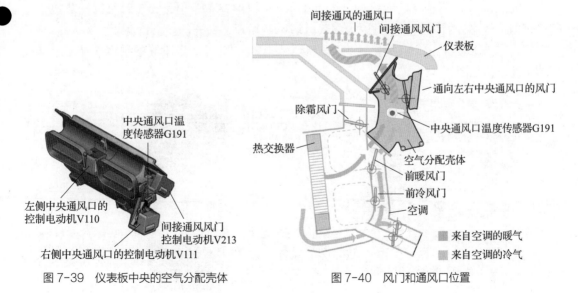

图 7-39　仪表板中央的空气分配壳体　　　　图 7-40　风门和通风口位置

3. 后脚部空间中的分配器壳体

该壳体位于前排座椅的下方。在分配器壳体中，来自空调的空气通过两个风门送至后脚部空间的通风口、后侧车窗的除霜通风口和 B 柱上进行后部的直接通风。这两个风门是通过控制电动机控制一个带有导轨的门来驱动的。

分配器壳体中的加热元件可以对空气进行辅助加热。加热元件之后的气流温度由温度传感器检测，用以控制后脚部空间的温度，如图 7-41 所示。如图 7-42 所示为右后脚部空间的分配器壳体。

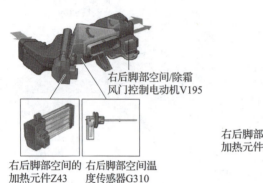

图 7-41 后脚部空间中的分配器壳体

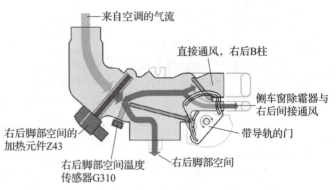

图 7-42 右后脚部空间的分配器壳体

4. 信息显示与操作单元

信息显示与操作单元进行设置操作时都会在显示屏显示，如图 7-43 所示，操作元件大体上被分为以下几个操作区：

- 空气控制按钮组。
- 功能键及显示屏。
- 主菜单按钮组。

5. 区域气候控制工作过程

Climatronic 气候控制的温度调节范围基本上在 18~28℃。但是，是否可以调节各个座椅区域的空气必须看周围条件，因为空气区域不是物理上分开的。

假设车外温度为 12℃ 且为阴天。四位对空气温度与分配要求不同的乘客坐在 4 个空气区域中设定，如图 7-44 所示。

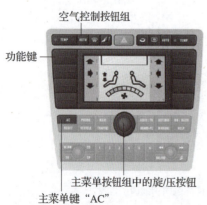

图 7-43 信息显示与操作单元

图 7-44 4 个空气区域设定

（1）"驾驶人"空气区域

在选择了自动功能后，Climatronic 用传感器系统判断保持本空气区域为 22℃时加热空气所需要的强度。

此时，Climatronic 控制单元决定流经热交换器的发动机冷却液流量。Climatronic 决定供给驾驶人脚部空间通风以及仪表板间接通风的通风口的暖气量，如图 7-45 所示。

操作自动空调选择自动功能。

功能顺序如图 7-46 所示。

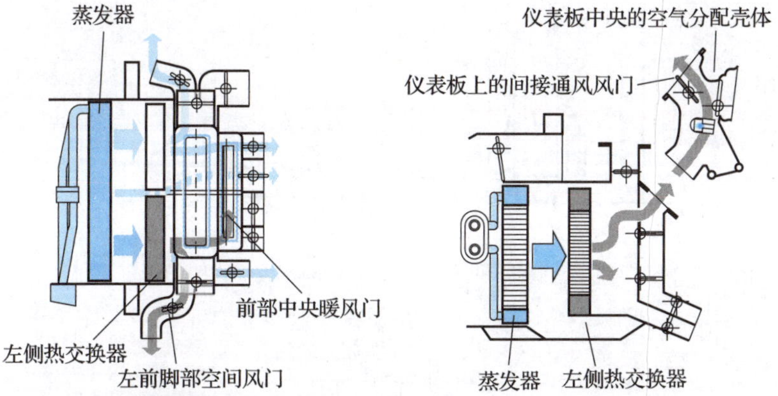

图 7-45　选择了自动功能

图 7-46　功能顺序（一）

（2）"前排乘客"空气区域

为了将该空气区域尤其是脚部空间中的温度提高 2℃，前排乘客首先按下温度设置按钮。以 0.5℃的幅度，将该空气区域的温度从 22℃提高到 24℃。然后用功能键选择右侧脚部空间通风口。此时，屏幕上出现手动符号"MAN"。与此同时，前排乘客侧的胸部通风口关闭，如图 7-47 所示。

图 7-47　操作按下温度设置按钮功能

热的冷却液流经右侧热交换器以提供所需的温度；暖气从右侧脚部空间的通风口中送出，空调顶视图如图 7-48 所示。

（3）"左后乘客"空气区域

为了增加该空气区域的温度，必须首先按下功能键"Other"（其他）。显示屏上出现一个新菜单。通过按"TEMP"（温度）功能键，可以将温度增加到 23℃。空气流经左后分配器壳体中的加热元件进入脚部空间与 B 柱的通风口，进行增温。

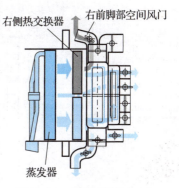

图 7-48　空调顶视图（一）

Climatronic 启动加热元件,直至温度传感器报告已经达到所需温度,也可以用后部中央控制台的胸部通风口对后部空气区域进行通风。但是,由于增加的是冷气,所以只能通过这些通风口进行降温而不能增温。

操作按下功能键"Other"和"TEMP"(温度)功能键进行设置,如图 7-49 所示。

图 7-49 操作按下功能键"Other"和"TEMP"(温度)功能键进行设置

功能顺序如图 7-50 所示。

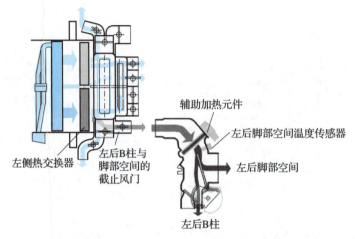

图 7-50 空调顶视图(二)

(4)"右后乘客"空气区域

该空气区域中的乘客需要更冷的空气通风。此时,必须首先按下"Other"(其他)按钮,出现新的显示。用"TEMP"(温度)功能键将温度设定为 18℃。

Climatronic 让气流经过空调的暖风与冷风门送到后部中央控制台的通风口。在此处,增加更冷的空气直至温度传感器报告已经达到了所需温度。

操作按下功能键"Other"和"TEMP"(温度)功能键进行设置,如图 7-51 所示。

图 7-51 操作按下功能键"Other"和"TEMP"(温度)功能键进行设置

功能顺序如图 7-52 所示。

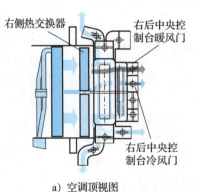

a)空调顶视图

b)后部中央控制台

图 7-52 功能顺序(二)

6. 系统概览

系统概览如图 7-53 所示。

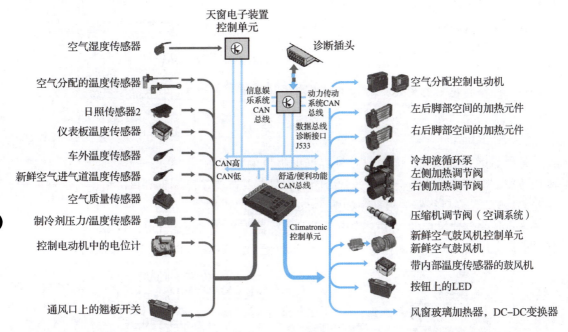

图 7-53　系统概览

7. CAN 总线

舒适/便利功能 CAN 总线与动力传动系统 CAN 总线之间信息交换如图 7-54 所示。

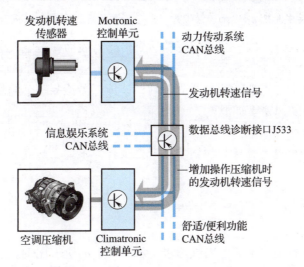

图 7-54　舒适/便利功能 CAN 总线与动力传动系统 CAN 总线之间信息交换

二、传感器和执行机构

1. 温度传感器

车外温度传感器 G17 安装在保险杠上，而新鲜空气进气道温度传感器 G89 紧位于通风室中空气质量传感器的旁边,两个 NTC 传感器信号都用于空气控制,如图 7-55 所示。在任何情况下,Climatronic 控制单元都将较低的温度值作为外部温度。

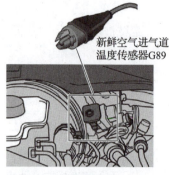

图 7-55 新鲜空气进气道温度传感器 G89

故障的应对策略:
- 若一个传感器失效,控制单元采用完好传感器的信号。
- 若两个传感器都失效,则关闭制冷功能并采用一个固定的值 10℃代替外界温度。

2. 空气湿度传感器

各种测试方法表明,尤其是在外界温度很低的情况下,风窗玻璃上部的三分之一会变得非常冷因而容易起雾。为了能测量到该区域,空气湿度传感器 G355 安装在后视镜的根部,如图 7-56 所示。

来自除霜器通风口的少量连续气流确保传感器探测区域的空气可以良好地混合,这样就可以认为风窗玻璃上所测位置的空气湿度接近于风窗玻璃的其他位置,如图 7-57 所示。

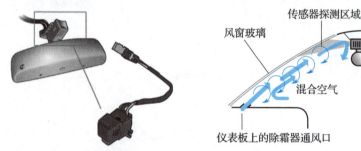

图 7-56 空气湿度传感器 G355 安装位置　　图 7-57 传感器探测区域

空气通过传感器壳体上的一个空气缝隙达到传感器表面。若空气缝隙中有脏物,则会导致传感器故障。

为了能够进行自动除霜功能的自适应控制,该传感器检测三个测量值:空气湿度、传感器处的相关温度以及风窗玻璃温度。

故障的应对策略:
- 若没有这些传感器的信号,控制单元则无法计算车窗上形成雾气的点,自动除霜功能失效。

3. 测量空气湿度

(1) 基本物理原理

测量空气湿度,就是确定座舱内气态水(水蒸气)的所占比例。空气吸收水蒸气的能力取决于空气温度。这就是为什么在测量湿度等级时必须确定相关的空气温度。空气越热,吸收的水蒸气就越多。若富含水蒸气的空气冷却下来后,水分就会冷凝,形成细小水滴并附着在风窗玻璃上。

(2) 功能

湿度是通过薄层电容传感器测量的。该传感器的工作模式等同于平行极板电容器。
电容器的电容,即存储电能的容量,取决于电容极板的表面积、间隔以及两极板之间填充材料的特性。此材料叫做电介质，如图 7-58 所示。这种特殊的电容器可以吸收水蒸气。吸收的水分改变了电介质的电气特性，从而改变了电容器的电容量。所以测得的电容值就表示了空气湿度。传感器电子装置将所测的电容值转换成电压信号，如图 7-59 所示。

4. 测量风窗玻璃温度

（1）基本物理原理

每个物体都会以电磁辐射的方式与周围环境交换热量。此电磁辐射可能含有红外线范围、可见光或者还有紫外线范围的热辐射。但是，这三种范围的辐射只是整个电磁光谱的一小部分。辐射是"吸收"和"发射"。

例如一块铁可能吸收红外线辐射。它会变热，也就是说这块铁也重新发射红外线。如果继续加热这块铁，它会发亮。此时，它发射可见光范围内的电磁辐射以及红外线辐射。根据物体自身温度的不同，所发射的辐射成分可能会有变化。例如，若物体的温度变化，发出的辐射中的红外部分也会变化。这样通过测量辐射出来的红外线，即可无接触地测量物体温度，如图 7-60 所示。

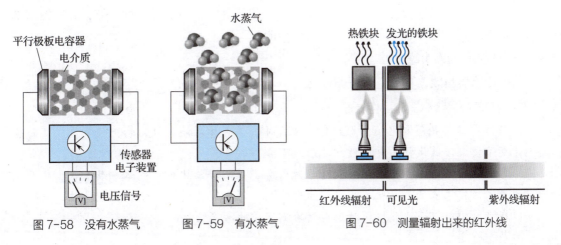

图 7-58 没有水蒸气　　图 7-59 有水蒸气　　图 7-60 测量辐射出来的红外线

（2）功能

测量一个物体（这里是风窗玻璃）的红外线辐射，是用一个高灵敏度的红外线辐射传感器进行的。

若风窗玻璃的温度发生变化，在平垫圈发出的热辐射中，其红外部分也会变化。该传感器检测这种变化，并且传感器电子装置将其转换成电压信号，如图 7-61 和图 7-62 所示。

5. 空气质量传感器

该传感器 G238 连同新鲜空气进气道温度传感器 G89 一起安装在通风室的新鲜空气进气区域。

它的作用是检测外界空气中的污染物。空气中的污染物是以可氧化或可还原气体形式存在的，基于这一认识，该传感器得以开发和应用。

Climatronic 控制单元需要该传感器信号来执行自动空气再循环功能。若此功能开启，在该传感器检测到新鲜空气中有污染物时，进气风门被自动关闭并且空气再循环风门打开，如图 7-63 所示。

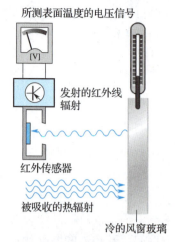

图 7-61 冷的风窗玻璃的测量

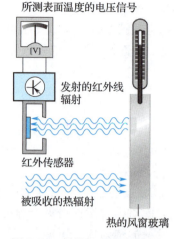

图 7-62 热的风窗玻璃的测量

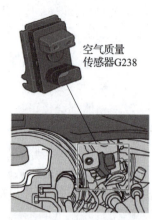

图 7-63 空气质量传感器

（1）功能

对污染物浓度的检测是基于电阻测量原理。若所测的电阻偏离了默认值，空调控制单元断定外界空气污浊并启动自动空气再循环功能。

（2）故障的应对策略

若该传感器失效，自动空气再循环功能不可用。

（3）空气质量传感器的工作原理

- 若传感器的混合氧化物接触到可氧化气体，该气体从混合氧化物上吸收氧，从而改变了该混合氧化物的电特性，其阻抗下降。
- 另一方面，若该传感器接触到可还原气体，该混合氧化物从气体中吸收氧。从而改变了该传感器的电特性。其阻抗上升。由于混合氧化物的化学和物理特性，它可以在可氧化与可还原气体同时出现时检测其中的污染物。

污染物检测：

- 若传感器阻抗上升，一定含有可氧化气体，如图 7-64 所示。
- 若传感器阻抗下降，一定含有可还原气体，如图 7-65 所示。

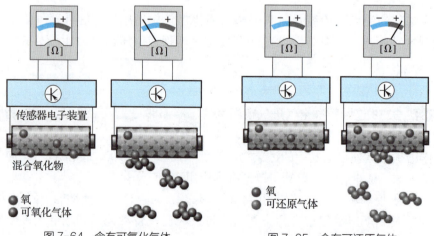

图 7-64 含有可氧化气体　　　　图 7-65 含有可还原气体

6. 仪表板温度传感器

它安装在中央控制台两烟灰缸之间隔栅的后面，G56 检测车内中央区域的空气温度，如图 7-66 所示。

（1）功能

该传感器壳体内有一个 NTC 温度传感器，它通过一个小鼓风机从车内吸取空气。该传感器测量气流的温度。它可以防止温度传感器处的升温，这种温升可能会对测量结果造成负面影响。鼓风机与传感器元件安装在一个共用的壳体内，如图 7-67 所示。

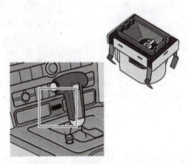

图 7-66　仪表板温度传感器 G56

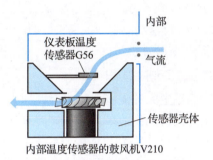

图 7-67　鼓风机与传感器元件安装在一个共用的壳体内

（2）故障的应对策略

若该传感器发生故障，则内部温度使用一个固定的替代温度——25℃。

7. 日照传感器

它安装在仪表板除霜通风口之间的一个黑色塑料滤光器下面，阳光透过滤光器照射下来。该传感器 G134 检测日照的强度与方向，如图 7-68 所示。

（1）功能

日照传感器壳体中含有两个光电二极管与一个光学元件。该光学元件分为两个腔室，各含一个光电二极管。

图 7-68　日照传感器

例如，如果阳光从左侧照射到传感器上，光学元件本身的特性会将射线集中到左侧光电二极管上，如图 7-69 所示。从而，这个光电二极管上产生的电流会明显地大于另一个光电二极管。若阳光从右侧照射，如图 7-70 所示，那么该侧的光电二极管就具有更高的电流，这样，Climatronic 控制单元就可以判定车内的哪一侧受太阳影响而升温。

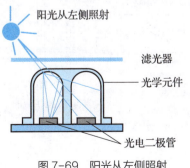

图 7-69　阳光从左侧照射

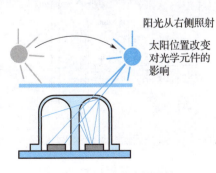

图 7-70　阳光从右侧照射

（2）故障的应对策略

如果一个光电二极管失效，则使用另一个二极管的值，若两个光电二极管都失效，则使用固定的替代值。

8. 制冷剂压力/温度传感器

它位于发动机舱内压缩机与冷凝器之间的高压管路上，如图7-71所示，G395将制冷剂温度与制冷剂压力信号送到Climatronic控制单元，这两个信号用于：

- 控制散热器风扇。
- 控制压缩机。
- 检测制冷剂的损耗。

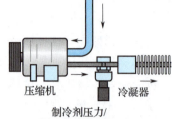

图7-71 制冷剂压力/温度传感器

（1）如何检测制冷剂损耗

当制冷剂发生大的泄漏而逸出时，压力会急剧下降。在此情况下，压力传感器的信号足以让控制单元检测到故障。如果制冷剂逐渐损耗，那么此信号就不会足够强，因为少量制冷剂的损耗不会使压力变化达到系统可测量的程度。但是，由于制冷剂的量与蒸发器的量精确相关，所以缺少制冷剂会导致蒸发器中膨胀的制冷剂气体热到可测量的程度，从而使压缩机后的制冷剂温度上升。

由于较少的制冷剂吸收了等量的热量来将空气冷却到默认值，因而造成这种温升。该传感器会检测这种温升并发送电压信号给Climatronic控制单元。

（2）故障的应对策略

若温度或压力信号失败，则制冷功能关闭。

（3）功能

压力测量传感器元件按照电容原理进行工作，制冷剂回路中的压力变化改变了传感器中电容极板之间的间距，由于电容极板之间的间距发生改变，电容量也会发生改变，即电容器存储电能的能力发生改变。若间距减小，电容量下降，如图7-72所示；若间距增大，电容量上升，如图7-73所示，传感器电子装置检测这种变化，并按比例将压力转换成电压信号。

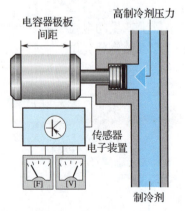

图7-72 制冷剂回路完好时的压力信号

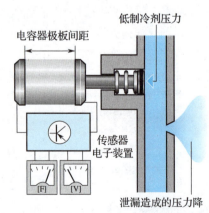

图7-73 制冷剂完全损耗时的压力信号

9. 加热调节阀

加热调节阀（左）N175 与加热调节阀（右）N176，每个阀门调节从发动机冷却循环系统进入相应热交换器的冷却液量，如图 7-74 所示。

（1）功能

两个阀门都是顺序阀，"顺序"阀的意思就是它由控制单元的一个脉冲宽度调制电压信号控制打开或关闭。通过这种控制，流到热交换器的冷却液可以与所需的热量输出确切匹配。断电后，两个阀门都打开。

（2）故障的应对策略

若一个阀门发生故障，相关的热交换器就会使用全部冷却液供应，即此交换器的热量输出达到最大。

10. 冷却液循环泵

它是泵阀单元的一部分，V50 的主要作用是阻止热交换器内的热量分层现象。为了防止此现象的发生，冷却液在热交换器内连续循环。此外，当启用余热功能时，Climatronic 控制单元会打开此泵。在发动机关闭后，车内需要加热时，就会启用余热功能，如图 7-75 所示。

图 7-74　加热调节阀　　　　图 7-75　冷却液循环泵 V50

（1）故障的应对策略

若此泵失效，热交换器可能会出现热量分层现象，这样加热控制就不能正确工作。

（2）工作模式

两个泵轮由一个电动机驱动，让冷却液在两个热交换器中循环。该泵安装在热交换器的回流管上。

11. 后脚部空间的加热元件

左后脚部空间的加热元件 Z42 与右后脚部空间的加热元件 Z43 的每个分配器壳体中各有一个加热元件，这些加热元件加热流经分配器壳体的气流，如图 7-76 所示。

（1）功能

加热元件是 PTC 电阻，所以也叫作 PTC 元件，PTC 就是 "Positive Temperature Coefficient"，即正温度系数。

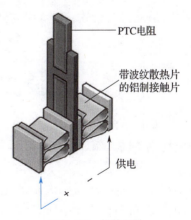

图 7-76　加热元件

PTC 电阻具有自我调节的特性。当接入该加热元件后，电流流经陶瓷制的 PTC 电阻，电阻可以加热到最大 160℃，如图 7-77 所示。

当温度上升时，阻抗也增加。从而减小电流并防止过热。热量输出的控制为脉冲宽度调制式。也就是说，Climatronic 控制单元给集成在加热元件中的一个继电器发送脉冲，该继电器控制加热元件电流的通断。其持续时间以及电流脉冲的频率由所需的热量输出决定。

（2）故障的应对策略

若该 PTC 元件失效，后部空气区域的空气量就不能像前部那样增加。

12. 压缩机调节阀

该电磁调节阀安装在压缩机中并用一个弹簧锁止垫圈固定。它形成压缩机内低压、高压与曲轴箱压力之间的接口，并且是免离合操作的先决条件，这几种压力对斜盘进行调节，如图 7-78 所示。

（1）功能

如果需要一个较高的冷却容量时，Climatronic 控制单元将启用该调节阀。脉冲宽度调制电压信号驱动该调节阀中的一个挺杆，电压作用的持续时间决定了调整量。该调整改变了高压与压缩机曲轴箱压力之间的横断面开度，曲轴箱压力上升而且活塞的位移会使斜盘的倾斜度更大，如图 7-79 所示。

图 7-77 电流流经陶瓷制的 PTC 电阻

图 7-78 压缩机调节阀

图 7-79 压缩机调节阀安装位置

（2）故障的应对策略

若该阀门失效，斜盘移动到压缩机纵向轴线的正交位置，让制冷功能关闭。

任务三　二氧化碳制冷剂 R744

奥迪 A8（型号 4N）首次将二氧化碳作为辅助制冷剂。它的物理特性与所使用的其他制冷剂不同。例如：它不可燃、无色、无味。

另外，制冷剂循环回路的工作压力明显更高。对制冷剂循环回路的组件（例如：压缩机和气体冷却器）的功能也进行了调整。新奥迪 A8（型号 4N）还提供了车内空气质量方面的创新。因此除了空气质量改善系统以外，还采用了一个可选香型的香氛系统。

（1）新制冷剂 R744

除了以往采用的制冷剂 R12（二氯二氟甲烷）、R134a（四氟乙烷）以及 R1234yf（2，3，3，3-四氟丙烯）以外，在奥迪 A8（型号 4N）中还使用了一种新制冷剂——二氧化碳。

二氧化碳的化学式是 CO_2，在引进时才使用了 R744 这个名字。它既不含氟，也不含氯，一系列的自然反应都会产生二氧化碳，而且对地球的臭氧层也没有影响。

二氧化碳是一种无色、不可燃的气体且不容易与其他元素结合，比空气重，是一种在自然界中存在的物质，因此获取的成本低廉。

因此当制冷剂循环回路发生泄漏时，可以将其排放到自然界的循环体系中。

二氧化碳能以固态、液态、气态和超临界的状态出现，而在汽车空调中只能以气态、液态或超临界的状态出现。

采用二氧化碳的空调，其工作压力比使用普通制冷剂的空调的压力高约 10 倍。

冷却系统必须设计得更加密封，因为二氧化碳分子比以往所使用的制冷剂的分子更小。制冷剂 R744 是一种自然界中的物质，它不在循环经济和垃圾法的管辖范畴之内。因此可以将它排放到自然环境中并且无需承担化学制冷剂需承担的证明义务。

（2）R744 的特性

在 R744 的制冷剂循环回路中，还可能出现超临界情况。临界点是物质的一种热力学状态，它的特点是液相和气相密度的均衡。此时，两种聚集状态差别将消失。在超临界的情况中，气体冷却器中的制冷剂不会从气体转化为液态聚集状态，而是仅仅冷却。因此得名气体冷却器。

因为二氧化碳的内能更高，所以在提供相同的制冷功率下需要的质量流量更少。这种优势除了可以增加制冷功率以外，还可以用于减少聚集或减小液流横断面面积。

一、采用 R744 的空调结构

采用 R744 的空调与以往的空调的最大区别在于系统中的工作压力很高，高压侧的压力最高约为 140bar，低压侧最高约为 93 bar。可见将二氧化碳作为制冷剂需要的压力比较大，如图 7-80 所示。

空调各部件的作用见表 7-1。

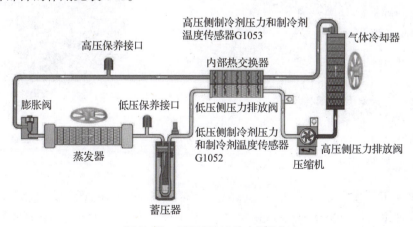

图 7-80　采用 R744 的空调结构

表 7-1　空调各部件的作用

部件名称	制冷剂循环回路中的流程
压缩机	将气态二氧化碳压缩至更高的压力水平
气体冷却器	冷却制冷剂
内部热交换器	在内部热交换器中释放/吸收热量
膨胀阀	当制冷剂膨胀时，在膨胀阀中通过节流产生减压
蒸发器	制冷剂在蒸发器中从流过的空气中吸收能量
蓄压器	在蓄压器中烘干并保存制冷剂，保护制冷剂/机油混合物

1. 空调压缩机

压缩机或空调压缩机将气态制冷剂压缩，以便之后在蒸发器中重新减压。通过制冷剂的减压出现一定的温度下降，因此可以抽走乘客车厢中的热量。

空调压缩机采用了轴向活塞泵或轴向活塞压缩机的工作原理。在圆周上均匀分布的固定活塞可以在工作缸中移动。这些工作缸被安置在一个旋转的摆动盘上。由于摆动盘的倾斜定位实现各个活塞在工作缸中的线性运动，通过这种线性运动抽吸制冷剂、在活塞室内进行压缩并运输到制冷剂循环回路中。摆动盘的倾斜度是可变的，因此所输送的质量流量也是可变的。根据所要求的质量流量，自动调节摆动盘的定位角，如图 7-81 所示。

2. 气体冷却器

气体冷却器是一种新开发的产品，替代了之前的蒸发器。它负责冷却制冷剂。气体冷却器用于从高压侧将过程热量散发到周围环境中。它不但在超临界模式（气体冷却器）下工作，还在相变模式（冷凝器）下工作。相变在这里意味着聚集状态从气态变为液态。

气体散热器由扁管组成。在这些扁管中分别包含了一个与扁管并排的小管。扁管依次排成一排。制冷剂首先流经气体冷却器的上半部分，然后反向流经下半部分。高压侧制冷剂压力和制冷剂温度传感器 G1053 位于气体冷却器上，如图 7-82 所示。

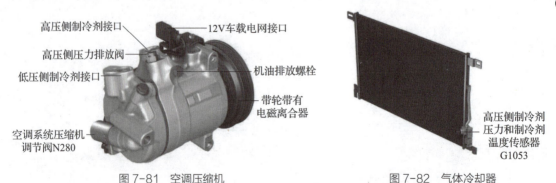

图 7-81　空调压缩机　　　　　图 7-82　气体冷却器

3. 内部热交换器

内部热交换器由一根被低压管围绕的内部高压管组成。在低压管中加热流经的制冷剂。在高压管中，反向流经的制冷剂释放热量。因此在高压和低压之间实现能量交换。

内部热交换器的主要作用是提高制冷剂循环回路的效率。通过延长循环过程实现这个要求并因此在蒸发器中出现更大的焓差。为了实现这个要求，采用制冷剂 R744 的内部热交换器需要约 1m 的长度，如图 7-83 所示。

4. 低压和高压侧的压力排放阀

当制冷剂循环回路中存在超压时，阀门中的钢球被压向弹簧。因此这个钢球将正常压力下关闭的孔横截面打开。而制冷剂则通过这个开口溢出。两种压力排放阀都是可逆阀门。在交付前，用气体对阀门进行密封性检测。压力排放阀保护制冷剂循环回路，防止其受到过高压力的影响。

图 7-83　内部热交换器

如果空调已关闭，而在制冷剂循环回路中存在一个过高的压力，则低压侧的压力排放阀打开。如果在温暖的环境下制冷剂升温并且系统压力因此升高时，可能出现这种情况。当压力约为 120bar ± 10bar 时，压力排放阀打开。

当存在过高的系统压力时，高压侧的压力排放阀打开。如果在调节系统中存在一个故障或当高压侧的一条管路损坏或堵塞时，可能出现这种情况。

在这种情况下，当压力约为 160bar ± 10bar 时，压力排放阀打开。为了防止阀门的混淆，这些阀门配备了不同的螺纹直径。且两种阀门都配备了左旋螺纹。在高压侧使用了螺纹为 M12×1mm 的阀门。在低压侧使用了螺纹为 M14×1mm 的阀门。拧紧力矩是不同的，请参见最新的维修手册。低压侧的压力排放阀位于内部热交换器的整体接口上，高压侧的压力排放阀直接位于空调压缩机上，如图 7-84 所示。

5. 膨胀阀

膨胀阀是高压侧和低压侧之间的接口，阀门的作用是将带有高压的制冷剂膨胀并冷却到一个较低的压力水平。它是蒸发器中通过高压控制的膨胀机构。通过 0.55mm 的特定钻孔直径实现中低负荷下的膨胀。在高负荷时，释放一个额外的旁路流量。通过弹簧调节这个旁路流量，如图 7-85 所示。

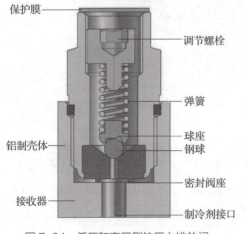

图 7-84　低压和高压侧的压力排放阀

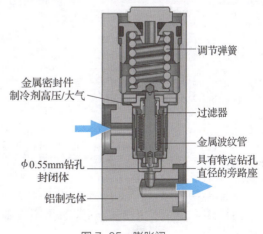

图 7-85　膨胀阀

6. 蒸发器

蒸发器安装在空调中，其作用是吸收乘客车厢中的热，从而冷却车内。

蒸发器由扁管组成。在这些扁管中分别包含了与扁管并排的小管。这些扁管在蒸发器中被布置在 2 个依次排列的垂直列中并且一直有制冷剂流经。此时，制冷剂质量流量均匀地分布在所有扁管上，如图 7-86 所示。

7. 蓄压器

蓄压器位于制冷剂循环回路蒸发器和内部热交换器之间的低压侧。它的直径约为 75mm，安装在 A 柱下面的驾驶人侧轮罩中。

蓄压器需要完成以下任务：
- 未循环的制冷剂的收集装置/储存器。
- 冷冻机油的临时储存器。
- 干燥待循环的制冷剂或从中抽出水分。

通过蓄压器为内部热净化器调节最佳的制冷剂质量。在此处调节出最佳的蒸气含量。

当制冷剂进入到蓄压器后，制冷剂冲击折流板，因此将液相与气相分离。多余的制冷剂在收集装置中经过滤后被储存起来并通过颗粒进行干燥。冷冻机油同样要被过滤并通过抽吸管中一个钻孔以精确的计量重新与从蓄压器中溢出的制冷剂回到空调压缩机的制冷剂循环回路中，如图 7-87 所示。

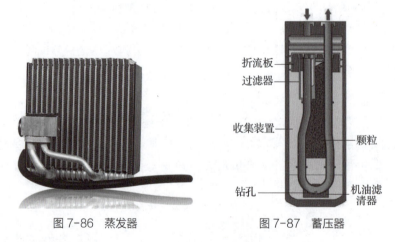

图 7-86 蒸发器　　图 7-87 蓄压器

8. 制冷剂管路

（1）高温气体侧的制冷剂管路

高温气体侧的制冷剂管路是从压缩机到气体冷却器的软管和管路连接，如图 7-88 所示。

基于已压缩制冷剂的高温，必须通过金属波纹管输送这种介质，并通过钢纤维强化软管保持形状。

（2）高压侧和低压侧制冷剂管路

高压侧和低压侧的制冷剂管路是不含波纹管加强件的软管和管路连接，如图 7-89 所示。

图 7-88 高温气体侧的制冷剂管路

图 7-89 高压侧和低压侧的制冷剂管路

制冷剂管路中的工作压力：
- 工作压力最高约 140bar。
- 耐热性约为 –40~180℃。

> **提示** 如果需要维修，必须检查整个制冷剂系统。维修时，系统中不得存在压力。维修后的连接质量取决于插接的执行过程，必须注意保持格外干净。在拧紧之前，必须插接可靠，不得弯曲制冷剂管路，也不得弯折制冷剂软管。

9. 连接技术

制冷剂管路通过特殊的密封件接受制冷剂循环回路中的高压并将其与周围环境隔绝。真正的金属密封件位于锁止装置中（黄色的支架）。通过一个销钉将制冷剂管路和锁止装置形状配合地相互连接，如图 7-90 所示。

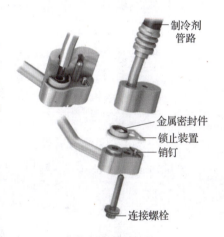
图 7-90 连接技术

10. 制冷剂压力和制冷剂温度传感器

制冷剂压力和制冷剂温度传感器 G1052 和 G1053 具有不同的作用和安装位置。

低压侧制冷剂压力和制冷剂温度传感器叫作 G1052。它的作用是提供低压调节和制冷剂缺少识别的信号，并位于低压管路上的蓄压器出口侧。

高压侧制冷剂压力和制冷剂温度传感器叫作 G1053。它的作用是提供用于保护压缩机部件的高压和高温气体温度调节信号，并在高压管路上被直接安装在气体冷却器的进口侧。

制冷剂压力和制冷剂温度传感器 G1052 和 G1053 仅安装在空调采用二氧化碳工作的车辆上。原因在于二氧化碳空调所需的高压力。如果在维修中更换了一个或两个此种传感器，则必须完全排空整个制冷剂循环回路。当系统处于激活状态且带有高压时，不得拧出两个传感器，因为它们是直接结合到制冷剂循环回路中的。两个制冷剂压力和制冷剂温度传感器 G1052 和 G1053 没有熔丝，也没有压力排放阀，如图 7-91 所示。

11. 车内二氧化碳含量传感器

车内二氧化碳含量传感器位于车内杂物箱下面。传感器的工作原理基于测量二氧化碳（CO_2）与波长有关的辐射特性，如图 7-92 所示。

（1）车内二氧化碳含量传感器的作用
- 在行驶过程中和停车时测量车内的二氧化碳浓度。

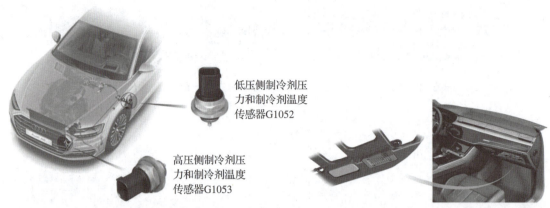

图 7-91 制冷剂压力和制冷剂温度传感器 G1052/G1053　　图 7-92 车内二氧化碳含量传感器 G929

（2）二氧化碳数值过高时的措施

- 通过车外空气/循环空气翻板，增加车外空气的输入，以便降低二氧化碳浓度。如果二氧化碳浓度继续增加，则将车内风扇的促动提高到最大强度。
- 如果浓度继续增加，在组合仪表的驾驶人信息系统中将出现一条警告信息。这条警告信息是："空调：CO_2 浓度增加。为车辆通风。"
- 如果在已经泊车的车辆中发现二氧化碳数值升高，则通过唤醒车载电网控制单元 J519 促动并激活风扇。

12. R744 制冷剂循环回路组件概览

R744 制冷剂循环回路组件概览如图 7-93 所示。

图 7-93　R744 制冷剂循环回路组件概览

13. 拓扑图

拓扑图如图 7-94 所示。

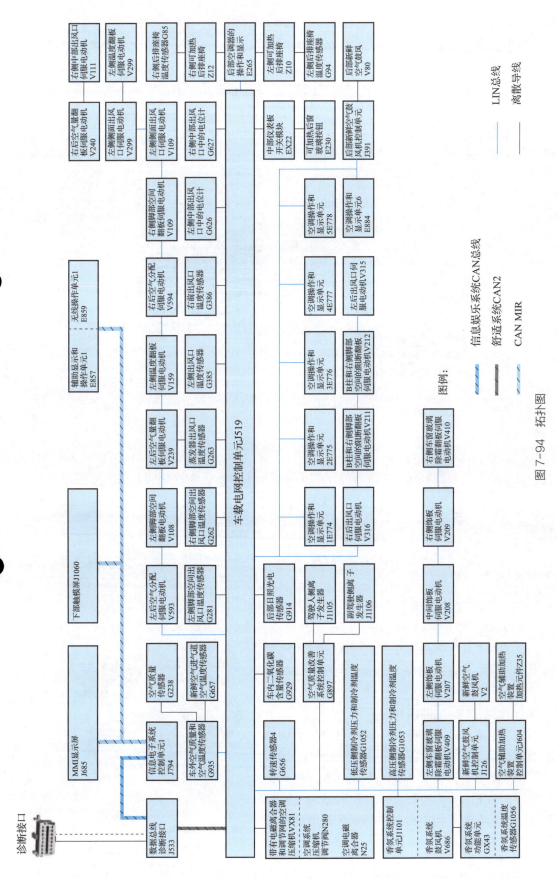

图7-94 拓扑图

14. 香氛系统

嗅觉的意思是闻到气味。气味与鼻黏膜中的气味传感器接触并被这些传感器感受到。

奥迪 A8（型号 4N）提供了两种不同的香氛。可以在夏季和冬季香氛之间进行选择。在行驶过程中可以通过 MMI 显示屏、前部信息显示和操作系统控制单元的显示单元 J685 设置香氛选择以及香氛强度。同时显示了相应香氛的当前液位。

香气由香氛系统功能单元 GX43 中的 2 个圆柱形小玻璃瓶提供。这个功能单元位于转向盘左侧，仪表板下面，通过一个小鼓风机将小玻璃瓶中溢出的香气输送到外侧前部的出风口中。此外，可以选择不同的香味强度，如图 7-95 所示。

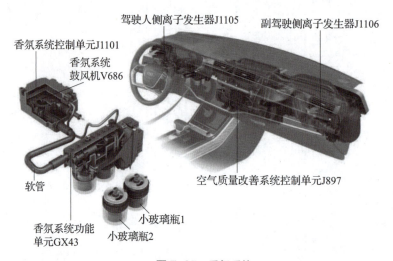

图 7-95 香氛系统

在香氛系统功能单元 GX43 所使用的小玻璃瓶上粘贴了带有相应香氛的标签。

> **提示** 由客户服务部门更换小玻璃瓶。更换后，必须通过车辆诊断测试仪将改变的液位告知香氛系统控制单元 J1101。
>
> 为了避免小玻璃瓶的混淆，应依次进行更换。注意旋转方向，小玻璃瓶采用左旋螺纹。

15. 空气质量改善系统

奥迪 A8（型号 4N）采用了可以改善空气质量的离子发生器。

通过离子发生器改善空气质量的工作原理是利用空气颗粒中有限的负电荷通过前部外侧的出风口进入车内之前这个时机。通过空气中的负离子有助于提高乘员的健康和注意力。

通过电离可以减少空气中的有害颗粒和病菌并因此改善车内的空气质量。两个离子发生器，即驾驶人侧离子发生器 J1105 和副驾驶人侧离子发生器 J1106，可单独更换。电极可单独更换且不得损坏。在安装新电极时，必须注意电缆的颜色代码，如图 7-96 所示。

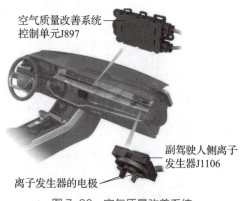

图 7-96 空气质量改善系统

16. 前排和后排区域的空调操作元件

（1）前排区域

在奥迪 A8（型号 4N）上取消了全自动空调控制单元 J255。因此不再有自己的空调控制单元。可通过 2 个触摸显示屏进行操作。空调的控制功能现在被移植到车载电网控制单元 J519 中。通过 LIN 总线系统实现车载电网控制单元 J519 和空调相关组件之间的通信。

在操作方面与光学和声学有关的重要创新是两个触摸屏。上部 MMI 显示屏和下部触摸显示屏分别安装在仪表板和中控台的中央。通过汽车菜单可以调取上部 MMI 显示屏的空调功能，如图 7-97 所示。

根据不同的装备，通过 MMI 显示屏、前部信息显示和操作系统控制单元的显示单元 J685 可以选择以下功能及其设置：
- 电离。
- 香味。
- 转向盘加热。
- 驾驶人侧和副驾驶人侧同步。
- 后排乘客/后部的空调。
- 驻车加热/通风。
- 空调（AC max、AC off、AC eco）。

下部触摸屏如图 7-98 所示。

图 7-97 MMI 显示屏

图 7-98 下部触摸屏

在下部触摸屏前部信息显示和操作系统控制单元的显示单元 2 J1060 中，可以为驾驶人侧和副驾驶人侧单独设置各自的空调功能。
- 温度。
- 鼓风机档位。
- 空气分配。
- 座椅加热。
- 座椅通风。
- AC 功能。
- 循环空气。
- 后车窗遮阳卷帘操作。
- 缩小空调显示（为在屏幕上半部分创建快捷方式创造空间）。
- 自动起动/停止系统。
- 接通/关闭显示屏。

空调还可以通过显示屏的触摸操作实现同步。如果将两个手指合起来平行置于显示屏上方，则同步激活。如果将两个手指分开，则同步关闭，如图7-99所示。

（2）后排区域

在基本装备版本中，为座椅加热操作提供了2个按钮（左侧座椅加热按钮E653和右侧座椅加热按钮E654）。这两个按钮均与座椅加热控制单元J882相连。而这个控制单元通过一条导线与车载电网控制单元J519直接相连，如图7-100所示。

图7-99　空调同步

图7-100　后排区域显示操作单元

后座遥控单元由以下部分组成：
- 无线操作单元1 E859的遥控器。
- 辅助显示和操作单元1 E857的支架。

支架是一个集成到MIB CAN中的独立的CAN控制单元。

后排区域的另一个操作元件是后部空调的操作和显示单元E265，这是一个不带感觉表面的操作单元。通过这个操作单元不但可以设置温度和鼓风机强度，还可以设置座椅加热，如图7-101所示。

后排区域还可以选装另一个操作元件，即后部空调操作和显示单元E265，这个操作单元也配备了感觉表面。因此同样也是通过触摸操作进行操作，如图7-102所示。

图7-101　用于后续起动的操作元件

图7-102　选装操作元件

可以进行如下设置：
- 温度。
- 鼓风机档位。
- 空气分配。
- 自动空调。
- 空调开关。
- 座椅加热。

通过感觉调节器（也被称为滑块）设置鼓风机强度。其中4个位于前排区域，2个位于后排区域。

17．座椅按摩功能

（1）背部按摩

奥迪A8（型号4N）还提供了一种经过进一步开发的背部按摩功能。为此在前排座椅中集成了多达 16 个气压腔，在后排座椅中集成了多达 18 个气压腔。标准装备的座椅还配备了双行程气压腔。通过选装的三行程气压腔，可以增加背部按摩的强度，如图 7-103 所示。

座椅为背部按摩提供 3 个强度档位和以下 7 种程序：

- 波浪。
- 旋转。
- 伸展。
- 修养。
- 肩膀。
- 唤醒。
- 活力。

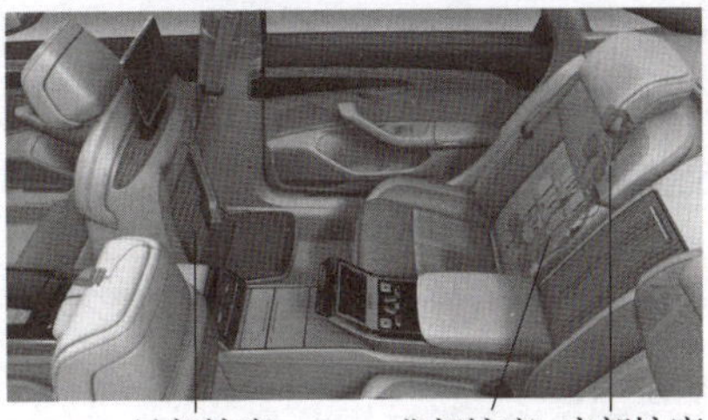

图 7-103 座椅按摩功能

（2）足部按摩

根据不同的装备版本，首次提供了足部按摩功能。为了激活足部按摩功能，必须将副驾驶人座椅置于初始位置。

按摩程序提供 2 个选项。因此既可以通过线性压力按摩足底，还可以按摩反射区，可为足部按摩进行如下选择，如图 7-104 所示：

- 2 种程序（波浪、伸展）。
- 3 种强度档位。
- 3 种脚部尺寸（S-M-L）。

18. 可加热表面

可加热表面指的是车门饰板中的扶手支撑表面以及前排和后排区域中的中央扶手，基本版的一件式前部中央扶手不可加热。只有可分的前部中央扶手才能选装加热功能。通过座椅加热装置接通、关闭和调节所有可加热表面，如图 7-105 所示。

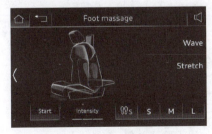

图 7-104 足部按摩选择

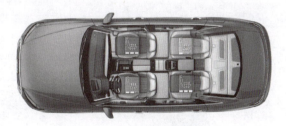

图 7-105 可加热表面功能

为每种装配提供 3 个版本：

- 仅用于前排座椅。
- 仅用于后排座椅。
- 用于前排座椅和后排座椅。

所有表面加热装置均直接与座椅加热装置相连，未接通座椅加热装置时，这些加热装置无法运行。车门扶手支撑的表面加热以相应座椅的座椅加热装置的加热功率档位为准，可通过后排座椅中某个座椅的座椅加热装置的较高值确定后排中央扶手的加热功率。

例如：将左后侧座椅的座椅加热装置设置为 3 档以及将右后侧座椅的座椅加热装置设置为 1 档，则将共用的中央扶手切换到更高的 3 档。

19. 足底加热

在相应的装备中，只有当副驾驶人座椅处于折叠状态且位于初始位置时，才可以激活脚架中的足底加热装置。

通过后座遥控单元进行操作，与座椅加热和座椅通风装置相同，可分 3 档调节，如图 7-106 所示。

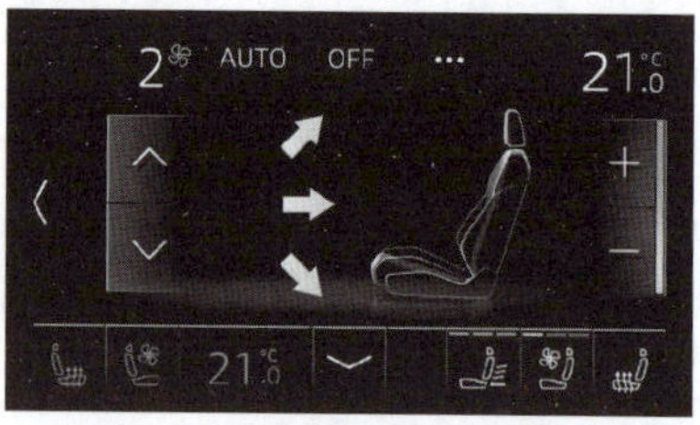

二、空调制冷系统维修

1. 空调制冷剂充放机

随着在奥迪 A8（型号 4N）中引进新制冷剂 R744，在售后服务中也引进了新的空调制冷剂充放机。

图 7-106 激活脚架中的足底加热装置

通过以往的空调制冷剂充放机无法对采用 R744 的空调进行保养。因为 R744 对压力和密封性的新要求，需要对空调制冷剂充放机进行全新的开发。

可通过空调制冷剂充放机实现以下任务：

- 软管清空。
- 排放。
- 抽真空。
- 加注。
- 压力检测。
- 喷射新机油和紫外线添加剂。

通过多功能转向盘进行操作和菜单导航，提供了一个自动模式和一个手动模式。通过手动模式可以选择单个的工作步骤，如图 7-107 所示。

"空调保养"自动模式具有以下工作步骤，如图 7-108 所示：

图 7-107 空调制冷剂充放机

图 7-108 "空调保养"自动模式

- 自检。
- 排放。
- 抽真空。
- 加注。

> 提示 无法通过空调制冷剂充放机为 R744 进行制冷剂循环回路的冲洗。必须通过之前所使用的空调制冷剂充放机和相关的制冷剂（例如：R1234yf 或 R134a）执行这个过程。

2. 保养接口

采用 R744 的空调保养接口盖板不再是拧紧式结构，而是选用插接结构，因此提高了安全性（与螺栓连接方式不同，在盖板下面不会形成制冷剂压力），因而避免了盖板因为高压而自行松动的情况。此外，通过这种措施也减小了事故风险。

为了在服务中不会意外地抽出或加注错误的空调气体，服务接口和服务连接器均采用了机械编码。也就是说，R134a、R1234yf 和 R744 的接口几何结构是不同的，例如：直径和接口长度，如图 7-109 所示。

图 7-109　R744 的空调保养接口

拓展阅读

精益求精

社会各界要弘扬工匠精神。劳动者素质对一个国家、一个民族发展至关重要。这些高素质的劳动者不仅要有高水平的专业技术，掌握尖端技术、富有创新能力，还要有精益求精的工作作风，心无旁骛、专注笃定。但是，随着先进制造业的蓬勃发展，我们对胸怀工匠精神的高素质劳动者的需求只会越来越大。这就需要在全社会大力弘扬工匠精神，营造精益求精的浓厚氛围，厚植发展的坚实根基。

维修车辆交付

业务人员

- 准备将更换的零部件给客户查看。
- 准备为所有的费用开具发票。
- 检查车辆是否清洁，进行维修质量检查，检查是否已经取下座椅垫、地板垫、转向盘罩、翼子板布、前罩。
- 电话通知客户，以便确认车辆准备交付。

- 向客户说明工作。
  ◇ 确认工作已经顺利地完成。
  ◇ 将更换的零部件展示给客户看。
  ◇ 说明完成的工作以及益处。
  ◇ 提供详细的发票说明：零部件、人工和润滑剂的费用。

步骤一　资料准备

1）书面确认是否每件维护保养工作已经完成。
2）检查工单上客户提出的所有项目是否已达到客户的要求。
3）核对维修费用，确认原始估价与实际是否相符。

步骤二　车辆清洗

1）洗车。
2）清洁车内饰物。

步骤三　内部交车

告知服务顾问车辆停放处，将车辆和钥匙交给服务顾问。

步骤四　交车

若客户不在休息区等候，服务顾问接到车辆后要立即与客户取得联系，约定交车的时间、方式及结账事宜等。如果联系不到客户，服务顾问需发短信通知，并在随后的半小时或一小时再次尝试联系客户，告知客户具体情况。

若客户在休息区等候，服务顾问需将打印出的结算单放在书写夹板上，找到在客户休息室的客户，通知客户在其方便的时间进行交车，并确认付款方式。

服务顾问需引导客户前往交车区，拆除车罩与防护套，以便客户验车。与客户一同验车，确认满意度。

步骤五　结算准备和费用说明

1. 结算准备

在客户验车完毕并表示对作业质量满意后，服务顾问需打印费用结算清单，将所发生的材料费和工时费逐项列出。

2. 费用说明

1）服务顾问需向客户说明各项费用，并回答客户提出的问题，消除客户的疑问。

2）如果客户对费用不满或有不理解的内容，服务顾问可以及时请服务经理协助向客户解释。

3）确认没有问题后，请客户在"车辆维修结算单"上签字确认。

步骤六　完成结账

1）完成结账手续。

2）当面回访客户满意度。

步骤七　交车与送别客户

1. 交车

需向客户说明有关下次保养里程及今后车辆使用方面的建议。

2. 送别客户

服务顾问送客户到汽车旁，引导客户驶出停车位，目送客户车辆驶出店面。

任务评价

一、填空题

1. 空气控制单元通过_____向发动机控制模块发送需要压缩机吸合的信息，由_____负责接通压缩机。
2. 控制压缩机吸合的传感器有_____。冷却风扇转速的大小由_____等信号来决定。

二、不定项选择题

1. 空气控制系统用于温度控制的信号有：
   A. 车内温度传感器　　　　　　　B. 阳光传感器
   C. 车外温度传感器　　　　　　　D. 空调压力传感器
2. 实现分区温度控制的条件是：
   A. 操作左侧和右侧温度选择按钮
   B. 空气控制系统无故障码
   C. 仅需要一个温度调节风门电动机模块即可
   D. 按下 AUTO 按钮即可执行分区温度控制
3. 针对鼓风机转速的修正控制，下列描述正确的是：
   A. 除霜器开关开启时会增大鼓风机转速

  B. 日照量变化时会减小鼓风机转速
  C. 发动机温度上升时会增大鼓风机转速
  D. 在经济模式时会增大鼓风机转速
4. 针对鼓风机，下列描述正确的是：
  A. 鼓风机为直流有刷电动机
  B. 鼓风机在启动前空气控制单元会对其进行检查
  C. 鼓风机转速由风扇控制模块控制
  D. 鼓风机损坏时会存储故障码
5. 针对气流方向的调整，下列描述正确的是：
  A. 会参考当前温度调节风门电动机模块位置来确定气流模式
  B. 会参照车外温度来确定气流模式
  C. 会参照车内温度来确定气流模式
  D. 会依据驾驶人的意图来确定气流模式
6. 针对除霜器调节风门电动机模块，下列描述正确的是：
  A. 在自动模式下，空气控制单元依据需要会促动除霜器调节风门电动机模块
  B. 空气控制单元通过 LIN 对除霜器调节风门电动机模块进行控制
  C. 调节风门电动机模块会向空调控制反馈当前位置的信号
  D. 除霜器调节风门电动机模块是直流有刷电动机
7. 在空气控制系统中，关闭空气再循环的条件是：
  A. 开启除霜器　　　　　　　　B. 开启空调
  C. 室内温度比较低时　　　　　D. 车外温度比较低时
8. 在空气控制系统中，实现空气质量控制功能的部件有：
  A. 空气再循环调节风门电动机模块　　B. 空气质量传感器
  C. 空调滤清器　　　　　　　　　　　D. 车外温度传感器

三、思考讨论题

1. 空气控制系统在制冷控制的过程中接收的信息有哪些？
2. 风机转速在控制的过程中接收的信息有哪些？